Über dieses Buch

Das Stichwort ›Gesellschaft im Übergang‹ bezeichnet im Spätwerk Max Horkheimers die Transformation der bürgerlichen Gesellschaft nach dem Ende der
liberalen Phase. Sie ist gekennzeichnet durch die Dominanz der Großorganisationen in Politik, Wirtschaft und Verwaltung, durch die schwindende gesellschaftliche Bedeutung des einzelnen. Den Analysen des modernen Staatskapitalismus und Faschismus sind Horkheimers sozialpsychologische Überlegungen
gegenübergestellt, seine Reden zur Aufgabe der Verfassung und der Gewerkschaften. Sie dokumentieren den Versuch, die Impulse der Kritischen Theorie
gerade heute zu bewahren: Pessimistisch in der Theorie – optimistisch in der
Praxis. (Max Horkheimer.)

Der Autor

Max Horkheimer, 1895 geboren, promovierte 1922 im Hauptfach Philosophie
bei Hans Cornelius, habilitierte sich 1925 mit einer Arbeit über Kants Kritik
der Urteilskraft und wurde 1930 Ordinarius der Sozialphilosophie und Direktor des Instituts für Sozialforschung in Frankfurt am Main. 1933 emigrierte
Max Horkheimer und errichtete Zweigstellen zunächst in Genf, später an der
Ecole Supérieure in Paris, schließlich an der Columbia-Universität in New
York, wohin ihm seine Frankfurter Mitarbeiter folgten. In der von ihm her-
ausgegebenen *Zeitschrift für Sozialforschung* setzte Horkheimer die Veröf-
fentlichung seiner theoretischen Arbeiten fort.

Nach seiner Rückkehr nach Frankfurt im Jahre 1950 errichtete Max Horkheimer aufs neue das Institut. Von 1951 an war er für zwei Jahre Rektor der
Johann Wolfgang Goethe-Universität. Von 1954 bis 1959 bekleidete er neben
der Frankfurter noch eine Professur in Chicago. 1955 erhielt er die Goethe-
Plakette, 1960 wurde er Ehrenbürger der Stadt Frankfurt. Er starb 1973.

Als Fischer Taschenbücher liegen vor: ›Traditionelle und kritische Theorie.
Vier Aufsätze‹, Band 6015 und ›Dialektik der Aufklärung‹ (gemeinsam mit
Theodor W. Adorno), Band 6144.

Max Horkheimer

Gesellschaft im Übergang

Aufsätze, Reden und Vorträge 1942–1970

Herausgegeben von Werner Brede

Fischer Taschenbuch Verlag

1. Auflage: Athenäum Fischer Taschenbuch Verlag GmbH, Frankfurt am Main 1972
2. Auflage: Fischer Taschenbuch Verlag GmbH, Frankfurt am Main 1981
Fischer Taschenbuch Verlag
Januar 1981
Umschlagentwurf: Jan Buchholz / Reni Hinsch
Fischer Taschenbuch Verlag GmbH, Frankfurt am Main
© Fischer Taschenbuch Verlag GmbH, Frankfurt am Main 1972
© für das Vorwort zur Neuausgabe
Fischer Taschenbuch Verlag GmbH, Frankfurt am Main 1981
Druck und Bindung: Clausen & Bosse, Leck
Printed in Germany
780-ISBN-3-596-26545-2

Inhalt

Vorwort zur Neuausgabe

Die Kritische Theorie Max Horkheimers und seiner Mitarbeiter ist von der Gesellschaft, die sie begreifen und die sie ändern wollte, wenig begünstigt gewesen. Nur zwei Jahre nach seiner Antrittsrede als neuer Direktor des Instituts für Sozialforschung, dessen prächtige, im Krieg zerstörte Architektur man auf einem Foto in einer 1935 erschienenen Gedenkschrift der Columbia University Press bewundern kann, nur zwei Jahre nach Horkheimers stolzer Selbstankündigung einer ›Diktatur des Direktors‹ befanden sich der Chef, das Institut und die Mitarbeiter im Exil. Das Institutskapital, aus einer privaten Stiftung stammend, war schon 1931 ins Ausland transferiert worden: die Theorie war klug. Aber nun nützte Klugheit nichts mehr, der Boden war weg, auch wenn die Existenz gesichert war. Als Gershom Scholem, kein Bewunderer des Instituts und seiner Mitglieder, diese vor dem Krieg in der amerikanischen Emigration kennenlernte, schrieb er an Walter Benjamin: »Die Leute sind alle *sehr* intelligent und alle ein bißchen unreell.« Sie hatten ihre Träume aus Europa mitgenommen, sie rezensierten die Bücher aus Deutschland in ihrer berühmten Zeitschrift für Sozialforschung, sie schrieben über Hegel, über Dilthey, über die Dialektik der Aufklärung und schließlich über das Ende der Vernunft. Die Gesellschaft war es am Schluß, die die Theorie änderte, nicht umgekehrt.

War es überhaupt eine Theorie und wollte sie es sein? Gershom Scholem hatte sich, wiederum in einem Brief an Walter Benjamin, über eine »gewisse forsche Frechheit der Instrumentation« der Arbeiten Horkheimers mokiert, der vielgerühmten Essays aus der Zeitschrift für Sozialforschung, die Horkheimer später erst nach langem Zögern als ›Dokumentation‹ neu erscheinen ließ. Auch die hier gesammelten Texte, 1972 noch zu Horkheimers Lebzeiten erschienen, sind heute, fast zehn Jahre später, ein Stück Dokumentation. Dokumentiert ist die Phase der Kritik des Nationalsozialismus aus den 40er Jahren, die zweite Frankfurter Zeit der 50er und frühen 60er Jahre, schließlich der späte Horkheimer bis hin zum Resümee über die Kritische Theorie in Venedig, der klassischen Stadt der letzten Worte.

Horkheimers ›Instrumentation‹ hatte, immerhin, lange Zeit wie ein Schutzengel vor der Kritischen Theorie gestanden. Aber das zu Schützende löste sich selber auf, verschwand im Abgrund der Geschichte. Dies war die Lage nach dem Krieg, mit der sich die Kritische Theorie auseinanderzusetzen hatte. Gesellschaft im Übergang ist für das Ge-

meinte ein vergleichsweise harmloses Wort. Gesellschaften sind ja nie
völlig statisch, sind immer auch Übergänge. Horkheimer meinte aber
mehr. Für ihn, den Fabrikantensohn aus Stuttgart-Zuffenhausen, war
es der Abschied von einer ganzen Welt, von der Welt des Bürgertums,
von der Idee der liberalen Demokratie, von der Vorstellung, es käme
auf den einzelnen an. Dies war nicht irgendein sozialer Wandel, dies
war kein Übergang unter vielen, sondern etwas Tieferes. In dem Aufsatz ›Invarianz und Dynamik in der Lehre von der Gesellschaft‹ heißt
es: »Das Ich wird in seinen entscheidendsten Komponenten getroffen.
(...) So sehr ist die Anthropologie in Fluß gekommen.« Die Anthropologie, das in den frühen Schriften so verpönte Wort, hier darf es
nun erscheinen, in der Stunde der Bedrohung der Autonomie des Ichs,
philosophisch gesprochen; der Rückbildung von Ichstrukturen auf
konventionelle oder vorkonventionelle Entwicklungsstufen, psychologisch gesprochen. Ohne das Ich kann es aber keine Kritische Theorie
geben. Dies war das Dilemma. Auch die Theorie mußte, ohne sich je
völlig zu wandeln, die Akzente anders setzen. Dafür ist sie viel gescholten worden. Aber solange Gesellschaften sich nicht nach Theorien
richten, ist die Theorie immer entschuldigt.

Die gesellschaftliche Entwicklung nach dem Zweiten Weltkrieg ver-
lief, wie schon die der 30er Jahre, anders, als die Kritische Theorie es
gehofft hatte. Ungeachtet der verschiedenen ideologischen Vorzeichen
in West und Ost hält der Trend zu einer Gesellschaftsform an, die
Horkheimer und Adorno die verwaltete Welt genannt haben. Sie ist
gekennzeichnet durch die Vorherrschaft der Großorganisationen in Politik, Wirtschaft, Verwaltung. Die Verfügungsmacht und soziale Ent-
scheidungsfreiheit der einzelnen Bürger schrumpft auf individuelle Ar-
rangements und situative Initiativen zusammen. Das Individuum, selber ein Resultat der Geschichte und immer bedroht, scheint von der
Geschichte überholt zu werden. Die Gruppe, in vielem Nachfolger der
älteren ›Masse‹, ist schon jetzt die neue dominierende Sozialfigur. Die
Kritische Theorie hatte ihren Appell zur Veränderung nicht an irgendwelche Kollektive gerichtet. Auch war sie, wie Horkheimer in seiner Programmschrift ›Traditionelle und kritische Theorie‹ von 1937
schrieb, nicht mit Soziologie zu verwechseln, überhaupt nicht mit Theorie im konventionellen Sinn: »Die Anwendbarkeit, selbst das Verständnis dieser und anderer Begriffe der kritischen Denkart sind an die
eigene Aktivität und Anstrengung, an einen Willen im erkennenden
Subjekt geknüpft. Der Versuch, dem mangelnden Verständnis solcher
Ideen und der Weise ihrer Verkettung dadurch abzuhelfen, daß bloß
ihre logische Prägnanz gesteigert wird, daß scheinbar exaktere Defini-
tionen oder gar eine ›Einheitssprache‹ zustande kommen, muß mißlin-
gen. Es handelt sich nicht nur um ein Mißverständnis, sondern um den

wirklichen Gegensatz verschiedener Verhaltensweisen.« Willkürlich und ambivalent wie das auf bloß formale Richtigkeit fixierte Denken bleibt aber auch die daraus abgeleitete abstrakte Umsetzung in Handeln: »Ob Revolutionäre die Macht wie den Raub oder den Räuber ergreifen, zeigt sich erst im Verlauf. Anstatt am Ende in der Demokratie der Räte aufzugehen, kann die Gruppe sich als Obrigkeit festsetzen.«

Daß revolutionäre Gruppen sich als neue Obrigkeit festsetzten, war die Regel und nicht die Ausnahme. Deshalb hat sich die Kritische Theorie und insbesondere Horkheimer selber schon früh für die Innenseite von Denken und Handeln interessiert, für die Psychologie der Veränderung. Dafür war die Psychoanalyse zuständig, und die schon genannte Denkschrift der Columbia University Press nennt allein für das Sommersemester 1932 Lehrveranstaltungen mit so prominenten Leuten wie Frieda Fromm-Reichmann, Karl Landauer und Heinrich Meng. Von insgesamt zwölf Lehrveranstaltungen waren vier der Psychoanalyse und eine der Psychologie gewidmet. Die Kritische Theorie wurde also nicht erst nachträglich ›psychologisiert‹, nachdem sie mit den marxistischen Vorräten am Ende war, wie es später immer wieder kolportiert wurde. Neben der kurzfristigen marxistischen Thematik, die der zugleich scharfsinnige und spöttische Scholem so sarkastisch glossiert hatte, gab es eine Langzeitthematik der Kritischen Theorie, die aus der Einsicht stammte, daß es ohne innere Veränderungen auch keine wirklichen äußeren gibt.

Horkheimers Überlegungen zum Problem des Vorurteils sind dafür ein Beispiel. Die Langzeitthematik wird noch deutlicher in dem Aufsatz ›Der Mensch in der Wandlung seit der Jahrhundertwende‹ sichtbar. In dieser historisch-anthropologischen Skizze stellt Horkheimer die Wandlungen in der Familienstruktur und die damit einhergehende Veränderung des Erziehungsstils in den Vordergrund. Die bis zum Beginn des Jahrhunderts, so Horkheimer, eher von der Familie geleistete Aufgabe der Traditionsvermittlung wird heute eher von Gruppen außerhalb der Familie übernommen. Horkheimers Beurteilung der Vor- und Nachteile des einen oder des anderen Erziehungsstils fällt freilich zu undifferenziert aus, und man sollte da besser Bruno Bettelheims Studie über die Kibbuz-Erziehung, ›Die Kinder der Zukunft‹, zu Rate ziehen. Bettelheim und Horkheimer wären aber darin einig, daß der veränderte Erziehungsstil auch die Inhalte der Erziehung verändert. Was man der Gruppe gibt oder überläßt, kann man nicht selber behalten oder selber tun. Individuelle Autonomie und enge persönliche Bindung sind in der Gruppe wenig wert. Die tiefenpsychologischen Strukturen ändern sich: »Daß nun das Kind viel unmittelbarer auf die Gesellschaft angewiesen ist, verkürzt die Kindheit und bringt andersgeartete

Menschen hervor. Mit dem Schrumpfen der Innerlichkeit entschwindet auch die Freude an der eigenen Entscheidung, an Bildung und freier Phantasie. Andere Neigungen und Ziele kennzeichnen die Menschen dieser Zeit: technische Geschicklichkeit, Geistesgegenwart, Lust an der Herrschaft über Apparaturen, das Bedürfnis nach Eingliederung, nach Übereinstimmung mit der großen Mehrheit oder einer als Modell erwählten Gruppe, deren Regel an die Stelle eigenen Urteils tritt.« Die Bewertung solcher Entwicklungen ist sehr vom sozialen oder theoretischen Kontext abhängig, in dem sie gesehen werden. Bettelheim z. B. plädiert in seinem Buch für die Koexistenz verschiedener Erziehungssysteme und räumt ein, daß die Gruppenerziehung für Kinder mit sehr schlechten individuellen Startbedingungen eine vorzügliche Lösung sein kann. Auch ist ein Pionierland mehr auf Gruppentugenden als auf individuelle Hochleistungen angewiesen. Das führt schließlich zu der Frage, in welchem Kontext Horkheimer selber seine Überlegungen gesehen hat und sehen wollte.

Der am Ende des Bandes stehende Text ›Kritische Theorie gestern und heute‹ kann darauf eine Antwort geben. Horkheimer macht rückblickend einen ironischen Abstrich am Programm der frühen Jahre: »Unsere ursprüngliche kritische Theorie, wie sie in der Zeitschrift für Sozialforschung weitgehend niedergelegt ist, war, wie es eben einem am Anfang ergeht, sehr kritisch.« Er unterscheidet dann die Kritische Theorie von damals von der späteren. Diese hatte Gelegenheit zur wahren kritischen Tugend: der Selbstkritik. Horkheimers frühester Hausgott, Arthur Schopenhauer, durfte nun öffentlich vorgezeigt werden, und darüber hinaus kam es zur Rehabilitierung bestimmter Motive der religiösen Tradition. Beides ist von den glatten Geistern der Gegenwart prompt mißverstanden worden. Aber ohne die Ethik Schopenhauers – nicht nur seinen Pessimismus – und ohne das religiöse Motiv der Sehnsucht – nicht die theologische Dogmatik – hätte es den Impuls der Kritischen Theorie von Anfang an nicht gegeben. Insofern ist es kein Wunder, wenn sie darin unverstanden geblieben ist. Bis zuletzt stand auf Horkheimers Schreibtisch in Montagnola die alte Reclam-Ausgabe der Werke Schopenhauers, die das philosophische Urerlebnis gebracht hatte, mit tausend Lesezeichen und Anmerkungen versehen und gegen den Zahn der Zeit in blaues Saffianleder gebunden, ein Fetisch ohne Schrecken und ohne Anmaßung.

Die Kritische Theorie, sagte Horkheimer in Venedig, hat die Aufgabe, auszudrücken, was im allgemeinen so nicht ausgedrückt wird. Die Fähigkeit dazu war an persönliche und soziale Voraussetzungen geknüpft, die unwiederholbar sind. Ein gutes Beispiel – und wohl ein unwiederholbares – für Horkheimers Kunst, sich anders als die andern auszudrücken, sind seine Gedanken zur politischen Erziehung in diesem Buch. Da wird nicht die wohlbekannte Fibel aufgeschlagen, die so wenig ausgerichtet hat, sondern es ist die Rede von der Wohltat der Autorität (für die Jugend, wohlgemerkt), vom Neid, von Genuß und, das war wichtig, von der Kunst des Weintrinkens. Schon die zu lernen ist schwer. Ein richtiger Mensch und eine richtige Gesellschaft setzen diese Kunst, nach Horkheimer, aber voraus. Man mache die Probe. Auch hier gilt natürlich die kritische Einschränkung – nicht alles ist wiederholbar.

Werner Brede

Autoritärer Staat

Die historischen Voraussagen über das Schicksal der bürgerlichen Gesellschaft haben sich bewährt. Im System der freien Marktwirtschaft, das die Menschen zu arbeitsparenden Erfindungen und schließlich zur mathematischen Weltformel gebracht hat, sind seine spezifischen Erzeugnisse, die Maschinen, Destruktionsmittel nicht bloß im wörtlichen Sinn geworden: sie haben anstatt der Arbeit die Arbeiter überflüssig gemacht. Die Bourgeoisie selbst ist dezimiert, die Mehrzahl der Bürger hat ihre Selbständigkeit verloren; soweit sie nicht ins Proletariat oder vielmehr in die Masse der Arbeitslosen hinabgestoßen sind, gerieten sie in Abhängigkeit von den großen Konzernen oder vom Staat. Das Dorado der bürgerlichen Existenzen, die Sphäre der Zirkulation, wird liquidiert. Ihr Werk wird teils von den Trusts verrichtet, die ohne Hilfe der Banken sich selbst finanzieren, den Zwischenhandel ausschalten und die Generalversammlung in Zucht nehmen. Teils wird das Geschäft vom Staat besorgt. Als caput mortuum des Verwandlungsprozesses der Bourgeoisie ist die oberste industrielle und staatliche Bürokratie übrig geblieben. »So oder so, mit oder ohne Trust, muß schließlich der offizielle Repräsentant der kapitalistischen Gesellschaft, der Staat, die Leitung der Produktion übernehmen ... Alle gesellschaftlichen Funktionen der Kapitalisten werden jetzt von besoldeten Angestellten versehen ... Und der moderne Staat ist wieder nur die Organisation, welche sich die bürgerliche Gesellschaft gibt, um die allgemeinen äußeren Bedingungen der kapitalistischen Produktionsweise aufrechtzuerhalten gegen Übergriffe sowohl der Arbeiter wie der einzelnen Kapitalisten ... Je mehr Produktivkräfte er in sein Eigentum übernimmt, desto mehr wird er wirklicher Gesamtkapitalist, desto mehr Staatsbürger beutet er aus. Die Arbeiter bleiben Lohnarbeiter, Proletarier. Das Kapitalverhältnis wird nicht aufgehoben, es wird vielmehr auf die Spitze getrieben.«[1] Im Übergang vom Monopol- zum Staatskapitalismus ist das letzte, was die bürgerliche Gesellschaft zu bieten hat, »Aneignung der großen Produktions- und Verkehrsorganismen, erst durch Aktiengesellschaften, später durch Trusts, sodann durch den Staat«.[2] Der Staatskapitalismus ist der autoritäre Staat der Gegenwart.

Dem natürlichen Ablauf der kapitalistischen Weltordnung ist nach der Theorie ein unnatürliches Ende bestimmt: die vereinigten Proletarier vernichten die letzte Form der Ausbeutung, die staatskapitalistische Sklaverei. Die Konkurrenz der Lohnarbeiter hatte das Gedeihen

der privaten Unternehmer garantiert. Das war die Freiheit der Armen.
Einmal war Armut ein Stand, dann wurde sie zur Panik. Die Armen
sollten rennen und sich stoßen wie die Menge im brennenden Saal. Der
Ausgang war der Eingang in die Fabrik, die Arbeit für den Unternehmer. Es konnte nicht genug Arme geben, ihre Zahl war ein Segen für
das Kapital. Im gleichen Maße jedoch, in dem das Kapital die Arbeiter
im Großbetrieb konzentriert, gerät es in die Krise und macht ihr Dasein aussichtslos. Sie können sich nicht einmal mehr verdingen. Ihr
Interesse verweist sie auf den Sozialismus. Wenn einmal die herrschende Klasse den Arbeiter »ernähren muß, anstatt von ihm ernährt
zu werden«, ist die Revolution an der Zeit. Diese Theorie des Endes
entspringt einem Zustand, der noch mehrdeutig war; sie ist selbst dop-
pelsinnig: Entweder sie rechnet mit dem Zusammenbruch durch die
ökonomische Krise, dann ist die Fixierung durch den autoritären Staat
ausgeschlossen, den Engels doch voraussieht. Oder sie erwartet den Sieg
des autoritären Staats, dann ist nicht mit dem Zusammenbruch durch
die Krise zu rechnen, denn sie war stets durch die Marktwirtschaft
definiert. Der Staatskapitalismus beseitigt aber den Markt und hypno-
tisiert die Krise für die Dauer des ewigen Deutschlands. In seiner
»ökonomischen Unabweisbarkeit« bedeutet er einen Fortschritt, ein
neues Atemholen für die Herrschaft. Die Arbeitslosigkeit wird organisiert. Einzig die schon gerichteten Teile der Bourgeoisie sind am Markt
noch wahrhaft interessiert. Großindustrielle schreien heute nach dem
Liberalismus nur, wo die etatistische Verwaltung noch zu liberal, nicht
völlig unter ihrer Kontrolle ist. Die zeitgemäße Planwirtschaft kann
die Masse besser ernähren und sich besser von ihr ernähren lassen als
die Reste des Marktes. Eine Periode mit eigener gesellschaftlicher
Struktur hat die freie Wirtschaft abgelöst. Sie zeigt ihre besonderen
Tendenzen national und international.

Daß der Kapitalismus die Marktwirtschaft überleben kann, hat sich
im Schicksal der proletarischen Organisationen längst angekündigt. Die
Parole der Vereinigung in Gewerkschaften und Parteien war gründlich befolgt, aber diese führten weniger die unnatürlichen Aufgaben
der vereinigten Proletarier durch, nämlich den Widerstand gegen die
Klassengesellschaft überhaupt, als daß sie den natürlichen Bedingungen
ihrer eigenen Entwicklung zur Massenorganisation gehorchten. Sie füg-
ten sich den Wandlungen der Wirtschaft ein. Im Liberalismus hatten
sie sich der Erzielung von Verbesserungen zugewandt. Der Einfluß
einigermaßen gesicherter Arbeiterschichten gewann schon kraft ihrer
Zahlungsfähigkeit in den Vereinen größeres Gewicht. Die Partei verwandte sich für eine soziale Gesetzgebung, der Arbeiterschaft sollte das
Leben im Kapitalismus erleichtert werden. Die Gewerkschaft erkämpfte
Vorteile für Berufsgruppen. Als ideologische Rechtfertigung bildeten

sich die Phrasen der Betriebsdemokratie und des Hineinwachsens in den Sozialismus aus. Die Arbeit als Beruf: als die Plackerei, wie die Vergangenheit sie einzig kennt, wurde kaum mehr in Frage gestellt. Sie wurde aus des Bürgers Zierde zur Sehnsucht der Erwerbslosen. Die großen Organisationen förderten eine Idee der Vergesellschaftung, die von der Verstaatlichung, Nationalisierung, Sozialisierung im Staatskapitalismus kaum verschieden war. Das revolutionäre Bild der Entfesselung lebte nur noch in den Verleumdungen der Konterrevolutionäre fort. Wenn überhaupt die Phantasie sich vom Boden der Tatsachen entfernte, setzte sie an Stelle der vorhandenen staatlichen Apparatur die Bürokratien von Partei und Gewerkschaft, an Stelle des Profitprinzips die Jahrespläne der Funktionäre. Noch die Utopie war von Maßregeln ausgefüllt. Die Menschen wurden als Objekte vorgestellt, gegebenenfalls als ihre eigenen. Je größer die Vereine wurden, desto mehr verdankte ihre Führung einer Auslese der Tüchtigsten ihren Platz. Robuste Gesundheit, das Glück, dem durchschnittlichen Mitglied erträglich und den herrschenden Gewalten nicht unerträglich zu sein, der zuverlässige Instinkt gegen das Abenteuer, die Gabe, mit der Opposition umzuspringen, die Bereitschaft, das Verstümmelte an der Menge und an ihnen selbst als Tugend auszuschreien, Nihilismus und Selbstverachtung sind notwendige Eigenschaften.

Diese leitenden Männer zu kontrollieren und zu ersetzen wird mit der Vergrößerung des Apparats aus technischen Gründen immer schwieriger. Zwischen der sachlichen Zweckmäßigkeit ihres Verbleibens und ihrer persönlichen Entschlossenheit, nicht abzutreten, herrscht prästabilierte Harmonie. Der führende Mann und seine Clique wird in der Arbeiterorganisation so unabhängig wie in dem anderen, dem Industriemonopol, das Direktoriat von der Generalversammlung. Die Machtmittel, hier die Reserven des Betriebs, dort die Kasse der Partei oder Gewerkschaft, stehen der Leitung im Kampf gegen Störenfriede zur Verfügung. Die Unzufriedenen sind zersplittert und auf die eigene Tasche angewiesen. Im äußersten Fall wird die Fronde geköpft, die der Generalversammlung durch Bestechung, die des Parteitags durch Ausschluß. Was unter der Herrschaft gedeihen will, steht in Gefahr, die Herrschaft zu reproduzieren. Soweit die proletarische Opposition in der Weimarer Republik nicht als Sekte zugrundeging, verfiel auch sie dem Geist der Administration. Die Institutionalisierung der Spitzen von Kapital und Arbeit hat denselben Grund: die Veränderung der Produktionsweise. Die monopolisierte Industrie, welche die Masse der Aktionäre zu Opfern und Parasiten macht, verweist die Masse der Arbeiter auf Warten und Unterstützung. Sie haben nicht so viel von ihrer Arbeit wie von der Protektion und Hilfeleistung der Vereine zu erwarten. In den restlichen Demokratien befinden sich die Leiter der großen Arbeiterorganisationen heute schon in einem ähnlichen Verhältnis zu ihren Mitgliedern wie im integralen Etatismus die Exekutive zur Gesamtgesellschaft: sie halten die Masse, die sie versorgen, in strenger Zucht, schließen sie gegen unkontrollierten Zuzug hermetisch ab, dulden Spontaneität bloß als Ergebnis ihrer eigenen Mache. Weit mehr noch als die vorfaschistischen Staatsmänner, die zwischen den Monopolisten der Arbeit und der Industrie vermitteln und von der Utopie einer humanitären Version des autoritären Staats nicht lassen können, streben sie nach ihrer Art Volksgemeinschaft.

An Rebellionen gegen diese Entwicklung der Arbeitervereine hat es nicht gefehlt. Die Proteste der sich absplitternden Gruppen glichen einander wie ihr Schicksal. Sie richten sich gegen die konformistische Politik der Leitung, gegen das Avancement zur Massenpartei, gegen die unentwegte Disziplin. Sie entdecken früh, daß das ursprüngliche Ziel, die Abschaffung der Beherrschung und Ausbeutung in jeder Form, im Mund der Funktionäre nur noch eine Propagandaphrase ist. Sie kritisieren in den Gewerkschaften den Tarifvertrag, weil er den Streik einschränkt, in der Partei die Mitarbeit an der kapitalistischen Gesetzgebung, weil sie korrumpiert, in beiden die Realpolitik. Sie erkennen, daß der Gedanke an die soziale Umwälzung bei den Instanzen um so stärker kompromittiert wird, je mehr Anhänger sie für ihn werben. Aber die Bürokraten an der Spitze sind kraft des Amtes auch die besseren Organisatoren, und wenn die Partei bestehen soll, geht es ohne eingespielte Fachleute nicht ab. Überall sind die oppositionellen Versuche gescheitert, die Verbände mitzureißen oder neue Formen der Resistenz auszubilden. Wo die oppositionellen Gruppen nach der Sezession größere Bedeutung erlangten, wandelten sie sich selbst in bürokratische Einrichtungen um. Anpassung ist der Preis, den Individuen und Vereine zahlen müssen, um im Kapitalismus aufzublühen. Selbst jene Gewerkschaften, deren Programm im Gegensatz zu allem Parlamentieren stand, sind mit der Zunahme ihrer Mitgliedschaft von den Extravaganzen des Generalstreiks und der direkten Aktion weit abgekommen. Durch Übernahme eines Munitionsministeriums haben sie schon im Ersten Weltkrieg ihre Bereitschaft zu friedlicher Kooperation dokumentiert. Sogar die Maximalisten blieben nach der Revolution nicht davor bewahrt, daß die schmähliche Soziologie des Parteiwesens am Ende noch recht behielt. Ob Revolutionäre die Macht wie den Raub oder den Räuber ergreifen, zeigt sich erst im Verlauf. Anstatt am Ende in der Demokratie der Räte aufzugehen, kann die Gruppe sich als Obrigkeit festsetzen. Arbeit, Disziplin und Ordnung können die Republik retten und mit der Revolution aufräumen. Wenngleich die Abschaffung der Staaten auf ihrem Banner stand, hat jene Partei ihr industriell zurückgebliebenes Vaterland ins geheime Vorbild jener

Industriemächte umgewandelt, die an ihrem Parlamentarismus kränkelten und ohne den Faschismus nicht mehr leben konnten. Die revolutionäre Bewegung spiegelt den Zustand, den sie angreift, negativ wider. In der monopolistischen Periode durchdringen sich private und staatliche Verfügung über fremde Arbeit. Auf das private Moment zielt der sozialistische Kampf gegen die Anarchie der Marktwirtschaft, auf das private und staatliche zugleich der Widerstand gegen die letzte Form der Ausbeutung. Der historische Widerspruch, vernünftige Planung und Freiheit, Entfesselung und Regulierung zugleich zu fordern, kann überwunden werden; bei den Maximalisten jedoch hat schließlich die Autorität gesiegt und Wunder verrichtet.

Opposition als politische Massenpartei konnte eigentlich nur in der Marktwirtschaft existieren. Der Staat, der infolge der Zersplitterung des Bürgertums einige Selbständigkeit besaß, wurde mittels seiner Parteien bestimmt. Sie verfolgten teils das allgemeine bürgerliche Ziel, die alten Feudalmächte abzuwehren, teils vertraten sie besondere Gruppen. Von der Vermittlung der Herrschaft durch Parteien hat auch die proletarische Opposition profitiert. Die Zersplitterung der herrschenden Klasse, welche die Trennung der Gewalten und die verfassungsmäßigen Rechte der Individuen bedingte, war die Voraussetzung der Arbeitervereine. Die Freiheit der Versammlung gehörte in Europa zu den notwendigen Konzessionen der Klasse ans Individuum, solange die Individuen, aus denen sie bestand, noch nicht unmittelbar mit dem Staat koinzidierten und daher staatliche Übergriffe befürchten mußten. Auch im Anfang wurden bekanntlich die Achtung vor der Person, die Heiligkeit des Hausfriedens, die Unverletzlichkeit des Arrestanten und ähnliche Grundsätze mit Füßen getreten, sobald die Rücksicht auf die eigene Klasse wegfiel. Die Chronik der Zuchthausrevolten wie politischer Insurrektionen und besonders die Kolonialgeschichte sind Kommentare zur bürgerlichen Humanität. Soweit die Koalitionsfreiheit die Proletarier betraf, war sie von Anfang an ein Stiefkind unter den Menschenrechten. »Gewiß soll allen Bürgern erlaubt sein, sich zu versammeln«, sagte der Referent für Arbeitsfragen in der Constituierenden Versammlung 1791, »aber es soll nicht erlaubt sein, daß sich Bürger bestimmter Berufe zwecks ihrer angeblichen, gemeinsamen Interessen versammeln.«[3] Im Namen der Abschaffung von Zünften und Korporationen haben die Liberalen den Zusammenschluß der Arbeiter erschwert, aber schließlich nicht verhindern können. Außer den Aufgaben bürgerlicher Parteien enthielt das Programm der sozialistischen Vereine noch die Revolution. Sie erschien als das abgekürzte Verfahren dazu, das ideologische Ziel des Bürgertums, den allgemeinen Wohlstand zu verwirklichen. Die Aufhebung des Privateigentums an Produktionsmitteln, die Überwindung der Kraft- und Materialvergeudung des

Marktsystems durch Planwirtschaft, die Abschaffung des Erbrechts und so fort waren rationale Forderungen im Zug der Zeit. Die Sozialisten vertraten gegen das Bürgertum seine eigene fortgeschrittenere Phase und strebten schließlich eine bessere Regierung an. Die Einrichtung der Freiheit galt dann als mechanische, selbstverständliche Folge der Eroberung der Macht oder gar als Utopie.

Die Richtung auf den autoritären Staat war den radikalen Parteien in der bürgerlichen Aera seit jeher vorgezeichnet. In der französischen Revolution erscheint die spätere Geschichte zusammengedrängt. Robespierre hatte die Autorität im Wohlfahrtsausschuß zentralisiert, das Parlament zur Registrierkammer von Gesetzen herabgedrückt. Er hatte die Funktionen der Verwaltung und Beherrschung in der jakobinischen Parteileitung vereinigt. Der Staat regulierte die Wirtschaft. Die Volksgemeinschaft durchsetzte alle Lebensformen mit Brüderlichkeit und Denunziation. Der Reichtum war fast in die Illegalität gedrängt. Auch Robespierre und die Seinen planten, den inneren Feind zu enteignen, der wohl dirigierte Volkszorn gehörte zur politischen Maschinerie. Die französische Revolution war der Tendenz nach totalitär. Ihr Kampf gegen die Kirche entsprang nicht der Antipathie gegen die Religion, sondern der Forderung, daß auch sie der patriotischen Ordnung sich einzugliedern und zu dienen habe. Die Kulte der Vernunft und des höchsten Wesens sind wegen der Renitenz des Klerus verbreitet worden. Der »Sansculotte Jesus« kündet den nordischen Christus an. Unter den Jakobinern kam der Staatskapitalismus über die blutigen Anfänge nicht hinaus.[4] Aber der Thermidor hat nicht seine Notwendigkeit beseitigt. Sie meldet sich in den Revolutionen des 19. Jahrhunderts stets wieder an. In Frankreich haben die konsequent liberalen Regierungen immer nur ein kurzes Leben geführt. Um der etatistischen Tendenzen von unten Herr zu werden, mußte die Bourgeoisie rasch den Bonapartismus von oben rufen. Der Regierung Louis Blancs ist es nicht besser ergangen als dem Directoire. Und seitdem in der Junischlacht einmal die Nationalwerkstätten und das Recht auf Arbeit nur durch die Entfesselung der Generäle zu unterdrücken waren, hat sich die Marktwirtschaft als immer reaktionärer erwiesen. Setzte Rousseaus Einsicht, daß die großen Unterschiede des Eigentums dem Prinzip der Nation zuwiderliefen, schon seinen Schüler Robespierre in Gegensatz zum Liberalismus, so ließ sich das spätere Wachstum der kapitalistischen Vermögen mit dem allgemeinen Interesse nur noch im nationalökonomischen Kolleg zusammenbringen. Unter den Bedingungen der großen Industrie ging dann der Kampf darum, wer das Erbe der Konkurrenzgesellschaft antritt. Die hellsichtigen Lenker des Staates erfuhren nicht weniger als die Massen hinter den extremen Parteien, Arbeiter und ruinierte Kleinbürger, daß sie erledigt war. Die

dunkle Beziehung von Lassalle, dem Begründer der deutschen sozialistischen Massenpartei, und Bismarck, dem Vater des deutschen Staatskapitalismus war symbolisch. Beide steuerten zur staatlichen Kontrolle
hin. Regierungen und oppositionelle Parteibürokration von rechts und
links wurden je nach ihrer Stellung im Gesellschaftsprozeß auf irgend
eine Form des autoritären Staats verwiesen. Für die Individuen freilich
ist es entscheidend, welche Gestalt er schließlich annimmt. Arbeitslose,
Rentner, Geschäftsleute, Intellektuelle erwarten Leben oder Tod, je
nachdem ob Reformismus, Bolschewismus oder Faschismus siegt.

Die konsequenteste Art des autoritären Staats, die aus jeder Abhängigkeit vom privaten Kapital sich befreit hat, ist der integrale Etatismus oder Staatssozialismus. Er steigert die Produktion wie nur der
Übergang von der merkantilistischen Periode in die liberalistische. Die
faschistischen Länder bilden eine Mischform. Auch hier wird der Mehrwert zwar unter staatlicher Kontrolle gewonnen und verteilt, er fließt
jedoch unter dem alten Titel des Profits in großen Mengen weiter an
die Industriemagnaten und Grundbesitzer. Durch ihren Einfluß wird
die Organisation gestört und abgelenkt. Im integralen Etatismus ist
die Vergesellschaftung dekretiert. Die privaten Kapitalisten sind abgeschafft. Coupons werden einzig noch von Staatspapieren abgeschnitten.
Infolge der revolutionären Vergangenheit des Regimes ist der Klein-
krieg der Instanzen und Ressorts nicht wie im Faschismus durch Ver-
schiedenheiten der sozialen Herkunft und Bindung innerhalb der bürokratischen Stäbe kompliziert, die dort so viel Reibungen erzeugt. Der
integrale Etatismus bedeutet keinen Rückfall, sondern Steigerung der
Kräfte, er kann leben ohne Rassenhaß. Aber die Produzenten, denen
juristisch das Kapital gehört, »bleiben Lohnarbeiter, Proletarier«, mag
noch so viel für sie getan werden. Das Betriebsreglement hat sich über
die ganze Gesellschaft ausgebreitet. Spielte nicht die Armut an technischen Hilfsmitteln und die kriegerische Umwelt der Bürokratie in
die Hände, so hätte der Etatismus sich schon überlebt. Im integralen
Etatismus steht, wenn man von den kriegerischen Verwicklungen ab-
sieht, der Absolutismus der Ressorts, für deren Kompetenzen die Polizei das Leben bis in die letzten Zellen durchdringt, der freien Einrichtung der Gesellschaft entgegen. Zur Demokratisierung der Verwaltung
bedarf es keiner ökonomischen oder juristischen Maßnahmen mehr,
sondern des Willens der Regierten. Der circulus vitiosus von Armut,
Herrschaft, Krieg und Armut umfängt sie solange, bis sie ihn selbst
durchbrechen werden. Wo auch sonst in Europa Tendenzen im Sinn des
integralen Etatismus sich regen, eröffnet sich die Aussicht, daß sie dies-
mal nicht wieder in bürokratischer Herrschaft sich verfangen werden.
Wann es gelingt, ist nicht vorher zu entscheiden und auch nachher
durch die Praxis nicht ein für allemal ausgemacht. Unwiderruflich ist

in der Geschichte nur das Schlechte: die ungewordenen Möglichkeiten, das versäumte Glück, die Morde mit und ohne juristische Prozedur, das, was die Herrschaft den Menschen antut. Das andere steht immer in Gefahr.

In allen seinen Varianten ist der autoritäre Staat repressiv. Die maßlose Vergeudung wird nicht mehr durch ökonomische Mechanismen im klassischen Sinn bewirkt; sie entsteht jedoch aus den unverschämten Bedürfnissen des Machtapparats und aus der Vernichtung jeglicher Initiative der Beherrschten: Gehorsam ist nicht so produktiv. Trotz der sogenannten Krisenlosigkeit gibt es keine Harmonie. Auch sofern der Mehrwert nicht länger als Profit eingestrichen wird, geht es um ihn. Die Zirkulation wird abgeschafft, die Ausbeutung modifiziert. Der auf die Marktwirtschaft gemünzte Satz, daß der Anarchie in der Gesellschaft die straffe Ordnung in der Fabrik entspricht, bedeutet heute, daß der internationale Naturstand, der Kampf um den Weltmarkt, und die faschistische Disziplin der Völker wechselseitig sich bedingen. Auch wenn Eliten heute gemeinsam gegen ihre Völker verschworen sind, bleiben sie immer auf dem Sprung, sich von den Jagdgebieten etwas abzujagen. Wirtschafts- und Abrüstungskonferenzen schieben die Händel immer nur für eine Weile auf, das Prinzip der Herrschaft erweist sich im Äußeren als das der permanenten Mobilisation. Der Zustand bleibt weiterhin absurd. Freilich wird die Fesselung der Produktivkräfte von nun an als Bedingung der Herrschaft verstanden und mit Bewußtsein ausgeübt. Daß zwischen den Schichten der Beherrschten, sei es zwischen Gemeinen und Facharbeitern oder den Geschlechtern oder den Rassen, ökonomisch differenziert, daß die Isolierung der Individuen voneinander mit allen Verkehrsmitteln, mit Zeitung, Kino, Radio, systematisch betrieben werden muß, gehört zum Katechismus der autoritären Regierungskunst. Sie sollen allen zuhören, vom Führer bis zum Blockwart, nur nicht einander, sie sollen über alles orientiert sein, von der nationalen Friedenspolitik bis zur Verdunkelungslampe, nur nicht sich orientieren, sie sollen überall Hand anlegen, nur nicht an die Herrschaft. Die Menschheit wird allseitig ausgebildet und verstümmelt. Mag das Land, zum Beispiel die Vereinigten Staaten Europas, noch so groß und mächtig sein, die Unterdrückungsmaschinerie gegen den inneren Feind muß einen Vorwand in der Drohung mit dem äußeren finden. Wenn Hunger und Kriegsgefahr notwendige, unkontrollierte, wider Willen produzierte Folgen der freien Wirtschaft waren, werden sie am autoritären Staat der Tendenz nach konstruktiv angewandt.

So unerwartet nach Ort und Zeit das Ende der letzten Phase kommen mag, es wird kaum durch eine wieder auferstandene Massenpartei herbeigeführt; sie würde die herrschende bloß ablösen. Die Aktivität politischer Gruppen und Vereinzelter mag zur Vorbereitung der Freiheit entscheidend beitragen; gegnerische Massenparteien hat der autoritäre Staat nur als konkurrierende zu fürchten. Sie rühren nicht ans Prinzip. In Wahrheit ist der innere Feind überall und nirgends. Nur im Anfang kommen die meisten Opfer des Polizeiapparates aus der unterlegenen Massenpartei. Später strömt das vergossene Blut aus dem geeinten Volk zusammen. Die Auslese, die man in den Lagern konzentriert, wird immer zufälliger. Ob die Menge der Insassen jeweils wächst oder abnimmt, ja ob man es sich zeitweise leisten kann, die leeren Plätze der Ermordeten gar nicht wieder zu belegen, eigentlich könnte jeder im Lager sein. Die Tat, die hineinführt, begeht jeder in Gedanken jeden Tag. Im Faschismus träumen alle den Führermord und marschieren in Reih und Glied. Sie folgen aus nüchterner Berechnung: nach dem Führer käme doch nur der Stellvertreter. Wenn die Menschen einmal nicht mehr marschieren, dann werden sie auch ihre Träume verwirklichen. Die vielberufene politische Müdigkeit der Massen, hinter der sich die Parteibonzen nicht selten verstecken, ist eigentlich nur die Skepsis gegen die Leitung. Die Arbeiter haben gelernt, daß von denen, die sie jeweils riefen und wieder nach Hause schickten, auch nach dem Sieg stets nur das gleiche zu gewärtigen war. In der französischen Revolution brauchten die Massen fünf Jahre, bis ihnen einerlei war, ob Barras oder Robespierre. Aus der gewitzigten Apathie, die den Widerwillen gegen die ganze politische Fassade enthält, ist kein Schluß für die Zukunft zu ziehen. Mit der Erfahrung, daß ihr politischer Wille durch die Veränderung der Gesellschaft wirklich ihr eigenes Dasein verändert, wird die Apathie der Massen verschwunden sein. Sie gehört dem Kapitalismus an, freilich allen seinen Phasen. Die generalisierende Soziologie hat daran gekrankt, daß sie zumeist von feineren Leuten betrieben worden ist. Diese differenzieren zu gewissenhaft. Die Millionen unten erfahren von Kindheit an, daß die Phasen des Kapitalismus zu demselben System gehören. Hunger, Polizeikontrolle, Soldatsein gibt es auf liberal und autoritär. Beim Faschismus sind die Massen vornehmlich daran interessiert, daß es nicht der Fremde schafft, denn die abhängige Nation hat die verstärkte Ausbeutung zu dulden. Hoffnung bietet ihnen gerade noch der integrale Etatismus, weil er an der Grenze des Besseren steht, und Hoffnung widerspricht der Apathie. Im Begriff der revolutionären Diktatur als Übergang war keineswegs beschlossen, daß irgendeine Elite aufs neue die Produktionsmittel monopolisiert. Solcher Gefahr kann die Energie und Wachsamkeit der Menschen selbst begegnen. Die Umwälzung, die der Herrschaft ein Ende macht, reicht so weit wie der Wille der Befreiten. Jede Resignation ist schon der Rückfall in die Vorgeschichte. Nach der Auflösung der alten Machtpositionen wird die Gesellschaft entweder ihre Angelegenheiten auf

Grund freier Übereinkunft verwalten, oder die Ausbeutung geht weiter. Daß sich Reaktionen ereignen, daß der Ansatz zur Freiheit immer wieder vernichtet wird, ist theoretisch nicht auszuschließen, gewiß nicht so lang es eine feindliche Umwelt gibt. Es lassen sich keine patenten Systeme ausdenken, die selbsttätige Rückfälle verhindern. Die Modalitäten der neuen Gesellschaft finden sich erst im Lauf der Veränderung. Die theoretische Konzeption, die nach ihren Vorkämpfern der neuen Gesellschaft den Weg weisen soll, das Rätesystem, stammt aus der Praxis. Es geht auf 1871, 1905 und andere Ereignisse zurück. Die Umwälzung hat eine Tradition, auf deren Fortsetzung die Theorie verwiesen ist.

Nicht weil das künftige Zusammenleben auf einer raffinierteren Verfassung beruhte, hat es Aussicht auf Dauer, sondern weil die Herrschaft sich im Staatskapitalismus abnutzt. Dank seiner Praxis bereiten die zweckmäßige Leitung des Produktionsapparates, der Austausch von Stadt und Land, die Versorgung der großen Städte keine Schwierigkeiten mehr. Die Steuerung der Wirtschaft, die früher aus der trügerischen Initiative privater Unternehmer resultierte, wird schließlich in einfache Verrichtungen aufgelöst, die erlernbar sind wie Bau und Bedienung von Maschinen. Der Auflösung des Unternehmergenies folgt die der Führerweisheit. Ihre Funktionen können durchschnittlich geschulte Kräfte bewältigen. Ökonomische Fragen werden mehr und mehr zu technischen. Die Vorzugsstellung von Beamten der Verwaltung, technischen und planwirtschaftlichen Ingenieuren, verliert in der Zukunft ihre vernünftige Basis, die nackte Macht wird ihr einziges Argument. Daß die Rationalität der Herrschaft schon im Schwinden begriffen ist, wenn der autoritäre Staat die Gesellschaft übernimmt, ist der wahre Grund seiner Identität mit dem Terrorismus und zugleich der Engelsschen Theorie, daß die Vorgeschichte mit ihm zu Ende geht. Die Verfassung war, bevor sie in den faschistischen Ländern abstarb, ein Instrument der Herrschaft. Durch sie hatte seit der englischen und französischen Revolution das europäische Bürgertum die Regierung begrenzt und sein Eigentum gesichert. Daß die Rechte des Individuums nicht einer Gruppe vorbehalten bleiben konnten, sondern formelle Universalität gefordert war, macht sie heute zur Sehnsucht der Minoritäten. In einer neuen Gesellschaft wird sie nicht mehr Gewicht beanspruchen als Fahrpläne und Verkehrsregeln in der bestehenden. »Wie oft schon tat man«, klagt Dante über die Unbeständigkeit der Verfassung in Florenz, »Gesetze, Münzen, Ämter, Brauch in Bann, und deine Bürgerschaft sah neue Glieder.«[5] Was der zerfallenden Patrizierherrschaft gefährlich gewesen ist, wäre der klassenlosen Gesellschaft eigentümlich. Die Formen der freien Assoziation schließen sich nicht zum System zusammen.

So wenig das Denken aus sich heraus die Zukunft zu entwerfen vermag, so wenig bestimmt es den Zeitpunkt. Die Etappen des Weltgeistes folgen nach Hegel einander mit logischer Notwendigkeit, keine kann übersprungen werden. Marx ist ihm darin treu geblieben. Die Geschichte wird als unverbrüchliche Entwicklung vorgestellt. Das Neue kann nicht beginnen, ehe seine Zeit gekommen ist. Aber der Fatalismus beider Denker bezieht sich, merkwürdig genug, bloß auf die Vergangenheit. Ihr metaphysischer Irrtum, daß die Geschichte einem festen Gesetz gehorche, wird durch den historischen Irrtum aufgehoben, daß es zu ihrer Zeit erfüllt sei. Die Gegenwart und das Spätere steht nicht wieder unter dem Gesetz. Es hebt auch keine neue gesellschaftliche Periode an. Fortschritt gibt es in der Vorgeschichte. Er beherrscht die Etappen bis zur Gegenwart. Von geschichtlichen Unternehmungen, die vergangen sind, mag sich sagen lassen, daß die Zeit nicht reif für sie gewesen sei. In der Gegenwart verklärt die Rede von der mangelnden Reife das Einverständnis mit dem Schlechten. Für den Revolutionär ist die Welt schon immer reif gewesen. Was im Rückblick als Vorstufe, als unreife Verhältnisse erscheint, galt ihm einmal als letzte Chance der Veränderung. Er ist mit den Verzweifelten, die ein Urteil zum Richtplatz schickt, nicht mit denen, die Zeit haben. Die Berufung auf ein Schema von gesellschaftlichen Stufen, das die Ohnmacht einer vergangenen Epoche post festum demonstriert, war im betroffenen Augenblick verkehrt in der Theorie und niederträchtig in der Politik. Die Zeit, zu der sie gedacht wird, gehört zum Sinn der Theorie. Die Lehre vom Wachsen der Produktivkräfte, von der Abfolge der Produktionsweisen, von der Aufgabe des Proletariats ist weder ein historisches Gemälde zum Anschauen noch eine naturwissenschaftliche Formel zur Vorausberechnung künftiger Tatsachen. Sie formuliert das richtige Bewußtsein in einer bestimmten Phase des Kampfs und ist als solches auch in späteren Konflikten wieder zu erkennen. Die als Eigentum erfahrene Wahrheit schlägt in ihr Gegenteil um, auf sie trifft der Relativismus zu, dessen kritischer Zug von demselben Sekuritätsideal herrührt wie die absolute Philosophie. Die kritische Theorie ist von anderem Schlag. Sie kehrt sich gegen das Wissen, auf das man pochen kann. Sie konfrontiert Geschichte mit der Möglichkeit, die stets konkret in ihr sichtbar wird. Die Reife ist das Thema probandum und probatum. Obgleich der spätere historische Verlauf die Girondisten gegen die Montagnards, Luther gegen Münzer bestätigt hat, wurde die Menschheit nicht durch die unzeitgemäßen Unternehmungen der Umstürzler, sondern durch die zeitgemäße Weisheit der Realisten verraten. Die Verbesserung der Produktionsmethoden mag wirklich nicht bloß die Chancen der Unterdrückung, sondern auch die ihrer Abschaffung verbessert haben. Aber die Konsequenz, die heute aus dem historischen Materialismus und

damals aus Rousseau oder der Bibel folgte, nämlich die Einsicht, daß
»Jetzt oder erst in hundert Jahren« das Grauen ein Ende findet, war
in jedem Augenblick an der Zeit.

Die bürgerlichen Erhebungen hingen in der Tat von der Reife ab.
Ihr Erfolg, von den Reformatoren bis zur legalen Revolution des Faschismus, war an die technischen und ökonomischen Errungenschaften
gebunden, die den Fortschritt des Kapitalismus bezeichnen. Sie kürzen
die vorbestimmte Entwicklung ab. Die Idee der Geburtshilfe entspricht
genau der Geschichte des Bürgertums. Seine materiellen Existenzfor-
men waren ausgebildet, ehe die politische Macht erobert war. Die
Theorie der Abkürzung beherrscht die »politique scientifique« seit der
französischen Revolution. Mit dem Imprimatur Saint-Simons hat Comte
als politischen Leitsatz den Gedanken formuliert: »Es ist ein großer
Unterschied, ob man dem Gang der Geschichte einfach folgt, ohne sich
darüber Rechenschaft zu geben, oder mit Einsicht in die ursächlichen
Verhältnisse. Die geschichtlichen Veränderungen greifen im ersten wie
im zweiten Fall Platz, aber sie lassen länger auf sich warten, und sie
geschehen vor allem nur, nachdem sie, je nach ihrer Art und Bedeutung,
die Gesellschaft erst entsprechend verhängnisvoll erschüttert haben.«[6]
Die Kenntnis der historischen Gesetze, die den Ablauf der Gesellschafts-
formen regeln, soll nach den Saint-Simonisten die Revolution mildern,
nach den Marxisten verstärken. Beide schreiben ihnen die Funktion zu,
einen Prozeß abzukürzen, der sich selbsttätig, gleichsam natürlich,
vollzieht. »Die revolutionäre Umgestaltung«, sagt Bebel, »die alle
Lebensbeziehungen der Menschen von Grund aus ändert und insbesondere auch die Stellung der Frau verändert, vollzieht sich also bereits
vor unseren Augen. Es ist nur eine Frage der Zeit, daß die Gesellschaft
diese Umgestaltung in größtem Maßstab in die Hand nimmt, und den
Umwandlungsprozeß beschleunigt und verallgemeinert und damit alle
ohne Ausnahme an seinen zahllosen vielgestaltigen Vorteilen teilnehmen läßt.«[7] So reduzierte sich die Revolution auf den intensiveren
Übergang zum Staatskapitalismus, der damals schon sich anmeldete.
Trotz des Bekenntnisses zur Hegelschen Logik von Sprung und Umschlag erschien die Veränderung wesentlich als Vergrößerung von Aus-
maßen: die Ansätze zur Planung sollten verstärkt, die Distribution
vernünftiger gestaltet werden. Die Lehre vom Geburtshelfertum bringt
die Revolution auf bloßen Fortschritt herunter.

Dialektik ist nicht identisch mit Entwicklung. Zwei entgegengesetzte
Momente, der Übergang zur staatlichen Kontrolle und die Befreiung
von ihr, sind im Begriff der sozialen Umwälzung in eins gefaßt. Sie
bewirkt, was auch ohne Spontaneität geschehen wird: die Vergesellschaftung der Produktionsmittel, die planmäßige Leitung der Produktion, die Naturbeherrschung ins Ungemessene. Und sie bewirkt, was

ohne aktive Resistenz und stets erneute Anstrengung der Freiheit nie eintritt: das Ende der Ausbeutung. Solches Ende ist keine Beschleunigung des Fortschritts mehr, sondern der Sprung aus dem Fortschritt heraus. Das Rationale ist nie vollständig deduzierbar. Es ist in der geschichtlichen Dialektik überall angelegt als der Bruch mit der Klassengesellschaft. Die theoretischen Argumente dafür, daß der Staatskapitalismus ihre letzte Etappe sei, beziehen sich darauf, daß die gegenwärtigen materiellen Verhältnisse den Sprung ermöglichen und fordern. Die Theorie, der sie entstammen, weist dem bewußten Willen die objektiven Möglichkeiten. Wenn sie die Phasen der bürgerlichen Wirtschaft, Blüte und Verfall, dartut wie ein immanentes Entwicklungsgesetz, so reißt mit dem Übergang zur Freiheit die Selbstbewegung ab. Man kann heute bestimmen, was die Führer der Massen ihnen noch antun werden, wenn man beide nicht abschafft. Das gehört zum immanenten Entwicklungsgesetz. Man kann nicht bestimmen, was eine freie Gesellschaft tun oder lassen wird. Die Selbstbewegung des Begriffs der Ware führt zum Begriff des Staatskapitalismus wie bei Hegel die sinnliche Gewißheit zum absoluten Wissen. Wenn aber bei Hegel die Stufen des Begriffs ohne weitere Umstände der physikalischen und gesellschaftlichen Natur entsprechen müssen, weil Begriff und Wirklichkeit wie am Ende so schon im Grund nicht bloß unterschieden, sondern auch dasselbe sind, so darf das materialistische Denken sich dieser Identität nicht für versichert halten. Der Eintritt von Verhältnissen, die aus dem Begriff abzulesen sind, legt dem Idealisten das Gefühl der Befriedigung, dem historischen Materialisten eher das der Empörung nah. Daß die menschliche Gesellschaft wirklich alle Phasen durchläuft, die als Umschlag des freien und gerechten Tauschs in Unfreiheit und Ungerechtigkeit aus seinem eigenen Begriff zu entfalten sind, enttäuscht ihn, wenn es wirklich so kommt. Die idealistische Dialektik konserviert das Erhabene, Gute, Ewige; jeder historische Zustand enthalte das Ideal, nur nicht explizit. Die Identität von Ideal und Wirklichkeit gilt als Voraussetzung und Ziel der Geschichte. Die materialistische Dialektik trifft das Gemeine, Schlechte, Zeitgemäße; jeder historische Zustand enthält das Ideal, nur nicht explizit. Die Identität von Ideal und Wirklichkeit ist die universale Ausbeutung. Deshalb besteht die marxsche Wissenschaft in der Kritik der bürgerlichen Ökonomie und nicht im Entwurf der sozialistischen: den hat Marx Bebel überlassen. Er selbst erklärt die Wirklichkeit an ihrer Ideologie: durch die Entfaltung der offiziellen Ökonomik entdeckt er das Geheimnis der Ökonomie. Verhandelt wird über Smith und Ricardo, angeklagt ist die Gesellschaft.

Die Deduktion der kapitalistischen Phasen von der einfachen Warenproduktion bis zu Monopol und Staatskapitalismus ist freilich kein Gedankenexperiment. Das Tauschprinzip ist nicht bloß ersonnen, es hat die Wirklichkeit beherrscht. Die Widersprüche, welche die Kritik in ihm entdeckt, haben sich in der Geschichte drastisch bemerkbar gemacht. Im Tausch der Ware Arbeitskraft wird der Arbeiter entschädigt und betrogen zugleich. Die Egalität der Warenbesitzer ist ein ideologischer Schein, der im Industriesystem zergeht und im autoritären Staat der offenen Beherrschung weicht. Die Entwicklung der bürgerlichen Gesellschaft ist in ihrer Produktionsweise beschlossen, die durch jenes ökonomische Prinzip bezeichnet war. Trotz seiner realen Gültigkeit jedoch ist es zwischen seiner kritischen Darstellung und dem historischen Verlauf nie zu einer Deckung gekommen, die nicht hätte durchbrochen werden können. Die Differenz von Begriff und Realität begründet die Möglichkeit der umwälzenden Praxis, nicht der bloße Begriff. Zwischen den Veränderungen in der Produktionsweise und dem Gang der Ideologie besteht in der Klassengesellschaft ein notwendiger Zusammenhang, den man begrifflich deduzieren kann. Aber die Zwangsläufigkeit der Vergangenheit legt so wenig den Willen zur Freiheit fest, der in ihr selbst sich meldet, wie den der Zukunft. Für jede Folgerung aus dem Glauben, daß die Geschichte einer aufsteigenden Linie folgen wird, gleichgültig ob man sie nun als Gerade, Zickzack oder Spirale vorstellt, gibt es ein Gegenargument, das um nichts weniger gültig ist. Theorie erklärt wesentlich den Gang des Verhängnisses. Bei aller Konsequenz in der Entwicklung, welche sie zu erfassen vermag, bei aller Logik in der Abfolge der einzelnen gesellschaftlichen Epochen, bei aller Steigerung der materiellen Produktivkräfte, der Methoden und Geschicklichkeiten, sind in der Tat die kapitalistischen Antagonismen angewachsen. Durch sie werden schließlich die Menschen selbst definiert. Diese sind heute nicht nur fähiger zur Freiheit sondern auch unfähiger. Nicht bloß die Freiheit, auch künftige Formen der Unterdrückung sind möglich. Sie lassen theoretisch sich berechnen als Rückfall oder als neue ingeniöse Apparatur. Mit dem Staatskapitalismus kann die Macht neu sich befestigen. Auch er ist eine antagonistische, vergängliche Form. Das Gesetz seines Zusammenbruchs ist ihm leicht anzusehen: es gründet in der Hemmung der Produktivität durch die Existenz der Bürokratien. Aber die Ausbreitung der autoritären Formen hat noch viel vor sich, und es wäre nicht zum erstenmal, daß auf eine Periode größerer Selbständigkeit der Abhängigen eine lange Periode verstärkter Unterdrückung folgt. Athenische Industrie und römischer Grundbesitz haben die Sklaverei großen Maßstabs eingeführt, als die freien Arbeiter zu anspruchsvoll und teuer wurden. Im ausgehenden Mittelalter wurde den Bauern die Freiheit, die sie wegen ihres numerischen Rückgangs bis zum 14. Jahrhundert errungen hatten, wieder abgenommen. Die Empörung beim Gedanken, daß auch die beschränkte Freiheit des 19. Jahrhunderts auf lange Dauer durch den

Staatskapitalismus, durch die »Sozialisierung der Armut« abgelöst werden, geht auf die Erkenntnis zurück, daß dem gesellschaftlichen Reichtum keine Schranken mehr gesetzt sind. Aber auf den Bedingungen des gesellschaftlichen Reichtums beruht nicht bloß die Chance der Zertrümmerung, sondern ebenso sehr des Fortbestandes der modernen Sklaverei. Der objektive Geist ist jeweils das Produkt der Anpassung der Macht an ihre Existenzbedingungen. Trotz des offenen Gegensatzes zwischen Kirche und Staat im Mittelalter, zwischen den weltumspannenden Kartellen in der Gegenwart, haben sie weder einander umgebracht, noch fusionieren sie sich völlig. Beides wäre das Ende der Herrschaft, die den Antagonismus in sich selbst erhalten muß, wenn sie den zu den Beherrschten ertragen soll. Das Weltkartell ist unmöglich, es schlüge sogleich in die Freiheit um. Die paar großen Monopole, die bei gleichen Fabrikationsmethoden und Erzeugnissen ihre Konkurrenz aufrechterhalten, geben das Modell künftiger außenpolitischer Konstellationen ab. Zwei freundlich-feindliche Staatenblocks wechselnder Zusammensetzung könnten die ganze Welt beherrschen, ihrer Gefolgschaft auf Kosten der halb-kolonialen und kolonialen Massen neben dem Fascio auch bessere Rationen bieten und in ihrer gegenseitigen Bedrohung immer neue Gründe zum Fortgang der Aufrüstung finden. Die Ausdehnung der Produktion, die durch die bürgerlichen Eigentumsverhältnisse zuerst beschleunigt und später hintan gehalten wurde, entspricht an sich noch keineswegs den menschlichen Bedürfnissen. Heute wird sie zugunsten der Herrschaft gelenkt. Die Bäume sollen nicht in den Himmel wachsen. Solange auf der Welt noch Knappheit am Notwendigen, ja nur an Luxusmitteln besteht, nehmen die Herrschenden die Gelegenheit wahr, Personen und Gruppen, nationale und soziale Schichten, voneinander zu isolieren und ihre eigene Führerrolle zu reproduzieren. Die Bürokratie bekommt den ökonomischen Mechanismus wieder in die Hand, der unter der Herrschaft des reinen Profitprinzips der Bourgeoisie entglitt. Der fachwissenschaftliche Begriff der Ökonomie, der im Gegensatz zu ihrer Kritik mit dem Markt im Schwinden begriffen ist, enthält keine weiteren Einwände gegen die Existenzfähigkeit des Staatskapitalismus als die, welche Mises und die Seinen gegen den Sozialismus vorbrachten. Sie leben heute gerade noch vom Kampf gegen die sozialen Reformen in demokratischen Ländern und haben vollends ihr Gewicht verloren. Der Kern der liberalistischen Einwände bestand aus wirtschaftstechnischen Bedenken. Ohne einigermaßen unbehindertes Funktionieren der alten Mechanismen von Angebot und Nachfrage sollten unproduktive von produktiven Industriellen Verfahrungsweisen nicht zu unterscheiden sein. Die beschränkte Gescheitheit, die sich auf solche Argumente gegen die Geschichte versteift, war so sehr dem Bestehenden verpflichtet, daß sie seinen Triumph im Faschismus übersah. Der Kapitalismus hat eine Frist, auch nachdem seine liberalistische Phase vorüber ist. Die faschistische freilich ist von denselben ökonomischen Tendenzen durchherrscht, die schon den Markt vernichteten. Nicht etwa die Unmöglichkeit der Rechnungslegung, sondern die internationale Krise, welche der autoritäre Staat perpetuiert, läßt der unter seinen Formen verkommenden Menschheit keine Wahl mehr. Das ewige System des autoritären Staats, wie furchtbar es auch droht, ist nicht realer als die ewige Harmonie der Marktwirtschaft. War der Tausch von Äquivalenten noch eine Hülle der Ungleichheit, so ist der faschistische Plan schon der offene Raub.

Die Möglichkeit heute ist nicht geringer als die Verzweiflung. Der Staatskapitalismus als jüngste Phase hat mehr Kräfte in sich, die wirtschaftlich zurückgebliebenen Territorien der Erde zu organisieren, als die vorhergehende, deren maßgebende Repräsentanten ihre verminderte Kraft und Initiative zur Schau stellen. Sie werden von der Angst bestimmt, ihre profitable soziale Stellung zu verlieren. Sie wollten gerne alles tun, um sich die Hilfe des zukünftigen Faschismus nicht auf die Dauer zu verscherzen. In ihm erscheint ihnen die regenerierte Gestalt der Herrschaft, sie ahnen die Kraft, die bei ihnen am Versiegen ist. Der seit Jahrhunderten akkumulierte Reichtum und die ihm zugehörige diplomatische Erfahrung wird darauf verwandt, daß die legitimen Beherrscher Europas seine Vereinigung selbst kontrollieren und den integralen Etatismus noch einmal draußen halten. Sowohl durch solche Rückfälle wie durch Versuche, wirkliche Freiheit herzustellen, kann die Ära des autoritären Staats unterbrochen werden. Diese Versuche, die ihrem Wesen nach keine Bürokratie dulden, können nur von den Vereinzelten kommen. Vereinzelt sind alle. Die verdrossene Sehnsucht der atomisierten Massen und der bewußte Wille der Illegalen weist in dieselbe Richtung. Genau so weit wie ihre Unbeirrbarkeit ging auch in früheren Revolutionen der kollektive Widerstand, der Rest war Gefolgschaft. Es führt eine Linie von den linken Gegnern des Etatismus Robespierres zum Komplott der Gleichen unter dem Directoire. Solange die Partei noch eine Gruppe, ihren antiautoritären Zielen noch nicht entfremdet ist, solange die Solidarität nicht durch Gehorsam ersetzt wird, solange sie die Diktatur des Proletariats noch nicht mit der Herrschaft der gerissensten Parteitaktiker verwechselt, wird ihre Generallinie von eben den Abweichungen bestimmt, von denen sie als herrschende Clique sich freilich rasch zu säubern weiß. Solange die Avantgarde ohne periodische Säuberungsaktionen zu handeln vermag, lebt mit ihr die Hoffnung auf den klassenlosen Zustand. Die zwei Phasen, in denen nach dem Wortlaut der Tradition er sich verwirklichen soll, haben mit der Ideologie, die heute der Verewigung des integralen Etatismus dient, nur wenig zu tun. Weil die unbegrenzte

Menge der Konsum- und Luxusmittel noch als ein Traum erscheint, soll die Herrschaft, die bestimmt war, in der ersten Phase abzusterben, sich versteifen dürfen. Gesichert durch schlechte Ernten und Wohnungsnot verkündet man, die Regierung der Geheimpolizei werde verschwinden, wenn das Schlaraffenland verwirklicht sei. Engels ist dagegen ein Utopist, er setzt die Vergesellschaftung und das Ende der Herrschaft in eins: »Der erste Akt, worin der Staat wirklich als Repräsentant der ganzen Gesellschaft auftritt – die Besitzergreifung der Produktionsmittel im Namen der Gesellschaft – ist zugleich sein letzter selbständiger Akt als Staat. Das Eingreifen einer Staatsgewalt in die gesellschaftlichen Verhältnisse wird auf einem Gebiet nach dem anderen überflüssig und schläft dann von selbst ein.«[8] Er hat nicht daran geglaubt, daß die unbegrenzte Steigerung der materiellen Produktion die Voraussetzung einer menschlichen Gesellschaft und die klassenlose Demokratie erst dann erreichbar sei, wenn die ganze Erde vollends mit Radios und Traktoren bevölkert ist. Die Praxis hat die Theorie zwar nicht widerlegt, aber interpretiert. Eingeschlafen sind die Feinde der Staatsgewalt, nur nicht von selbst. Mit jedem Stück erfüllter Planung sollte ursprünglich ein Stück Repression überflüssig werden. Statt dessen hat sich in der Kontrolle der Pläne immer mehr Repression auskristallisiert. Ob die Produktionssteigerung den Sozialismus verwirklicht oder liquidiert, kann nicht abstrakt entschieden werden.

Das Entsetzen in der Erwartung einer autoritären Weltperiode verhindert nicht den Widerstand. Die Ausübung von Verwaltungsfunktionen durch eine Klasse oder Partei kann nach der Abschaffung jedes Privilegs durch Formen einer klassenlosen Demokratie ersetzt werden, die vor der Erhöhung von administrativen zu Machtpositionen behüten können. Wenn ehemals die Bourgeoisie ihre Regierungen durch das Eigentum bei der Stange hielt, wird in einer neuen Gesellschaft die Verwaltung nur durch unnachgiebige Selbständigkeit der Nichtdelegierten davon abzuhalten sein, in Herrschaft umzuschlagen. Die Gefolgschaften bilden schon heute für den autoritären Staat keine geringere Gefahr als die freien Arbeiter für den Liberalismus. Bankerott ist der Glaube daran, daß man etwas hinter sich hat. Ihm huldigen auch nicht wenige Marxisten. Ohne das Gefühl, mit einer großen Partei, einem allverehrten Führer, der Weltgeschichte oder wenigstens der unfehlbaren Theorie zu sein, funktionierte ihr Sozialismus nicht. Die Hingabe an marschierende Massen, die beseeligte Einordnung in die Kollektivität, der ganze Philistertraum, den Nietzsches Verachtung getroffen hat, feiert bei den autoritären Jugendverbänden fröhliche Auferstehung. Die Revolution, die ein Beruf war wie die Wissenschaft, hat ins Gefängnis oder nach Sibirien geführt. Seit dem Sieg aber winkt auch eine Laufbahn, wenn nirgendwo sonst, dann wenigstens in den

Parteihierarchien. Es gibt nicht bloß Professoren sondern auch Revolutionäre von Prominenz. Der publizistische Betrieb assimiliert die Revolution, indem er ihre Spitzen in die Liste der großen Namen aufnimmt. Der Vereinzelte aber, der von keiner Macht berufen und gedeckt ist, hat auch keinen Ruhm zu erwarten. Dennoch ist er eine Macht, weil alle vereinzelt sind. Sie haben keine Waffe als das Wort. Je mehr es von den Barbaren drinnen und den Kulturfreunden draußen verschachert wird, um so mehr kommt es doch wieder zu Ehren. Die ohnmächtige Äußerung im totalitären Staat ist bedrohlicher als die eindrucksvollste Parteikundgebung unter Wilhelm II. Daß die deutschen Geistigen nicht lange brauchen, um mit der fremden Sprache umzuspringen wie mit der eigenen, sobald diese ihnen die zahlenden Leser sperrt, rührt daher, daß ihnen Sprache immer schon mehr im Kampf ums Dasein als zum Ausdruck der Wahrheit diente. Im Verrat der Sprache an den Verkehr aber kündigt ihr Ernst sich aufs neue an. Es ist, als fürchteten sie, die deutsche Sprache könne sie am Ende doch weiter treiben, als ihnen mit ihrer tolerierten Existenz und den berechtigten Ansprüchen der Mäzenaten vereinbar dünkt. Die Aufklärer hatten viel weniger zu riskieren. Ihre Opposition harmonierte mit den Interessen der Bourgeoisie, die damals schon keine geringe Macht besaß. Voltaire und die Enzyklopädisten hatten ihre Beschützer. Jenseits jener Harmonie erst tat kein Minister mehr mit. Jean Meslier mußte zeit seines Lebens schweigen, und der Marquis hat das seine in Gefängnissen verbracht. Wenn aber das Wort ein Funke werden kann, so hat es heute noch nichts in Brand gesteckt. Es hat überhaupt nicht den Sinn von Propaganda und kaum den des Aufrufs. Es trachtet auszusagen, was alle wissen und zu wissen sich verbieten, es will nicht durch versierte Aufdeckung von Zusammenhängen imponieren, die nur die Mächtigen wissen. Der stellungslose Politiker der Massenpartei aber, dessen rhetorisches Pathos vom starken Arm verklungen ist, ergeht sich heute in Statistik, Nationalökonomie und inside stories. Seine Rede ist nüchtern und wohlinformiert geworden. Er behält den angeblichen Kontakt mit der Arbeiterschaft und drückt sich in Exportziffern und Ersatzstoffen aus. Er weiß es besser als der Faschismus und berauscht sich masochistisch an den Tatsachen, die ihn doch verlassen haben. Wenn man sich schon auf gar nichts Gewaltiges mehr berufen kann, muß die Wissenschaft herhalten.

Wem an der menschlichen Einrichtung der Welt liegt, der kann auf keine Appellationsinstanz blicken: weder auf bestehende noch auf zukünftige Macht. Die Frage, was »man« mit der Macht anfangen soll, wenn man sie einmal hat, dieselbe Frage, die für die Bürokraten der Massenpartei höchst sinnvoll war, verliert im Kampf gegen sie ihre Bedeutung. Die Frage setzt den Fortbestand dessen voraus, was verschwinden soll: die Verfügungsgewalt über fremde Arbeit. Wenn die Gesellschaft in Zukunft wirklich nicht mehr durch vermittelten oder unmittelbaren Zwang funktionieren, sondern aus Übereinkunft sich selbst bestimmen wird, so lassen die Ergebnisse der Übereinkunft sich nicht theoretisch vorwegnehmen. Entwürfe für die Besorgung der Wirtschaft über das hinaus, was im Staatskapitalismus schon vorliegt, können einmal nützlich werden. Das Nachdenken heute, das der veränderten Gesellschaft dienen soll, darf aber nicht überspringen, daß in der klassenlosen Demokratie das Ausgedachte weder durch Gewalt noch durch Routine vorweg zu oktroyieren ist, sondern seiner Substanz nach der Übereinkunft selber vorbehalten bleibt. Dies Bewußtsein wird keinen, der zur Möglichkeit der veränderten Welt steht, davon abhalten, zu überlegen, wie die Menschen am raschesten ohne Bevölkerungspolitik und Strafjustiz, ohne Musterbetriebe und unterdrückte Minoritäten leben können. Zwar ist es fraglicher, als neuhumanistische Deutsche sich ahnen lassen, ob die Absetzung der autoritären Bürokratien mit Volksfesten der Rache verbunden sein wird. Wenn aber die Entmachtung der Herrschenden sich nochmals unter Terrorakten vollzieht, so werden die Vereinzelten leidenschaftlich darauf dringen, daß sie ihre Bestimmung erfüllt. Nichts auf der Erde vermag länger die Gewalt zu rechtfertigen, als daß es ihrer bedarf, das Ende der Gewalt herbeizuführen. Wenn die Gegner damit recht haben, daß nach dem Sturz des faschistischen Terrorapparates nicht bloß für einen Augenblick sondern für die Dauer das Chaos anbräche, bis ein neuer an seine Stelle tritt, so ist die Menschheit verloren. Die Behauptung, daß ohne neue autoritäre Bürokratie die Maschinen, die Wissenschaft, die technischen und administrativen Methoden, die gesamte Versorgung, zu der man im autoritären Staat gekommen ist, vernichtet würden, ist ein Vorwand. Ihre erste Sorge, wenn sie an die Freiheit denken, ist die neue Strafjustiz, nicht ihre Abschaffung. »Die Massen«, heißt es in einem Pamphlet mit ›Schulungsmaterial‹, »werden die Unterdrücker anstelle der politischen Gefangenen in die Gefängnisse setzen«. Fachleute der Repression werden sich jedenfalls in Mengen zur Verfügung stellen. Ob sich das wieder verfestigt, hängt von den Nichtfachleuten ab. Um so bescheidener kann die Rolle der Spezialisten sein, als die Produktionsweise gar nicht so sehr anders weitergehen muß als die im integralen Etatismus schon entwickelte. Der Staatskapitalismus erscheint zuweilen fast als Parodie der klassenlosen Gesellschaft. Der Anzeichen freilich, daß auch eine zentralistische Produktionsweise aus technischen Gründen sich überlebt, sind nicht wenige. Wenn kleine Einheiten gegenüber der zentralen Instanz in der modernen industriellen Produktion und Strategie an Bedeutung zunehmen, so daß Elitearbeiter von der zentralistischen Spitze immer besser gefüttert werden müssen, so ist dies der sichtbare Ausdruck einer allgemeinen ökonomischen Umwälzung. Die Degradierung der Einzelnen zu bloßen Reaktionszentren, die auf alles ansprechen, bereitet zugleich ihre Emanzipation vom zentralen Kommando vor.

Auch die perfekten Waffen, die der Bürokratie zur Verfügung stehen, vermöchten die Veränderung nicht dauernd abzuwehren, hätten sie nicht eine andere als bloß unmittelbare Kraft. In Angst hat sich das Individuum historisch konstituiert. Es gibt eine Verstärkung der Angst über die Todesangst hinaus, vor der es sich wieder auflöst. Die Vollendung der Zentralisation in Gesellschaft und Staat treibt das Subjekt zu seiner Dezentralisation. Sie setzt die Lähmung fort, in die der Mensch durch seine steigende Entbehrlichkeit, durch seine Trennung von der produktiven Arbeit, durch das dauernde Zittern um die erbärmliche Notstandshilfe im Zeitalter der großen Industrie bereits geraten war. Der Gang des Fortschritts erscheint den Opfern so, als käme es für ihre Wohlfahrt auf Freiheit und Unfreiheit kaum mehr an. Es geht der Freiheit wie nach Valéry der Tugend. Sie wird nicht bestritten, sondern vergessen und allenfalls einbalsamiert wie die Parole der Demokratie nach dem letzten Krieg. Man ist sich darüber einig, daß das Wort Freiheit nur mehr als Phrase gebraucht werden darf, sie ernst nehmen gilt als utopisch. Einmal half die Kritik an der Utopie dazu, daß der Gedanke der Freiheit der ihrer Verwirklichung blieb. Heute wird die Utopie diffamiert, weil keiner mehr so recht die Verwirklichung will. Sie erdrosseln die Phantasie, der schon Bebel nicht hold war.[9] Wenn in Reichweite der Gestapo der Schrecken wenigstens auch subversive Tendenzen zeitigt, so unterhält er jenseits der Grenzen einen heillosen Respekt vor der Ewigkeit des Zwangs. Anstelle des antisemitischen, unnachgiebigen, aggressiven Staatskapitalismus wagt man gerade noch, sich einen zu erträumen, der von Gnaden der älteren Weltmächte das Volk verwaltet. »Es gibt keinen Sozialismus, der anders als durch autoritäre Mittel realisierbar wäre«, ist der Schluß, zu dem der Nationalökonom Pirou gelangt.[10] »In unserer Epoche wird die Autorität vom Staat im Rahmen der Nation ausgeübt. Der Sozialismus kann somit, auch wenn er internationalistisch ausgerichtet ist, in seinem Aktionsprogramm heute einzig national sein.« Nicht anders als der Beobachter denken die unmittelbar Interessierten. Wie ehrlich sie die »Arbeiterdemokratie« im Sinn haben mögen, die diktatorischen Maßnahmen, die deren Sicherung dienen sollen, die »Ersetzung« des heutigen Apparats durch den zukünftigen, der Glaube an die »Führungsqualität« der Partei, kurz die Kategorien der wahrscheinlich notwendigen Repression decken so genau den realistischen Vordergrund, daß das Bild am Horizont, auf das die sozialistischen Politiker hinweisen, als Fata Morgana verdächtig ist. Wie jene liberalen Kritiker des Strafvollzugs, die eine bürgerliche Revolution ins Justizministerium beruft, gewöhnlich nach zwei Jahren müde werden, weil an der Macht der Provinzbeamten ihre Kräfte erlahmen, scheinen die Politiker und Intellektuellen durch die Zähigkeit des Bestehenden zermürbt zu sein. Vom Faschismus und mehr noch vom Bolschewismus wäre zu lernen gewesen, daß eben, was der nüchternen Sachkenntnis verrückt erscheint, zuweilen das Gegebene ist und die Politik, nach einem hitlerschen Wort, nicht die Kunst des Möglichen sondern des Unmöglichen. Zudem ist, worum es geht, lang nicht so wider die Erwartung, wie man gern glauben machte. Damit die Menschen einmal solidarisch ihre Angelegenheiten regeln, müssen sie sich weit weniger verändern, als sie vom Faschismus geändert wurden. Es wird sich zeigen, daß die borniertern und verschlagenen Wesen, die heute auf menschliche Namen hören, bloße Fratzen sind, bösartige Charaktermasken, hinter denen eine bessere Möglichkeit verkommt. Sie zu durchdringen muß die Vorstellung eine Kraft besitzen, die ihr freilich der Faschismus entzogen hat. Sie wird von der Anstrengung absorbiert, deren jeder einzelne bedarf, um weiter mitzumachen. Aber die materiellen Bedingungen sind erfüllt. Bei aller Notwendigkeit von Übergang, Diktatur, Terrorismus, Arbeit, Opfer hängt das andere einzig noch vom Willen der Menschen ab. Was vor wenigen Jahrzehnten offiziell als unüberwindliche technische oder organisatorische Schranke verkündet wurde, ist, für jeden sichtbar, durchbrochen. Daher wurden die simplen Wirtschaftslehren, die so kurze Beine hatten, durch philosophische Anthropologien abgelöst. Wenn man Strümpfe aus der Luft machen kann, muß man schon zum Ewigen im Menschen greifen, nämlich psychologische Wesenheiten als Invarianten verklären, um die Ewigkeit der Herrschaft darzutun.

Daß selbst die Feinde des autoritären Staats Freiheit nicht mehr denken können, zerstört die Kommunikation. Sprache ist fremd, in der man nicht seinen eigenen Impuls erkennt oder die ihn nicht entzündet. Darum gibt die nichtkonformistische Literatur der Bourgeoisie ihr heute nicht einmal mehr ein Ärgernis; sie hat Tolstoi auf den Tonfilm und Maupassant in den Drugstore gebracht. Nicht bloß die Kategorien, in denen die Zukunft darzustellen, auch die, in denen die Gegenwart zu treffen ist, sind ideologisch geworden. So unmittelbar ist die Verwirklichung schon heute spruchreif, daß man nicht mehr sprechen kann. Mit Recht erweckt der Gedanke, der schwer nutzbar zu machen und zu etikettieren ist, stärkeres Mißtrauen bei den Instanzen von Wissenschaft und Literatur als das Bekenntnis selbst zu einer marxistischen Doktrin. Die Geständnisse, zu denen man ihn unter dem Vorfaschismus durch gütliches Zureden verlocken möchte, um ihn nachher für immer los zu sein – heraus mit der Sprache! – wären nutzlos auch für die Beherrschten. Die Theorie hat kein Programm für die nächste Wahlkampagne, ja noch nicht einmal eines für den Wiederaufbau Europas, den die Fachmänner schon besorgen werden. Der Bereitschaft zum Gehorsam, die sich auch an das Denken heranmacht, vermag sie nicht zu dienen. Bei aller Eindringlichkeit, mit der sie den Gang des gesellschaftlichen Ganzen bis zu den feinsten Differenzen zu verfolgen sucht, kann sie den einzelnen die Form ihrer Resistenz gegen das Unrecht nicht vorschreiben. Denken selbst ist schon ein Zeichen der Resistenz, die Anstrengung, sich nicht mehr betrügen zu lassen. Denken steht nicht. gegen Befehl und Gehorsam schlechthin, sondern setzt sie jeweils zur Verwirklichung der Freiheit in Beziehung. Gefährdet ist diese Beziehung. Das auszudrücken, was den Revolutionären in den letzten Jahrzehnten geschehen ist, sind soziologische und psychologische Begriffe zu oberflächlich: die Intention auf Freiheit ist beschädigt, ohne die weder Erkenntnis noch Solidarität noch ein richtiges Verhältnis zwischen Gruppe und Führer denkbar ist.

Wenn es kein Zurück zum Liberalismus gibt, so scheint die richtige Form der Aktivität die Förderung des Staatskapitalismus zu sein. Daran mitzuarbeiten, ihn auszubreiten und überall bis zu den avanciertesten Formen weiter zu treiben, biete den Vorzug der Fortschrittlichkeit und alle Gewähr des Erfolges, die man für die politische scientifique nur wünschen mag. Weil das Proletariat von den alten Mächten nichts mehr zu erwarten habe, bleibe nichts übrig als der Bund mit den neuen. Damit, daß die Planwirtschaft, die die Führer und Väter der Völker machen, von der sozialistischen weniger entfernt ist als der Liberalismus, soll das Bündnis von Führern und Proletariern begründet werden. Es sei sentimental, der Erschlagenen wegen sich dauernd negativ zum Staatskapitalismus zu stellen. Die Juden seien schließlich meistens Kapitalisten gewesen, und die kleinen Nationen hätten keine Existenzberechtigung mehr. Der Staatskapitalismus sei das heute Mögliche. Solange das Proletariat seine eigene Revolution nicht mache, sei ihm und seinen Theoretikern keine Wahl gelassen, als dem Weltgeist auf dem Weg zu folgen, den er nun einmal gewählt hat. Solche Stimmen, an denen es nicht fehlt, sind nicht die dümmsten, nicht einmal die unehrlichsten. Soviel ist wahr, daß mit dem Rückfall in die alte Privatwirtschaft der ganze Schrecken wieder von vorne unter veränderter Firma beginnen würde. Aber das historische Schema solcher Raisonnements kennt nur die Dimension, in der sich Fortschritt und Rückschritt abspielt, es sieht vom Eingriff der Menschen ab. Es veranschlagt sie bloß als das, was sie im Kapitalismus sind: als soziale Größen, als Sachen. Solang die Weltgeschichte ihren logischen Gang geht, erfüllt sie ihre menschliche Bestimmung nicht.

Anmerkungen

[1] Friedrich Engels, Die Entwicklung des Sozialismus von der Utopie zur Wissenschaft, Berlin 1924, S. 46 u. 47. Vgl. Herrn Eugen Dührings Umwälzung der Wissenschaft, 10. Aufl., Stuttgart 1919, S. 298 ff.

[2] Friedrich Engels, Die Entwicklung des Sozialismus von der Utopie zur Wissenschaft, a.a.O., S. 55.

[3] Bouchez et Roux, Histoire Parlementaire de la Révolution Française, tome 10, Paris 1834, S. 194.

[4] Vgl. die Arbeiten von A. Mathiez, besonders »La Réaction Thermidorienne«, Paris 1929, S. 1 ff. und »Contributions à l'Histoire Religieuse de la Révolution Française«, Paris 1907.

[5] Dante, Göttliche Komödie, Fegefeuer, deutsch von K. zu Putlitz, Tempelausgabe, VI, Vers 145–48.

[6] Auguste Comte, Système de politique positive, veröffentl. als 3. Heft in Saint-Simons Catéchisme des industriels, Oeuvres de Saint-Simon, 9. Band, Paris 1873, S. 115.

[7] August Bebel, Die Frau und der Sozialismus, Stuttgart 1919, S. 474.

[8] Friedrich Engels, a.a.O., S. 302.

[9] Vgl. Bebel, a.a.O., S. 141 f.

[10] Gaétan Pirou, Neo-Liberalism, Neo-Corporatism, Neo-Socialism, Paris 1939, S. 173.

Lehren aus dem Faschismus

Wenn die Gesellschaft sich an die Wissenschaft wendet, bemüht, die internationalen Beziehungen zu verbessern, so ist die Psychologie einer der Wissenszweige, von denen Hilfe zu erwarten ist. Psychologie ist die positive Wissenschaft der seelischen Vorgänge, und die gegenwärtige Weltlage scheint der Aufmerksamkeit des Spezialisten zu bedürfen. Ist nicht die Gefahr gegenseitiger Ausrottung, die zu einer Zeit aufkommt, in der der Mensch durchaus das Wissen und die materiellen Mittel besitzt, die Erde in ein Paradies zu verwandeln, ein Symptom geistiger Schwäche und Krankhaftigkeit? Die aggressive Gesinnung großer Massen, ihr Hang, den Haßparolen zu folgen, ihre Bereitschaft, ihren eigenen, von ihnen am höchsten geschätzten Werten zuwiderzuhandeln, sind einige von vielen Tatbeständen, die eine psychologische Analyse erheischen.

Wir sollten uns jedoch darüber im klaren sein, daß das allgemeine Vertrauen, das heute Geisteskuren und Theorien entgegengebracht wird, weit über die begründeten Erwartungen hinausgeht, die von einer verantwortlichen Psychologie erfüllt werden können. In gewissem Umfang scheinen sogar die Gebildeten einem solchen Glauben zu huldigen. Die Neigung, im Zweifelsfalle den geistigen Faktor zu bemühen, ist für das gegenwärtige Denken charakteristisch. Um diese Vorliebe näher zu bestimmen, mag es nützlich sein, einige ihrer historischen Ursachen anzudeuten.

Die Popularität der Psychologie heute scheint mir eher die Folge der philosophischen Implikationen einiger ihrer Theorien zu sein als die ihrer wissenschaftlichen Entdeckungen. Die Psychologie, insbesondere die verschiedenen Formen der Tiefenpsychologie, sind in Wirklichkeit eine neue, konkrete Version der stoischen Ideenrichtung. Die Stoiker verstanden Philosophie als die Ausübung einer »Kunst«. Ihr Ziel ist die Tugend, die sich in letzter Instanz als mit dem Glück identisch erweist. Es besteht in der Unabhängigkeit des Individuums von den Wechselfällen des Schicksals. Das Schicksal ohne Illusionen und mit Heiterkeit hinzunehmen, ist jedoch nur möglich, wenn wir lernen, es zu verstehen und zu lieben. Deshalb müssen wir ebenso in uns selbst wie in die Welt Einsicht gewinnen. Philosophie, so ließe sich sagen, ist der praktische Weg, uns durch Vernunft von Angst zu befreien und uns damit wahrhaft in der Gewalt zu haben.

Während der ganzen Geschichte haben die Ideen dieser Schule in Perioden politischer Unruhe und Krise einen großen Einfluß ausgeübt.

Im Zeitalter der Gegenreformation, um eine der jüngeren Wiederaufnahmen des Stoizismus zu erwähnen, empfand die Psychologie des siebzehnten Jahrhunderts die reale Welt und ihren Horizont als verworren und unbestimmt, und sie bot dem Menschen Befreiung in der stoischen Norm der Herrschaft über die Affekte des Menschen. Die neuen Kräfte des Individualismus, die in die Arena der Geschichte eingetreten waren, standen im Kampf gegen den Feudalismus, seinen allumfassenden mittelalterlichen Glauben ans Jenseits auf der einen Seite und gegen die schrecklichen und sehr realen hemmenden Mächte des aufkommenden politischen Absolutismus auf der anderen. In dieser gesellschaftlichen Situation lehrte der Theoretiker das Individuum Zurückhaltung und Selbstkontrolle, so daß es eine innere Freiheit zu gewinnen vermöchte, während die Realitäten der Außenwelt es in Schranken und relativ unfrei hielten. In der Tragödie Corneilles wird die Macht des Helden über sich selbst mit seiner Macht über die Wirklichkeit gleichgesetzt, während bei Molière die Abhängigkeit des Menschen von seinen Emotionen und Gefühlen, seine »blinden Flecke«, das Wesen des Komischen ausmachen. Sie drückten derart in der Literatur aus, was Descartes philosophisch formulierte: den Gedanken, daß Triebe und Gemütsbewegungen notwendig chaotisch sind, daß sie objektiviert und mit den klaren Begriffen des rationalen Ich versöhnt werden müssen.

Heute, da der Individualismus im Verfall begriffen scheint, sehen sich Philosophie und Psychologie einer ebenso kritischen gesellschaftlichen Lage gegenüber, einer Lage, die weitgehend auf die Einwirkung der modernen Industrie und Technik auf die Menschen zurückzuführen ist. Die Aufrechterhaltung des wirtschaftlichen Friedens in einem Gefüge, das durch alle Arten von Unstimmigkeit zutiefst gestört wird, erfordert die organisierte Anwendung psychologischer Techniken, nicht bloß innerhalb der grundlegenden industriellen Einheit, der Fabrik, sondern auch durch die allmächtigen Medien der Massenkommunikation, die Presse, Radio und Film. Jede Art arbeitsorganisatorischer Probleme – vom Ausschalten der Monotonie und Ermüdung bis zur Frage des Lohnniveaus, der Planung der Altersversorgung bis zur Werbung, zu Wahlkampagnen und anderen Aspekten der Öffentlichkeitsarbeit von Politik und Geschäft – scheint eine fortwährende Manipulation von Ideen, Verhaltensweisen und Denkgewohnheiten zu erfordern. Selbst die Probleme religiöser und ethnischer Minderheiten wurden zunehmend in die Sphäre »angewandter Psychologie« einbezogen.

Solange die ökonomischen und gesellschaftlichen Verhältnisse wesentlich so bleiben, wie sie gegenwärtig sind, wird ein Kern von Problemen fortbestehen (wobei ich im Augenblick ausschließlich an Probleme zu Friedenszeiten denke), deren Lösung im Bereich der Psychologie liegen muß. Trotz des ständig anwachsenden Niveaus der Produktion und Konsumtion ist die wirtschaftliche und selbst persönliche Sicherheit im engsten Sinn fortwährend bedroht. Die alten Normen gehen deshalb der großen Tendenz nach unter, und es bedarf neuer Techniken, um auf seiten des Individuums die Verzweiflung wie in der Gesellschaftsordnung die Katastrophe hinauszuzögern, wenn sie schon nicht zu verhindern ist. Hier liegt meines Erachtens die tiefste Wurzel des Vorherrschens psychologischer Analyse in unserem Denken.

Wenn wir unsere Aufmerksamkeit der Literatur über Gruppenspannung zuwenden, finden wir dasselbe Vorherrschen von Psychologie. Während der Jurist und der politische Wissenschaftler untersuchen, wie die Entdeckungen der Naturwissenschaft zu Kriegszwecken mißbraucht werden konnten, haben die Psychologen sich auf den menschlichen Faktor konzentriert. Ihr Beitrag ist so umfassend und zum Teil so wertvoll, daß es fast scheint, als wäre der psychologische Faktor in Wahrheit der entscheidende im Gefüge der Destruktion, wie die moderne aggressive Kriegsführung es darstellt.

Von den zeitgenössischen Schulen der Psychologie ist die Freudsche die direkteste Erbin der stoischen Tradition in der abendländischen Aufklärung. Als Freuds ursprüngliche Trieblehre eine Revision erfuhr und dem Begriff der Aggression eine entscheidende Rolle zuwies, wurde in zunehmendem Maße – zumindest an der Oberfläche – eine Übereinstimmung möglich zwischen der Freudschen und nicht-psychoanalytischen Psychologie. Es hat eine Art wechselseitiger Befruchtung zwischen dem Freudianismus und den Lehren jener Psychologen stattgefunden, die die Verdrängung sexueller Triebe nicht als ausschließliche Quelle der Abnormitäten im Gefühlsleben des Individuums anerkennen konnten. Der Prozeß der Versöhnung und Vereinheitlichung war so erfolgreich, daß heute trotz der großen Zahl und Mannigfaltigkeit psychologischer Theorien hinsichtlich einer Reihe wichtiger Punkte im Bereich von Aggression und Spannung eine Übereinkunft erreicht zu sein scheint.

Unter den vielen Psychologen gemeinsamen Gesichtspunkten möchte ich erstens auf die zunehmende Identifikation des Individuums mit seiner eigenen Gruppe verweisen, die weitgehend durch die Schwächung der Instanz des Ich im individualpsychologischen Haushalt erzwungen wird; zweitens auf den archaischen Mechanismus, der darin besteht, daß einer alle seine Schwierigkeiten und all sein Leiden als Strafen betrachtet, die von höheren Mächten als Buße für die eigenen bösen Triebe verhängt sind. Dieser Prozeß, der mit der Zunahme des Drucks einhergeht, der dem Individuum durch die Expansion der modernen Industrie auferlegt wird, ist sehr detailliert in Freuds Schrift »Das Unbehagen in der Kultur« analysiert worden. Es ergeben sich aus ihm Angst- und Schuldgefühle und die Projektion dieser Schuld, die sowohl individuell wie kollektiv ist, auf andere Individuen und Gruppen als einzigen Ausweg. Solange der irrationale Konflikt nicht die Ebene des Bewußtseins erreicht, sondern sich seiner rationalen Lösung entzieht, werden die Objekte der Aggression sozusagen bis ans Ende der Welt verfolgt.

Die Psychoanalyse ergänzt diese Auffassungen, indem sie das Schuldgefühl aus der Vaterbeziehung des Individuums ableitet. Entweder wird der wirkliche Vater zum Objekt einer Haßliebe oder, er wird auf Gruppenebene aufgespalten in ein strenges Nebeneinander von Gott und Teufel und deren kollektive Vertreter, die schneeweiße »ingroup« und die verkommene, untermenschliche »out-group«; wobei die letztere wiederum durch den Mechanismus der Projektion mit all den Wünschen ausgestattet wird, die einem selbst verboten sind.

Die nicht-analytische Psychologie sucht ergänzende Vorstellungen in anderen Richtungen, wie in der Divergenz von Persönlichkeitstypen oder der Rolle von Ideologien bei der Ausbildung friedlicher oder kriegerischer Verhaltensweisen. Pädagogische, politische und kulturelle Institutionen eines Landes, seine traditionellen Symbole und Mythen werden als Faktoren interpretiert, welche die Richtung der individuellen Triebe bestimmen.

Beträchtliche Übereinstimmung scheint unter den Psychologen hinsichtlich des Punktes erreicht zu sein, daß die ursprünglichen Aggressionstriebe sich nur unter dem Druck heftiger Triebverdrängungen nach außen wenden und in Angriffen auf einen Sündenbock entladen – die bekannte Gleichung von Versagung und Aggression. Immer wieder wird betont, daß von außen kommende Unterdrückung von Impulsen, wenn beispielsweise Kinder daran gehindert werden, ihrem Schmerz oder Ärger freien Lauf zu lassen, zu einer Hauptursache für die Entwicklung haßerfüllter Charaktere werden. Zwei Erziehungspsychologen haben es folgendermaßen formuliert: »Den Kindern zu gestatten, ihre Aggressionsgefühle auszudrücken und dadurch nicht wieder gut zu machende Zerstörungsakte zu verhindern, ist, wie wir meinen, eines der größten Geschenke, die Eltern ihren Kindern machen können.« Hieraus scheint sich eine neue Konzeption der Erziehung zu ergeben. Wenn der Chauvinismus eine transformierte Aggression zur Triebkraft hat, dann kann die Erziehung während der Kindheit ihn an seinen Wurzeln bekämpfen. Um das zu leisten, muß der Erzieher nicht bloß beständig die verschiedenen psychologischen Mechanismen beachten, welche die Aggression anregen und irreleiten; er muß ebenso und vor allem den Zwang im Erziehungsprozeß selbst auf ein absolutes Minimum reduzieren; denn solcher Zwang bringt den Schüler dazu, im Haß auf andere Individuen und Gruppen ein Ventil zu suchen.

Kurzum, die Psychologie der Erziehung besteht darauf, daß autoritäre Erziehung das Grundübel ist. Wir müssen die Techniken erzwungenen Gehorsams durch Methoden der Zusammenarbeit ersetzen, so wird gesagt, und dann wird die Aggression aufhören, als ein verdrängter Trieb zu wirken, der sich mechanisch in Kraft und Gewalt Kanäle sucht. Stattdessen wird sie die Möglichkeit haben, sich teils durch rationale Selbstkritik und konstruktive Kritik anderer zu verändern und teils sich in eine Produktivkraft zu verwandeln, die sich wahrhaft gesellschaftlichen Zielen zuwendet. Menschen, deren Charakter nicht aus zu vielen unterdrückten Instinkten bestehen, das heißt Menschen, die nicht in der Kindheit grob angefahren worden sind, werden nicht durch irrationale Ängste getrieben, Autorität in gigantisch aufgedunsenen Dimensionen zu sehen und die Welt als eine phantastische Karikatur. Sie werden es nicht nötig haben, sich dem aggressiven Nationalismus oder einer ähnlich zerstörerischen Ideologie zuzuwenden, um ihr eigenes Selbstgefühl ausgewogen zu erhalten. Sie werden weder nationalistische Mythen noch fanatischer Religiosität zum Opfer fallen. Sie werden imstande sein, die nicht zu verwirklichenden infantilen Wünsche in sich aufzuspüren, die in jedem Menschen wiederkehren, selbst bei Erwachsenen, und sie überwinden. Wenn sie richtig erzogen sind, werden sie auf diese infantilen Triebe nicht mit irrationalen Schuldgefühlen, sondern mit bewußtem und gewissenhaftem Denken reagieren. Als gute Stoiker werden sie ihre eigenen Instinkte unter Kontrolle und Toleranz für ihre Mitmenschen haben. Und das ist das Ziel der Erziehung, der Maßstab für den normalen, geistig gesunden Menschen, den die Erziehung zu entwickeln sucht.

Daß die Philosophie und Methodologie der fortschrittlichen Erziehung beim Hervorbringen demokratischer Verhaltensweisen und Führung etwas zu bieten hat, ist unleugbar. Aber die ausschließliche Konzentration auf psychologische Phänomene und Erklärungen ist einseitig und relativistisch, wie nicht wenigen Psychologen klar geworden ist. Wir können gesellschaftliche Probleme nicht verstehen, ohne die Bedeutungsunterschiede zwischen Mechanismen einzukalkulieren, die, psychologisch gesehen, identisch zu sein scheinen, tatsächlich aber voneinander abweichende Funktionen im sozialen Prozeß ausüben. Außerdem kommt verschiedenen Schichten der modernen Gesellschaft nicht nur ein verschiedenes Gewicht in der historischen Dynamik zu, sie enthüllen auch qualitative Unterschiede in den Charakter- und Persönlichkeitsstrukturen ihrer individuellen Mitglieder. Diese Unterschiede werden in den umstandslosen Verallgemeinerungen über aggressive Instinkte und ihre Kontrolle verwischt, bleiben aber in der Gesellschaft selbst sehr real. Wenn sie vernachlässigt werden, laufen wir Gefahr, in unserem Bewußtsein die wirklichen Menschen in ihrer Welt von Konflikten durch einen fiktiven Typ zu ersetzen, eine Art von allgemeinem Menschen, oder gar durch die »neurotische Persönlichkeit unserer Zeit«.

Gesellschaftliche Analyse stellt ein notwendiges Korrektiv des Psychologismus dar, was ich an der für die Freudsche Theorie so zentralen Vaterbeziehung ausführen möchte. Wir müssen bei der grundlegenden gesellschaftlichen und historischen Tatsache ansetzen, daß die viktorianische Mittelklasse, deren Söhne – wie ambivalent auch sie schon gewesen sein mochten – wahrlich Grund und Gelegenheit hatten, sich mit dem Vater als verantwortlichem Familienoberhaupt zu identifizieren, längst verschwunden ist. In Amerika war die Haltung des Sohnes zum Vater stets komplexer als in Europa, aus dem einfachen Grund, weil Kinder von Einwanderern sich rascher und leichter dem neuen Milieu anpassen als die älteren Leute. Die Oberfläche des traditionellen Respekts ist besonders dünn, und Groll kommt auf, wann immer der Vater auf seine Autorität pocht. Hier liegt eine der Wurzeln der amerikanischen Abneigung gegen autoritäre Formen persönlicher Beziehungen; guter Stil im gesellschaftlichen Umgang gestattet keine Unterscheidung, alle müssen vorgeben, gleich zu sein. Diese Bedingung wird jetzt allgemein. Die heutigen ökonomischen Verhältnisse bringen kein Verhaltensmuster hervor, bei dem der Sohn zum Vater als dem Brotverdiener aufblickt, in dessen Fußstapfen er treten muß, dessen Geschäft er eines Tages erben wird, dessen Forderungen er allmählich als Bestandteil seines eigenen Gewissens in einem langsamen Reifeprozeß aufnimmt. Die Mittelklasse ist zu einer Klasse von Angestellten geworden. Indem selbst die großen Vermögen zu Institutionen werden, die von ihren juristischen »Eigentümern« quasi unabhängig sind, verliert ein zunehmender Teil der besitzenden Klasse tendenziell die Sicherheit, die auf Reichtum mittlerer Größe beruht hatte, der von Generation zu Generation übertragen wurde.

In diesem sozial-ökonomischen Rahmen wird der Vater zunehmend durch Kollektive wie den Sportklub der Kinder, den Verein und dergleichen ersetzt. Das ist eine unvermeidliche Entwicklung. Denn heute hängt das wirtschaftliche Schicksal des durchschnittlichen Individuums fast gänzlich von seiner Fähigkeit ab, das zweckmäßige und verselbständigte Anpassungsvermögen auf fortwährend wechselnde und doch im Grunde ähnliche Situationen anzuwenden. Diese Qualitäten muß einer erwerben, und angesichts der raschen technischen Veränderungen ist der junge Mann für diese Aufgabe besser geeignet als seine Vorfahren. Daher ist nicht mehr die Furcht des Sohnes vor dem Vater die typische psychologische Tatsache, sondern die geheime Furcht des Vaters vor dem Sohn, die stets latent vorhanden war, jetzt aber durch die Veränderungen, die in der Gesellschaft stattgefunden haben, sehr im Vordergrund steht.

Freilich sollte die Vorstellung vom Vater, wie sie in diesem Zusammenhang aufgezeigt wurde, nicht zu wörtlich und eng genommen werden. Wir wissen, daß der wirkliche Vater häufig durch zahlreiche andere Figuren psychologisch ersetzt wird. Zudem wissen wir, daß die Veränderungen der Gesellschaft keineswegs alle Bilder von Autorität eliminieren, die sich in letzter Instanz vom Schema der Vater–Sohn-Beziehung herleiten. Wesentlich ist jedoch, daß diese autoritären Schemata heute weit mehr aus mächtigen Kollektiven zu bestehen scheinen als aus einer höheren Individualität, wie sie in der traditionellen Beziehung des Kindes zum Vater erschien. Der Sohn identifiziert sich eher mit Gruppen, die Gewalt durch zahlenmäßige Überlegenheit ausüben, als mit einer einzigen, festumrissenen Person, die vor den jungen Menschen ein »Ich-Ideal« aufrichtet. Beeinträchtigt wird nicht so sehr der Glaube an Autorität per se, der in gewissem Sinne heute stärker ist, als er während des vorigen Jahrhunderts zu sein pflegte, sondern die Bildung eines integrierten, kontinuierlich funktionierenden Über-Ichs. Das feste Ich und Über-Ich, die wesentlichen Züge der traditionellen bürgerlichen Idee des Individuums, werden in der modernen Gesellschaft notwendig unterminiert.

Abgesehen von der schwindenden ökonomischen Basis des verhältnismäßig unabhängigen Individuums, behindern Faktoren wie die Massenproduktion der verschiedenen Vergnügungsindustrien die Entwicklung einer autonomen Persönlichkeit. Die überwältigende Anzahl von Fernseh- und Radiosendungen, Filmen, Comics und Reklamen zwingt das Kind, sich mit beständig wechselnden Charakteren zu identifizieren, während nur wenige abstrakte, veräußerlichte Ideen wie Erfolg oder Stärke oder Ehe dieselben bleiben. Kurzlebige und widerspruchsvolle Modelle und Ideen erlauben es dem jungen Menschen nicht, die Einwirkung weniger, konkreter Imagines so tief und anhaltend zu erfahren, daß sie das Rückgrat seines Erwachsenenlebens werden können. Das ist eine der Hauptursachen für die Brüche selbst im normalen Individuum, ein Punkt, auf den wir später den Nachdruck legen werden. Deshalb werden Handlungen einer Person immer weniger deren eigener Ausdruck, sondern zu bloßen Funktionen wechselnder Situationen, gesellschaftlicher und politischer Manipulation. Sie hören fast auf, Resultate spezifischer Lebensgeschichten mit einem einheitlichen Sinn zu sein.

Auf Grund solcher Erwägungen können wir daher weder erwarten, die Antwort auf soziale und politische Spannungen durch bloß psychologische Analysen zu finden, noch dadurch, daß wir in die gesellschaftlichen Bereiche oder die Psychologie die sozial-ökonomischen Faktoren einführen, die zum Bestand der individuellen Psyche beitragen. Die Vorstellung, die in den meisten Fällen mehr stillschweigend vorausgesetzt als ausdrücklich dargelegt wird, daß die psychologische Therapie als solche eine angemessene Lösung sozialer Probleme ist, dürfte kaum standhalten. Hinter jener Vorstellung steht als grundlegende Hypothese, daß die Masse des Volkes, die Individuen, wie sie durch die ihnen innewohnenden psychologischen Mechanismen determiniert werden, die aktiv wirksamen Agenten sind, die internationale Mißverständnisse und letztlich Kriege hervorrufen. Daher, so wird argumentiert, können wir in der Gesellschaft die Aggression ausschalten, indem wir die aggressiven Triebe des Individuums manipulieren. Die Gültigkeit eines solchen Arguments ist leicht zu überprüfen; denn wir haben die konkrete Erfahrung der faschistischen Staaten vor uns.

Es wird wohl nicht mehr bestritten, daß weder die Verfolgung von Minderheiten noch der vom Faschismus geführte Angriffskrieg der unmittelbare Ausdruck der Umstände und des Denkens des einfachen Menschen waren. Sie entstanden vielmehr aus ökonomischen und politischen Konstellationen, die ihren eigenen inneren Gesetzen folgten. Das zeigt sich klar an der ursprünglichen Machtübernahme der faschistischen Parteien in Italien und Deutschland. In keinem der beiden Länder wünschte die Mehrheit des Volkes den Faschismus, noch lag die Wahl bei ihr.[1] Mussolini und Hitler übernahmen die Macht, als relativ kleine Cliquen zum gegenseitigen Einverständnis hinsichtlich ihrer Machtübernahme gelangt waren, wobei sie einer entsprechenden Entscheidung höchster Wirtschaftskreise folgten, die zu der Überzeugung gekommen waren, der Faschismus sei der Ausweg aus ihren augenblicklichen Schwierigkeiten.

Das Bündnis zwischen den Industriellen, den Großgrundbesitzern und Mussolini vor dem Marsch auf Rom ist oft hervorgehoben worden. Bereits Ende 1919 hatte Mussolini Gelder erhalten zur Entfesselung einer Propaganda für die Wiederaufrüstung von Marine und Luftwaffe. Unter der Einwirkung von Streiks und Unruhe in der Industrie wie in der Landwirtschaft, insbesondere der Besetzung der Fabriken im September 1920 und der wirtschaftlichen Depression von 1921 mit dem Zusammenbruch der großen Stahlkombinate und der *Banca di Sconto* faßten diese Gruppen eine weit straffere Innen- und eine expansive Außenpolitik ins Auge. Sie wurden zunehmend unzufrieden mit der Art, wie die konstitutionelle Regierung die Angelegenheiten behandelte. Erst nachdem diese im Oktober 1922 ziemliche Zugeständnisse gemacht hatte, hatte sie die Konflikte mit den Bauern und Arbeitern beendet. Entscheidende Zusammenkünfte zwischen Mussolini und den Führern des allgemeinen Industrieverbandes fanden im Oktober 1922 in Mailand statt, und die Machtergreifung der Faschisten wurde endgültig besiegelt.

Auf Hitlers Weg zur Macht war die Zusammenkunft mit einer

Gruppe rheinischer Industrieller im Januar 1932 ein charakteristischer Schritt. Es gelang ihm, die Magnaten zu überzeugen, mit denen er konferierte, daß bei der herrschenden Zollsituation und anderen internationalen Wirtschaftsbeschränkungen der beste Weg, verfügbares deutsches Kapital zu investieren, in der Wiederaufrüstung bestünde, und daß seine eiserne Faust mit jeder Gegenstimme aus den Reihen der Arbeiterschaft oder anderer sozialer Schichten fertig würde. Eine Steigerung der nichtmilitärischen Produktion schien angesichts der Massenarbeitslosigkeit innerhalb Deutschlands und der Beschränkungen des ausländischen Marktes nicht rentabel. Hitler erklärte: »Es kann keine Wirtschaft geben, ohne daß hinter dieser Wirtschaft der absolut schlagkräftige, entschlossene politische Wille der Nation steht.«[2] Innenpolitisch bedeutete dies die Bildung eines »neuen Volkskörpers, der die bisherigen ›Fermente der Dekomposition‹ überwindet«[3]; außenpolitisch »die Reorganisation einer Armee. Denn ob Deutschland eine Armee von 100 000 Mann besitzt oder von 200 000 oder 300 000, ist letzten Endes gänzlich belanglos, sondern wesentlich ist, ob Deutschland 8 Millionen Reservisten besitzt, die es, ohne derselben weltanschaulichen Katastrophe entgegenzugehen, wie im Jahre 1918, in die Armee überführen kann.«[4]

Die Industriellen stimmten Hitlers Programm zu. Wie in Italien standen sie unter der Einwirkung großer finanzieller Zusammenbrüche, gesellschaftlicher Unruhe und einer relativ nachgiebigen Haltung der verfassungsmäßigen Regierung.

Obgleich die Depression Ende 1932 einige Zeichen von Abschwächung aufzuweisen begann, hatte sie die Entschlossenheit von Hitlers Verbündeten in der Industrie gestärkt. Sie waren sich darüber im klaren, daß die ungleichmäßige Entwicklung der verschiedenen Bereiche der Produktion und die drohende Arbeitslosigkeit eine staatliche Organisation erforderten, bei der wirtschaftliche Kontrollen und Wirtschaftsplanung einen wichtigen Faktor bilden würden. Als General Schleicher eine Regierung bildete mit einem weithin angekündigten Programm, die notwendige Wirtschaftsplanung in Zusammenarbeit mit den Gewerkschaften durchzuführen, beschlossen die antigewerkschaftlichen Kräfte unter den Großindustriellen nicht länger zu zögern. Sie übergaben die Regierung den faschistischen Funktionären, die sie als absolut zuverlässig ansahen.

Diese Ereignisse gehören zur bekannten Geschichte der vergangenen drei Jahrzehnte. Sie zeigen, wie entscheidend die objektive Struktur der gesellschaftlichen Interessen, nicht die individuelle Psychologie des Volkes dafür war, eine Politik des Hasses und der Aggression hervorzubringen.

Wie aber steht es mit der Tatsache, daß die Massen in Deutschland das nationalsozialistische Regime in seinen ersten kritischen Jahren duldeten und sogar unterstützten? Sollte das nicht einfach auf die faschistischen Elemente in der Charakterstruktur des Volkes zurückgeführt werden oder auf die spezifisch deutsche Tradition? Ohne die wirkliche Bedeutung dieser beiden subjektiven Faktoren leugnen zu wollen, sieht es so aus, als müsse die Antwort negativ ausfallen. Die wesentliche Erklärung, denke ich, liegt in der zwingenden Notwendigkeit einer Vollbeschäftigung, die durch konzentrierte, gut geplante nationale Anstrengung erreicht wird. Ehe Hitler an die Macht kam, war ein großer Teil des deutschen Volkes bereit dafür zu kämpfen, daß die demokratischen Kräfte autorisiert würden, die Wirtschaft des Landes zu organisieren. Wie stark diese Tendenz war, zeigt die Tatsache, daß die Faschisten selbst den Namen von Sozialisten annehmen und sich auch einer quasi-sozialistischen Sprache bedienen mußten. Nachdem jedoch einmal den Nationalsozialisten die Macht übergeben war, nahm das Volk, desillusioniert durch das Versäumnis seiner früheren Führer, die Republik wirksam zu verteidigen, eine »abwartende« Haltung an.

Erst nachdem die ersten Jahre des Regimes verstrichen waren, kam es zu einer sozial-psychologischen Situation, bei der an eine Erhebung nicht mehr zu denken war, dank der systematischen Propaganda, der Isolierung und des Terrors sowie der Tatsache, die durch Hitler für seine eigenen Zwecke weidlich ausgebeutet wurde, daß die Wirtschaftslage weiterhin eine Aufwärtstendenz zeigte, die begonnen hatte, ehe er als Diktator eingesetzt wurde. Hinzu kam, daß das rücksichtslose Kriegsprogramm die Vollbeschäftigung zustandebrachte, nach der sich das Volk vor allem sehnte.

Hitlers skrupellose Innen- und Außenpolitik war in der Tat vom Anwachsen einer Art Schuldgemeinschaft zwischen der Partei und dem Volk begleitet, schon ehe er damit begann, sie durch Massenkriegsverbrechen bewußt zu festigen. Wiederum haben wir es hier jedoch mit einem sekundären Phänomen zu tun, wie die Nürnberger Prozesse mit größter Deutlichkeit enthüllt haben. Es ist nicht leicht, das Zeugnis der Nürnberger Prozesse und ähnlicher Nachkriegsuntersuchungen und Gerichtsverfahren einzuschätzen, weil so viel Ausflucht und offene Fälschung veranschlagt werden muß. Wir mögen zwar Verdacht hegen gegenüber der Regelmäßigkeit, mit der selbst höchste Zivilbeamte jede Kenntnis der Motive leugneten, die hinter den Maßnahmen standen, die sie so eifrig ausgeführt hatten. Nichtsdestoweniger war der notorischste aller antisemitischen Demagogen, Julius Streicher, nicht ohne Überzeugungskraft, als er darauf bestand, daß er seit 1939 in seiner eigenen Heimatstadt exiliert gewesen sei, daß die grundlegenden politischen Entscheidungen über die Ausrottung von Minderheiten hinter Türen getroffen wurden, die für ihn verschlossen waren; daß weder er noch seine Umgebung, noch auch nur die von ihm beeinflußten Gruppen direkt dazu beitrugen, diese Entschlüsse zu fassen. Was auffällt, ist die Tatsache, daß alle Zeugen versicherten, die großangelegten deutschen Grausamkeiten, das System von Auschwitz seien Verwaltungsmaßnahmen gewesen, die von sehr wenigen Personen ausgedacht und organisiert wurden. Niemals behauptete einer der Verteidiger in Nürnberg, daß die verbrecherischen Maßnahmen in irgendeiner Weise durch das ganze deutsche Volk gebilligt worden wären. In solchen Dingen waren die Massen wesentlich die Objekte, nicht die Subjekte der faschistischen Regierungskunst. Kurz, die Erfahrung hat uns gelehrt, daß der Faschismus emporkam, als die wirtschaftliche Gesamtlage nach einer geplanten Organisation verlangte und als die führenden Kräfte das Bedürfnis nach einer solchen Planung in ihre eigenen Kanäle ableiteten. Sie übernahmen die Kontrolle über das Ganze der Gesellschaft, nicht um die Bedürfnisse der »Gemeinschaft« zu befriedigen, der sie Lippendienst zollten, sondern um ihre eigenen partikularen Interessen zu fördern. Die Teilnahme des Staates, die für ein energisches Programm nationaler Gesundung gebraucht wurde, insbesondere die Regulierung der Arbeitsverhältnisse, bedeutete in den Händen dieser Herren die Manipulation aller Produktivkräfte zum Zweck eines Angriffskriegs. So eindrucksvoll er im technischen Sinn funktionieren mag und trotz solcher Züge wie der strategisch wesentlichen, aber auch ökonomisch weitsichtigen Dezentralisierung der Industrie, ist der faschistische Plan im gesellschaftlichen Sinn nur ein Pseudoplan. Er dient der »Elite«. Die Gefühle der Massen sind nur ein sekundärer Faktor bei der Herausbildung aggressiver Regime, und psychologische Erklärungen sind daher notwendig relativistisch und oberflächlich.

Das gilt sogar für die Politik der Führer. Das Ausmaß, in dem der Charakter und die Lebensgeschichte eines Staatsmannes seine Handlungen determiniert, hängt weitgehend von dem politischen System ab, das er vertritt. Man könnte geneigt sein zu denken, daß es gerade die diktatorischen Regime sind, die ihren Herrschern den weitesten Spielraum gewähren, ihre politischen Maßnahmen nach ihrem individuellen Gutdünken zu modeln. In Wirklichkeit sind jedoch die Akte des totalitären Führers in weit höherem Maße das blinde Ergebnis der unwiderstehlichen sozialen Dynamik, als dies bei der Arbeit eines demokratischen Staatsoberhaupts der Fall ist. Während in Demokratien die Konflikte zwischen den verschiedenen sozialen Kräften und Interessen offen zutage liegen, werden sie in den totalitären Staaten verdrängt und nehmen einen irrationalen Aspekt an, der verdrängten Konflikten in der individuellen Seele nicht unähnlich ist. Der Führer, der allen alles verspricht und vorgibt, keinerlei partikularem Interesse zu dienen, muß schließlich versuchen, durch internationale Verbrechen den in ihn gesetzten Erwartungen zu genügen. Die Faktionen, deren Stimmen öffentlich nicht gehört werden, gehen schließlich in die allgegenwärtige und tödliche Bedrohung des Regimes über. Sie treten zutage in den Intrigen innerhalb der Partei, der Armee und der Bürokratie und werden die irrationalen, unheimlichen Triebkräfte im Bewußtsein des Führers. Das ist einer der Gründe, weshalb wir viel bedeutsamere Unterschiede zwischen den verschiedenen Phasen ein und desselben verfassungsmäßigen Gemeinwesens finden als zwischen den Diktaturen die Geschichte hindurch.

Das Schema der Mehrheit der Diktaturen ist bereits in der zweiten Hälfte des vierten vorchristlichen Jahrhunderts umrissen worden. Die traditionelle Weise, eine Diktatur zu erhalten, schließt zum Beispiel ein, »daß man die hervorragenden Männer nicht aufkommen läßt und die selbstbewußten auf die Seite schafft, keine Tischgenossenschaften, keine Klubs, keine Bildungsbestrebungen, noch sonst dergleichen duldet, sondern alles zu verhüten trachtet, woraus zweierlei, Selbstgefühl und wechselseitiges Vertrauen, zu entspringen pflegt; daß man ferner keine Gesellschaften oder auch nur geselligen Zusammenkünfte aufkommen läßt, kurz alles tut, damit alle einander möglichst unbekannt bleiben. Denn die Bekanntschaft weckt mehr gegenseitiges Vertrauen. Zum anderen Teile sorgt man dafür, daß die Bürger, die daheim sind, sich immer in der Öffentlichkeit zeigen und vor ihrer Türe aufhalten. ... Auch gibt der Tyrann sich Mühe, daß ihm nichts verborgen bleibe, was etwa irgendein Untertan spricht oder tut, sondern überall Späher vorhanden seien, wie es in Syrakus die sogenannten Potagogiden (Zuträgerinnen) waren, und wie Hiero seine ›Horcher‹ aussandte, wenn irgendwo eine Gesellschaft oder Zusammenkunft war. So bringt man es dahin, daß die Bürger aus Furcht vor solchen Leuten sich nicht so leicht frei aussprechen, und wenn sie es tun, weniger verborgen bleiben«.[5]

Aristoteles beschreibt die Notwendigkeit großer öffentlicher Arbeiten, um die Leute zu beschäftigen und sie in einem Zustand der Abhängigkeit zu halten. Er erwähnt die Funktion der Steuern in despotischen Regimen und spricht schließlich von ihrer aggressiven Politik: »Auch erregt der Tyrann gern Kriege, damit die Untertanen keine Muße behalten und beständig eines Führers bedürfen. Und während das Königtum sich durch die Freunde des Herrschers erhält, ist es des Tyrannen Art, gerade gegen seine Freunde das allergrößte Mißtrauen zu hegen, weil er weiß, daß, wo alle ihn stürzen möchten, sie doch am ersten es können.«[6]

Wenn es möglich ist, totalitäre politische Maßnahmen der verschiedensten politischen Schattierungen auf dieselbe Formel zu bringen, so scheint es, daß die Bedeutung der »Persönlichkeit« des Führers, die in der totalitären Propaganda gigantische Ausmaße annimmt, selbst mehr ein Teil des ideologischen Mechanismus der Diktatur ist als ein Schlüssel zu ihr. Man bedient sich unbewußt des psychologischen Effekts der »schlechten Elternimagines: die Verherrlichung sadistischer Figuren«, wie Dr. Rickman sie beschrieben hat.

Besondere Ursachen der Reizbarkeit des modernen Menschen sind in dem ungeheueren und stets zunehmenden Druck zu sehen, wachsam sein zu müssen. Stets weniger bewahrt die Arbeit von gestern den einfachen Menschen vor der Notwendigkeit, morgen ebenso hart kämpfen zu müssen. Selbst die Sozialversicherung beseitigt diese Tendenz nicht; der Rentier, der Bürger mit dem kleinen, aber gesicherten Einkommen, einst der Traum der Mittelklasse, wird eine Figur der Vergangenheit. Jedermann, mit Ausnahme sehr weniger, muß jeden Tag aufs neue beginnen unter Bedingungen, die immer nervenaufreibender werden. Ohne praktische Hoffnung auf Sicherheit wird jedoch das Leben in unserer Gesellschaft zunehmend sinnlos, und Verzweiflung lauert hinter der Fassade des hektischen Optimismus, der für die aufgeriebenen Menschen von heute typisch ist. Wenn der einfache Mensch in beständiger Furcht lebt, seine materielle Existenz zu verlieren, so stehen die besitzenden Gruppen der wachsenden Macht des Staates gegenüber, den sie unterstützen müssen, sowie sozialistischen Aspekten der Gesellschaft auf nationaler und internationaler Ebene.

Die Furcht, die bei all diesen Dingen im Spiel ist, ist die wohlbegründete, realistische Furcht vor realistischen Übeln; sie ist weder »Sorge«, um mit Heidegger zu sprechen, noch »Angst« im Sinne der Psychosomatik. Zwar kann sie neurotisch werden, wenn sie nicht im allgemeinen im Hintergrund des Bewußtseins eines Menschen bleibt, sondern ständig unterdrückt wird; mit anderen Worten, wenn sie unbewußt anstatt vorbewußt ist. Ich möchte eher eine Person neurotisch nennen, die von dieser Furcht frei ist, als eine, die unter ihr leidet.

Aber hat diese Furcht nicht alle Menschen zu allen Zeiten heimgesucht, und brauchen wir deshalb nicht eine psychologische Erklärung für die Rolle, die sie in der Seele des modernen Menschen spielt? Nach meiner Ansicht geht die nervöse Antwort auf diese Furcht darauf zurück, daß sie die Völker auf einer solch hohen Stufe kultureller Entwicklung befällt. Was sie vollends zu einer Krankheit macht, ist erstens der Gegensatz zwischen den gesellschaftlich wohlbegründeten Erwartungen und dem kulturellen Zustand der Völker auf der einen Seite und der überwältigenden Furcht auf der anderen; zweitens das Zusammenkommen all der verschiedenen Formen wirtschaftlicher und politischer Unsicherheit mit den mannigfaltigen Faktoren des modernen Lebens, welche die Integration des Einzelnen behindern.

Daß Psychologie die gesellschaftlichen Probleme von sich aus nicht lösen kann, heißt nicht, daß sie nicht einen Beitrag leisten kann. Zum

Beispiel läßt sich das Problem der »Massenbasis« des Totalitarismus nicht gänzlich vom psychologischen Gesichtspunkt abtrennen. Aber psychologische Erklärungen dürfen letzten Endes nicht ausschließlich sein. Haben sie einmal innerhalb ihres angemessenen Rahmens ihren Ort gefunden, so nehmen sie eine sehr reale Bedeutung an. Massenpsychologie mag ein sekundärer Faktor sein, aber sie ist nichtsdestoweniger ein Faktor. Die von der gegenwärtigen Zivilisation hervorgebrachten Zwänge erzeugen in vielen Individuen eine latente Aggressivität, die, wenn sie durch nihilistische Philosophien abgefangen wird, in die Kanäle des Rassismus und aggressiven Nationalismus geleitet werden kann. Solche psychologischen Mechanismen spielten ihre Rolle bei der Verleitung des deutschen Volkes, erst den Nationalsozialismus passiv hinzunehmen und sich dann in die Schuldgemeinschaft hineinziehen zu lassen. Wir müssen lernen, sie auf dem gesellschaftlichen und ökonomischen Hintergrund zu verstehen, auf dem sie wirksam wurden, so sehr wir auch davon überzeugt sind, daß pädagogische oder psychologische Reformen allein eine Wiederkehr der Ausbrüche des Chauvinismus in Zukunft nicht verhindern werden.

Im folgenden werde ich auf einige Fragestellungen hinweisen, die bei der heutigen Analyse der Ursachen nationaler und internationaler Spannungen besonders wichtig scheinen und nur in gemeinsamer Anstrengung von Psychologie und Sozialwissenschaften bewältigt werden können. Einige befassen sich mit dem modernen Menschen, der unter nichtautoritären Bedingungen lebt, mit den sozialen und psychologischen Faktoren, die tendentiell eine Anfälligkeit oder Empfindlichkeit für den Autoritarismus schaffen, und den Techniken und Mechanismen, durch welche diese Prädispositionen in haßerfüllte, aggressive Zwecke kanalisiert werden. Gründlich zu untersuchen wäre die Wechselwirkung zwischen der rasch zunehmenden Zentralisation und sozialen Kontrolle auf der einen Seite und der schmerzhaften und ambivalenten Anpassung der Massen an diese Prozesse auf der anderen. Dabei werde ich mich auf einige unveröffentlichte Forschungen beziehen, die während der letzten Jahre angestellt wurden. Später werde ich die deutsche Situation erörtern. Es ist sicher anzunehmen, daß die ökonomische, strategische und kulturelle Stellung Deutschlands, die es in der jüngsten europäischen Geschichte zum entscheidenden Faktor gemacht hat, in der nahen Zukunft weiterhin ins Gewicht fallen wird. Während die ökonomischen und strategischen Elemente jedermann geläufig sind, wird der psychologische Aspekt höchst bedauerlicherweise vernachlässigt. Keineswegs sind die Möglichkeiten genügend beachtet worden, Teile des deutschen Volkes umzuformen, um ihre noch immer starke Verfallenheit an chauvinistische Denk- und Verhaltensweisen abzubauen.

Der moderne Mensch zeigt eine autoritäre Bereitschaft, seine Denkweisen und sein Verhalten nach Normen auszurichten, die ihm von außen vorgesetzt werden. Es besteht kaum mehr der Wille, zwischen einzelnen Elementen einander entgegengesetzten Philosophien eine unabhängige Wahl zu treffen, einen Punkt auf der Liste A anzunehmen oder abzulehnen, einen anderen auf Liste B. Ökonomische und politische Programme werden in toto akzeptiert oder abgelehnt, wie beispielsweise bei einer Wahl, bei der der Bürger nicht für individuelle Kandidaten, sondern für eine Aufzählung stimmt, die viele Namen enthält, die ihm völlig unbekannt sind. Diese Tendenzen lassen sich überall in der industrialisierten Welt beobachten, ganz unabhängig vom politischen System. So waren die Deutschen – ganz abgesehen von allen besonderen prädisponierenden Faktoren – für faschistische Reglementierung durch die allgemeine Struktur der modernen Gesellschaft ausersehen. Sie waren daran gewöhnt, die Modelle zu akzeptieren, die ihnen durch Radio, Filme und die wöchentliche Illustrierte nahegebracht wurden, lange ehe sie den Führer selbst hörten.

Es gibt technische wie gesellschaftliche Gründe für diese allgemeine Tendenz. Die Maschine selbst, nicht nur die in der Fabrik, sondern sogar das eigene Automobil, ja das ganz moderne mechanisierte Leben bringen die Fähigkeit des Menschen zur Perfektion, allen Arten von Signalen zu gehorchen und unmittelbaren Erfordernissen auf Kosten seiner Fähigkeit zu genügen, eigene langfristige Entscheidungen zu fällen. Hier liegt eine der Hauptwurzeln der typischen modernen Charakterstruktur. Eine wichtige gesellschaftliche Veränderung, die seit dem neunzehnten Jahrhundert stattfand, macht sich in derselben Richtung bemerkbar. Damals funktionierte der ökonomische Mechanismus der Gesellschaft weitgehend vermittels der Kalkulationen der Geschäftsleute der Mittelklasse. Es entsprach ihrer Rolle in der Wirtschaft, daß sie eine differenzierte, abstrakte Intelligenz pflegen sollten, teils in ihrem Privatleben, teils durch das Medium einer besonderen Gruppe von Intellektuellen. Heute jedoch ist der altmodische Unternehmer dem Manager und dem Angestellten gewichen, die von zentralisierten ökonomischen Institutionen abhängen. Die Kultursphären haben sich entsprechend gewandelt. Abstrakte Intelligenz hat in der realen Welt ihre Basis verloren. Nicht individuelle Reflexion, sondern wissenschaftliche Verwaltung und Indoktrinierung der Massen auf der einen Seite und Anpassung und Disziplin der Massen auf der anderen sind die grundlegenden organisierenden Mechanismen im kulturellen wie im wirtschaftlichen Bereich.

Die Aufgabe der gesellschaftlichen und psychologischen Forschung ist es, die Charakterzüge zu analysieren, die aus diesem neuen sozio-kulturellen Gefüge hervorgegangen sind, und ihre Beziehung zu faschistischen Ideologien zu untersuchen. Daß eine solche Verbindung existiert, ist durch verschiedene bekannte Studien herausgestellt worden. Hier verweisen wir auf einen gewissen Fortschritt, der vor einigen Jahren bei einer gemeinsamen Untersuchung der Berkeley Public Opinion Study Group und dem Institute of Social Research gemacht worden ist. Die Studie scheint nahezulegen, daß Charakterstrukturen, die für faschistische Vorstellungen besonders empfänglich sind, zunehmend in Ländern gefunden werden, in denen liberale, wahrhaft demokratische Denkweisen noch vorherrschen. (Das Gegenteil, eine Prädisposition zum Liberalismus innerhalb einer autoritären Gesellschaft, ist niemals nachgewiesen worden.) Ferner wurde gezeigt, daß die autoritären Charakterzüge, die scheinbar ausschließlich auf die psychologische Struktur der Persönlichkeit zurückzuführen sind, in höherem Maße mit einer vollentwickelten Ideologie des Gruppenhasses in Wechselbeziehung stehen als mit ökonomischem und politischem Konservativismus. Das ist aus der Tatsache erklärt worden, daß der faschistisch einge- stellte Mensch nur ein Pseudokonservativer ist; obgleich er das Bestre- ben hat oder zu haben vorgibt, die Kultur zu erhalten, offenbaren die von ihm befürworteten Methoden, daß es ihm in Wahrheit gleichgültig ist, ob sie erhalten oder zerstört wird; er wird unbewußt von höchst destruktiven Wünschen bedrängt.

Zur Erläuterung könnte ich einige der Elemente aufzählen, die den autoritären Charakter ausmachen – eine mechanische Auslieferung an konventionelle Werte; blinde Unterwerfung unter die Autorität, die mit blindem Haß auf alle Opponenten und Außenseiter einhergeht; Ablehnung introvertierten Verhaltens; streng stereotypes Denken; ein Hang zum Aberglauben; halb moralistische, halb zynische Abwertung der menschlichen Natur; Projektivität.

Wenn wir die aggressiven Verhaltensweisen aussondern, vor allem bei den Mitgliedern demokratischer Gesellschaften, finden wir sie mit der Entwicklung einer Art von pluralistischer Persönlichkeitsstruktur verbunden oder, um Allports Terminus zu benutzen, von personae. (Er ist sozusagen das Negativbild von Rickmans »Vielseitigkeit« der Per- sönlichkeit.) Erziehung, ob in der Familie, Schule oder Außenwelt, scheint das Individuum mehr mit einer Reihe von Masken zu versehen als mit einer gefestigten, integrierten Persönlichkeit. Es ist eine Person im Friseurgeschäft, eine andere bei einer Interviewsituation; ein zärtlicher Ehemann und Vater zu Hause, ein kaltberechnender, rück- sichtsloser Geschäftsmann von neun bis fünf. (Dies ist der Aspekt des modernen Lebens, den Charlie Chaplin in »Monsieur Verdoux« kari- kierte.) Das Kind lernt fast instinktiv, daß verschiedene Situationen verschiedene Werte erfordern. Ein Junge wird in die Maskentechnik eingeübt, wenn er erfährt, daß es sich lohnt, dem Lehrer eine Antwort zu geben, die sich von der unterscheidet, die er seinem Vater oder dem Fußballtrainer geben könnte. Vielleicht beobachtet er, daß selbst die Einstellung des Lehrers zu bestimmten Gegenständen eine andere im Geschichtsunterricht ist als in zwangloser Unterhaltung.

Es ist offenbar, daß die gesellschaftlichen Wurzeln des Phänomens der personae gerade im Dasein des modernen Menschen mit seiner beständigen Dichotomie zwischen öffentlichem und privatem Leben liegen. Ein Veteran beispielsweise, der über seine Meinungen über den Krieg, die Demokratie und Minoritäten interviewt wurde, begann die in einer zivilisierten Gemeinschaft erwarteten Antworten zu geben. Aber nachdem das Interview einige Zeit gedauert hatte und zwischen ihm und dem Interviewer, einer jungen Dame, mehr Kontakt hergestellt war, ließ er die Masken fallen und seine tiefen Aggressionsgefühle an die Oberfläche kommen und gab Antworten, die das exakte Gegenteil seiner anfänglichen Reaktionen waren. Das, glaube ich, ist kein Ausnahmefall. Man braucht jedoch das Phänomen nicht als notwendig hinzunehmen. Selbst wenn man die grundlegende gesellschaftliche Basis der pluralistischen Persönlichkeit anerkennt, glaube ich, daß dem Problem auf einer erzieherischen Ebene begegnet werden kann, zumindest im Hinblick auf haßerfüllte und aggressive Einstellungen gegenüber anderen Völkern und Nationen. Um eine Lösung zu finden, muß der Erzieher zunächst das Phänomen als das was es ist verstehen; er muß es als Hindernis für die Entwicklung eines integrierten Ich sehen, das die allgemeine Tendenz zur Stereotypie im Denken und Verhalten stärkt und die Einwirkung rationaler Ideen schwächt. Indem er von den Irrtümern des Idealismus, apriorischen Prinzipien und Werten, zum »Erfahrungs«-Programm flüchtet, läuft der fortschrittliche Erzieher die neue Gefahr, das Phänomen der »personae« überzubewerten.

Als führende deutsche Industrielle erfolgreich mit den nationalsozialistischen Führern konspirierten, um diesen die Kontrolle über die Staatsmaschinerie zu übergeben, hing ihre Entscheidung nicht nur davon ab, wie sie die allgemeine gesellschaftliche Lage einschätzten – das haben wir angedeutet –, sondern auch von der Tatsache, daß Hitler auf einen Kern verläßlicher Gefolgsleute und erhebliche Sympathie in breiten Schichten der Bevölkerung hinweisen konnte. Die spezifische Aufgabe des Führers besteht darin, die bereits bestehende Tendenz zu intellektueller und seelischer Passivität einen Schritt voranzubringen, die Massen in eine »Gefolgschaft« zu überführen, sie zu blindem masochistischen Gehorsam zu verlocken. Er transformiert seine Zuhörer in eine unterwürfige, unkritische und höchst irrationale Masse, die durch Identifikation mit dem Sprecher oder Führer zusammen gehalten wird.

In den dreißiger Jahren waren viele wertvolle Forschungen über die Techniken der Demagogie begonnen worden. Dann kam der Krieg, und die Untersuchungen brachen ab, als würde das ganze Problem für alle Zeiten mit der militärischen Niederlage der faschistischen Aggressoren erledigt. Der Agitator und seine Zuhörer sind in die Archive der Geschichte verbannt worden. Es ist jedoch leicht nachzuweisen, daß weder die zugrunde liegenden sozialen Wurzeln noch die psychologischen Strukturen hinweggefegt worden sind; internationale und innere Spannungen bestehen, und der Schritt von Spannung zu offener Aggression ist kurz. Ich würde nachdrücklich für eine ernsthafte, nochmalige Prüfung der Techniken und psychologischen Aspekte der Demagogie eintreten. Hier will ich zu zeigen versuchen, wie eine solche Untersuchung unmittelbar in ihrer Anwendung auf ein gegenwärtiges Hauptproblem, die alliierte Politik in Deutschland, fruchtbar gemacht werden kann.

Wenn der Führer sich an seine Zuhörer wendet, besteht seine Absicht nicht darin, rationale Information zu übermitteln, sondern die notwendige, irrationale Beziehung zwischen Führer und Gefolgsleuten herzustellen. Wahrheit spielt keine Rolle. Was der Führer auch sagt und wie er es sagt, seine Zuhörerschaft kennt die versteckte Bedeutung, auf die er stets hinaus will. Er suggeriert die Vorstellung, daß das Individuum nichts ist und daß die Masse der Individuen ebenfalls nichts ist. Alles was sie tun können, ist versuchen zu überleben, und sie müssen schleunigst ihre eigene Nichtigkeit den Stärkeren anvertrauen. Denn die Nation wird durch üble Kräfte bedroht. Nur durch völlige Unterwerfung unter den Führer und durch völlige Identifikation mit seinem Kreuzzug können Individuum und Nation gerettet werden.

Es ist möglich, die Formulierung des Agitators unter relativ wenige Kategorien zu bringen: der Märtyrer-Held, drohendes Verderben, der ungezieferartige Feind, die Notwendigkeit beständiger Wachsamkeit und ein paar andere. Sie alle legen den künftigen Anhängern die Liquidation des Feindes nahe. Er wird stark genannt, wobei es sich jedoch versteht, daß er in Wahrheit schwach ist. Wenn die Zuhörer dem Führer folgen, wird ihre Kraft ins Gigantische wachsen und der Feind zu einer leichten Beute. Seine seitherige Macht beruhte auf Betrug und wird vor der echten Überlegenheit der faschistischen Gesinnung in Staub zerfallen.

Die Rede ist ein Vorgeschmack des großen Kreuzzuges und der Zerstörung die er verüben wird. Nicht nur ist die demagogische Routine ein Vorspiel zum realen Terror, der später entfesselt wird; sie ist auch die imago jenes Terrors. Die furchterregende Karikatur der Welt, die der Agitator in der Phantasie seiner Zuhörer beschwört, mehr noch die Karikatur seiner selbst, aufgebläht zu übermenschlichen, dämonischen Formen, überzeugt sie davon, daß sie von allen Seiten durch teuflische Mächte bedroht sind. Um in einer solchen schreckerregenden Atmosphäre zu überleben, muß man sich irgendwie mit ihr identifizieren, sie in gewissem Sinne sogar bejahen. Je stärker die Bedrohung, sie sei wirklich oder fiktiv, desto stärker muß diese mimetische Tendenz werden. Der psychologische Mechanismus, um den es geht, ist fast das genaue Gegenteil von Projektion, wie der Psychoanalytiker den Ausdruck gebraucht. In der Literatur wird das Gegenteil von Projektion im allgemeinen Introjektion genannt, die Tendenz, wirkliche oder eingebildete äußere Gegensätze in innere zu verwandeln. Was wir jedoch diskutieren, ist etwas breiter zu verstehen, fast ein gesellschaftliches Gesetz, könnte man sagen, nach dem der Unterdrückte dazu neigt, die ideologischen, kulturellen und persönlichen Züge des Unterdrückers zu übernehmen. Bei der Reformation zum Beispiel war es genau dieser psychologische Mechanismus, der die Disziplin der Massen durch die Introjektion der Werte der Pflicht und des Gehorsams bewirkte.

Eine jüngst erschienene Studie hat gezeigt, daß in den Konzentrationslagern, um es unmittelbarer überzeugend zu belegen, das Überleben einen Grad von Nachahmung der nationalsozialistischen Mentalität erforderte. Der Lagerinsasse, der nicht zu einer teilweisen Identifikation mit seinem feindlichen Schicksal gelangen konnte, brach zusammen. Solange der Druck nicht total ist, ermutigt und fördert er Opposition. Wenn er aber vollständig und unentrinnbar wird, dann muß sein Opfer selbst dem Absurden irgendeine positive Bedeutung verleihen, wenn es überleben will. Das gilt in gewissem Umfang ebenso für eingebildete oder »verinnerlichte« Drucksituationen, wie sie in faschistischen Massenversammlungen bestehen, wie für wirkliche.

Wir haben hier eine psychologische Einsicht, die potentiell für das Problem internationaler Spannungen wertvoll erscheint. Der Mechanismus der Introjektion, wie er oben neuformuliert wurde (oder der Identifikation in einer der mehreren Bedeutungen, die sie in der gegenwärtigen Psychologie angenommen hat), hat in unserer Zeit bösen Zwecken gedient. Das Böse ist jedoch keineswegs dem Mechanismus inhärent. Während jeder Versuch demokratischer Amtsträger, die Techniken des faschistischen Demagogen nachzuahmen, unheilvoll wäre, da die Techniken von ihrem Zweck nicht zu trennen sind, ist es in vieler Hinsicht für nichtautoritäre Regierungen und auch Massen nützlich, nicht nur die Tricks, sondern auch die Ursachen ihrer Wirksamkeit zu kennen. Die Vernachlässigung des Bestehens der Mechanismen von Introjektion kann beispielsweise das alliierte Bemühen hemmen, den Frieden mit Deutschland zu gewinnen. Ich meine folgendes: Es herrscht allgemeine Übereinstimmung darüber, daß die alliierte Politik nach dem Ersten Weltkrieg nicht sehr erfolgreich war. Einige führen die Mißerfolge auf einen »zu harten« Frieden zurück, andere auf das genaue Gegenteil. Ich möchte eine Erklärung ganz anderer Art vorschlagen, nämlich daß der wirkliche Fehler eher im Mangel an Entschiedenheit bestand, mit dem der Vertrag von Versailles durchgeführt wurde, als in seinem Inhalt. Es war, als hätten die Deutschen keinen Zielpunkt der Identifikation erhalten, nach dem sie sich mehr als nach allem anderen sehnten. Wenn einmal ein Volk, gegen das Sanktionen verhängt worden sind, sich dessen bewußt wird, daß sie nicht unwiderruflich sind, daß die sie verhängende Agentur keine wirkliche Stärke darstellt, dann arbeiten seine führenden Gruppen und anschließend auch die Gesamtbevölkerung aktiv daran, sich der Bußen zu entledigen. Je mehr sie verstehen, daß das Verhalten des Siegers von Schuldgefühlen wie von Schwäche durchdrungen ist, desto mehr färbt sich der Widerstand mit der Idee der Rache. In dieser Hinsicht ist das Gruppenverhalten von den Handlungen der Individuen nicht sehr verschieden. Wenn ein Individuum entdeckt, daß einer unbequemen Lage abzuhelfen ist, beginnt es unvermeidlich, Wege zu suchen, sie zu ändern, und der Wunsch nach Änderung kann zu einer fixen Idee werden. Wenn es jedoch überzeugt ist, daß die Lage unwiderruflich ist, dann wird es sich in sie schicken, sich sogar an sie anpassen, ganz gleich, wie schwierig es sein mag.

Vergleichbare Elemente sind heute in Deutschland am Werk. Die Spannungen zwischen Rußland und den westlichen Nationen bieten deutschen nationalsozialistischen Hoffnungen einen fruchtbaren Boden. Die Erwartung eines Zusammenstoßes zwischen Ost und West war es, welche die deutsche Wehrmacht veranlaßte weiterzukämpfen, nachdem ihre Lage eindeutig hoffnungslos geworden war – unter entsetzlichen Verlusten an Menschenleben, Soldaten wie Zivilisten.

Es ist die nämliche Erwartung, keineswegs »irrational«, die seit Kriegsende alle Bestrebungen, das deutsche Volk zu rehabilitieren, gefährdet hat. Solange die Spannung anhält, ist das wenigste, was die westlichen Alliierten tun können, daß sie eine feste und lückenlose Einheitsfront darstellen, die unmißverständlich und sichtbar ist von der wichtigsten Person bis hinab zur geringfügigsten Verordnung. Wenn seinerzeit ein New Yorker Geschäftsmann, der in Deutschland herumreiste, mit offenkundiger Genugtuung berichtete, wie seine deutschen Freunde in der französischen Zone zu ihm sagten: »Wenn ihr Zivilisten ans Ruder kommt und uns nur eine Nacht laßt, werden wir jedem französischen Korporal den Hals abschneiden«, dann appellierte er an eben die psychologischen Mechanismen, die ich erörtert habe. Selbst wenn die Beobachtung eine positivere gewesen wäre, war ihr Effekt auf deutsche Zuhörer keine Lektion über die Rolle sarkastischer Kritik, sondern bloß ein Zeichen von Schwäche auf seiten der Eroberer, möglicherweise von Sympathie mit dem »leistungsfähigen« politischen System, das sie zerstörten. Und solche Zeichen rufen Opposition und Widerstand hervor.

Ferner möchte ich auf den allgemein anerkannten Mißerfolg des Entnazifizierungsprogramms hinweisen. Auch wenn den obersten Verbrechern der Prozeß gemacht wurde, wenn sie verurteilt und in einigen Fällen hingerichtet wurden, ist die Mehrheit der Deutschen, die mit dem Nationalsozialismus sympathisierte, heute besser daran als jene, die sich vom Faschismus fernhielten. Das trifft in dem Maße zu, daß man mit Recht sagen kann, die Institutionalisierung der Entnazifizierung hat das Gegenteil dessen erreicht, was sie erreichen sollte (ganz ähnlich wie das Weimarer »Gesetz zum Schutz der Republik«). Wer Kontakte zu Nazis hatte, konnte sein Entnazifizierungsverfahren beschleunigen, eine Strafe von einigen tausend wertlosen Markt bezahlen und prompt seine alte Stellung wieder einnehmen. Nur wenige von denen, die genug moralische Kraft besaßen, ihr Leben aufs Spiel zu setzen, indem sie der Partei widerstanden, haben jetzt Regierungsposten oder akademische Positionen inne.

Was hat der durchschnittliche Europäer für die Zukunft aus den Nachkriegsverhältnissen im besetzten Deutschland gelernt? Er mußte zu der Überzeugung kommen, daß es in Perioden des Totalitarismus nicht klug sein mag, an der Spitze zu stehen, aber ratsam, sogar vorteilhaft, zu den Sympathisanten zu zählen; daß es riskant sein mag, aktiv an den ärgsten Greueltaten beteiligt zu sein, aber völlig gefahrlos, kleinere Verbrechen zu begehen. Es wird ihm beigebracht, daß das ideologische Element des Krieges nichts als ein Vorwand war, der die wirklichen, letztlichen Motive verbarg. Der ehemalige Nazi glaubt, daß er jetzt nachträglichen und stichhaltigen Grund hat, seinen Haß auf jene Deutschen zu rechtfertigen, die sich anders verhielten oder opponierten. (Eine vergleichbare Lage fand sich in Frankreich in der weitverbreiteten Enttäuschung, die durch die Behandlung der Kräfte des Untergrunds hervorgerufen wurde).

Ich halte es nicht für falsch zu sagen, daß in Deutschland die Universität unmittelbar als in den meisten anderen Ländern eine bedeutsame Rolle spielt. Die deutschen Akademiker sind stets zu den Oberschichten der Gesellschaft gezählt worden, zu den Ständen, zusammen mit den Offizieren und höheren Beamten, im Gegensatz zu den Geschäftsleuten und Arbeitern. Das Denken der Akademiker wurde entscheidend in und von der Universität geprägt. Auch der Schullehrer war in der Regel direkt von der Philosophie und Pädagogik der Professoren beeinflußt, unter denen er die Staatsexamina ablegte, die ihn für eine Lehrtätigkeit qualifizierten, und seine Gewalt über die Jugend war dementsprechend größer als in jedem anderen Lande.

Wenn nicht das Problem der deutschen Universität sorgfältig beachtet wird, kann sie wieder zum Zentrum eines bösartigen Nationalismus werden. Direkte Einmischung von außen wäre jedoch gefährlich; unter anderem, weil sie die akademische Autonomie und Selbstverwaltung bedrohen würde, einen ihrer wirklichen kulturellen Vorzüge. Die einzige Möglichkeit besteht darin, die öffentliche Meinung sowohl bei den Siegermächten als auch in Deutschland selbst aufzuklären. Die demokratischen Elemente in den Fakultäten brauchen Hilfe und Ermutigung, den vielen Professoren und Studenten die Augen zu öffnen, die noch auf nationalistischen, insgeheim sogar pronazistischen Einstellungen beharren.

Abschließend möchte ich zu dem Thema zurückkehren, mit dem ich die Diskussion eröffnete, zum Vorrang gesellschaftlicher Faktoren unter den »Einflüssen, die auf der einen Seite zu internationaler Verständigung prädisponieren und zu aggressivem Nationalismus auf der anderen. Der Hauptbeitrag des Wissenschaftlers zu den Bemühungen, den aggressiven Nationalismus zu bekämpfen, besteht darin, die Einsicht in die Wesensstruktur der gesellschaftlichen Realität zu vertiefen. Hätte das deutsche Volk die Kräfte ausfindig gemacht, die tatsächlich hinter Hitlers Machtergreifung standen, und hätte es durch die Fassade der nationalsozialistischen Wirtschaftspolitik die dahinterstehenden Realitäten gesehen, so hätte es die letztlich zerstörerische Natur des ganzen Programms verstanden. Stattdessen nahm es die Befriedigung eines unmittelbaren Interesses entgegen, Vollbeschäftigung, wie die nationalsozialistische Wiederaufrüstung sie herbeiführte, und am Ende bezahlte es teuer für seine Kurzsichtigkeit. Jetzt, nach der Katastrophe, bilden eine unbefangene Untersuchung der Lehren der jüngsten deutschen Geschichte zusammen mit einer wirksamen Unterrichtung der Völker der Welt in diesen Lehren die wichtigste erzieherische Aufgabe des Wissenschaftlers.

Die Psychologen haben oft den Punkt hervorgehoben, daß die irrational unbewußte Natur der Triebe, die beim aggressiven Nationalismus im Spiel sind, die möglichen Wirkungen der Aufklärung einschränken. Aber der große Schaden, der aus mangelnder Aufklärung erwachsen kann, steht außer Zweifel. Es ist die Aufgabe derjenigen, die mit Erziehung auf allen Stufen zu tun haben, vom Geschichtsunterricht in der höheren Schule bis zu den Massenmedien, sich darum zu kümmern, daß die Erfahrungen des letzten Angriffskrieges, der nahe daran war zu siegen, dem Bewußtsein aller Menschen tief eingeprägt werden. Der Antagonismus zwischen Ost und West, der es dem Angreifer von gestern gestattete, groß zu werden und zuzuschlagen, ist heute wieder eine starke Verleitung für die Staatsmänner, die Dinge allein aus dieser Perspektive zu sehen und sich gegen andere Bedrohungen des Friedens in der Welt blind zu machen. Die unmittelbaren Gefahren, die der gegenwärtigen Spannung innewohnen, liegen auf der Hand; alle finsteren, kriegerisch gesonnenen Kräfte und Parteien, die im Trüben fischen wollen, profitieren von ihr. Über den tieferen Schaden, der dem Bewußtsein und Charakter der Menschen zugefügt wird, scheint man sich nicht im klaren zu sein. Die Menschen können die rasche Veränderung in der internationalen Politik nicht verstehen. Sie schöpfen Verdacht, daß vielleicht Liebe und Haß, wie sie während des letzten Krieges genährt wurden, ja der Krieg selbst und die Opfer, die er mit sich brachte, ein einziger großer Fehler waren. Das führt notwendigerweise zu Verdrängung und unbewußtem Ressentiment, stets bereit, auf irgendeinen projiziert zu werden.

Der dringendste praktische Vorschlag, den der Psychologe machen kann, scheint unglücklicherweise utopisch. Einflußreiche Gruppen in jedem Volk sollten helfen, es so leicht und ehrenvoll wie möglich zu machen, objektiv und sehr detailliert all die Faktoren, Institutionen, Glaubensvorstellungen und Theorien einzuschätzen, die mit den innerhalb und außerhalb der Völker bestehenden Konflikten im Zusammenhang stehen, ohne Rücksicht darauf, ob diese Einschätzungen mit ihren eigenen hochgehaltenen Vorstellungen und politischen Grundsätzen harmonieren oder nicht. Die Mechanismen des Faschismus, auf die wir oben zu sprechen kamen, bilden nur einen dieser Gegenstände. Es ist bekannt, daß im russischen Einflußbereich keine Möglichkeit besteht, den ökonomischen Liberalismus, die Demokratie und die Schattierungen des Sozialismus, die vom russischen abweichen, frei zu analysieren. Im westlichen Teil der Welt wird die Notwendigkeit freier Diskussion anerkannt. Wir finden jedoch, daß das Tabu nicht völlig aufgehoben ist. Nicht nur sind die Menschen nicht in der Lage, sich über die Probleme Osteuropas eine unabhängige und unvoreingenommene Meinung zu bilden – selbst ein soziales Experiment von dem Ausmaße, wie es nach dem Kriege in England vor den Augen aller Völker durchgeführt wurde, ist von den Massen im Ausland nicht mit der gebührenden Aufmerksamkeit und inneren Freiheit verfolgt worden. In verschiedenen Ländern der Welt haben totalitäre Tendenzen eine neue Stärke erlangt. Gleichwohl, wenn die moderne Psychologie recht hat, verschwindet die Ambivalenz gegenüber der eigenen Art von Zivilisation, die sich in projektive Verhaltensweisen umsetzt, nur dann, wenn Zweifel und Opposition sich ohne Angst ausdrücken und sich so in positive Kräfte für nationales und internationales Verständnis verwandeln können.

(Aus dem Englischen von Alfred Schmidt)

Anmerkungen

[1] Der größte Wahlerfolg der Nationalsozialisten unter demokratischen Bedingungen war am 31. Juli 1932, als sie 229 Sitze erhielten (ungefähr 35 %/o der abgegebenen Stimmen); im November des gleichen Jahres, bei der letzten Wahl vor der Machtergreifung, verloren sie 34 Sitze. Nachdem Hitler Reichskanzler geworden war, waren sie der öffentlichen Meinung noch immer so ungewiß, daß sie den Reichstagsbrand inszenierten, um das Volk von einem nationalen Notstand und der Notwendigkeit diktatorischer Maßnahmen zu überzeugen. Jedoch selbst die terrorisierte Bevölkerung behielt Urteilsvermögen genug, um ihnen knapp 44 %/o ihrer Stimmen am 5. März 1933 zu geben, sechs Tage nach dem Brand.

[2] Vortrag Adolf Hitlers vor westdeutschen Wirtschaftlern im Industrie-Klub zu Düsseldorf am 27. Januar 1932, München o. J., S. 19.

[3] Ibid., S. 27.

[4] Ibid., S. 24.

[5] Aristoteles, Politik, nach der Übersetzung von E. Rolfes, Leipzig 1948, S. 204 f.

[6] Aristoteles, a.a.O., S. 205 f.

Politik und Soziales

Als die Einladung an mich erging, bei dem festlichen Akt der Verfassungsfeier das Wort zu ergreifen, schien es mir zunächst natürlich zu sein, Ihnen vornehmlich geschichtliche Gedanken und Ausführungen vorzulegen, soll doch diese Feier zugleich eine Gedenkfeier sein. Die Hessische Verfassung ist vor vier Jahren an diesem Tag durch Volksentscheid angenommen worden, und wer immer sich mit aufgeschlossenem und geübten Sinn in sie vertieft, wird gewahr, daß sich in vielen ihrer wichtigen Begriffe und Grundsätze die Kämpfe und Ideen einer reichen Vergangenheit widerspiegeln. Die großen historischen Umwälzungen in den westlichen Ländern, aus denen der moderne bürgerliche Staat hervorgegangen ist, die Gedanken des 18. Jahrhunderts, die den wichtigsten Verfassungen zugrunde liegen, ziehen den Blick in einer solchen Stunde auf sich.

Auch wenn wir bei diesem gleichsam sich von selbst anbietenden Gegenstand nicht verweilen wollten, läge es nahe, auf die entscheidende Rolle hinzuweisen, die große deutsche Denker bei der Ausbildung der philosophischen Vorstellungen spielten, die in den neueren Verfassungen sich wiederfinden. Wir könnten uns darauf besinnen, daß kein anderer als Nikolaus von Cues im 15. Jahrhundert im Zusammenhang mit seinen umfassenden kirchlichen Reformbestrebungen viele Auffassungen vertrat, die schließlich in den demokratischen Verfassungen der modernen Reiche sich durchsetzten. Er versuchte Ideen, die auf deutscher Tradition beruhten, aber der Kirche seiner Zeit gegenüber als revolutionär erschienen, mit seinem erstaunlichen Einfluß durchzusetzen. Dazu gehört vor allem der Gedanke genossenschaftlicher Räte, d. h. die Vertretung von Gruppen als ganzer, welche die Leitung in die Hand nehmen sollten, ferner die Ersetzung der unbedingten Herrschaft durch die Gründung des Amtes auf die Einstimmung und freiwillige Treue. »Quod omnes tangit, ab omnibus approbari debet«, was alle angeht, dem sollen auch alle zustimmen. Dieser Grundsatz ist nach seiner Überzeugung im göttlichen und natürlichen, nicht im positiven Recht begründet, er geht den Gesetzen sozusagen vorher. – Es gibt keinen politischen Denker, der in seinen theoretischen wie praktischen Bestrebungen in genialerer Weise Elemente der älteren Kultur in neuen gesellschaftlichen und wissenschaftlichen Konzeptionen zu überwinden und gleichzeitig zu bewahren versucht hätte wie Nikolaus von Cues.

Wir hätten weiterhin Grund, daran zu erinnern, daß die trockene und pedantisch verfaßte Politik des Johann Althusius, die zu Beginn des 17. Jahrhunderts erschien, jedenfalls die erste klare Theorie der Volkssouveränität in der neueren Zeit darstellt. Nicht der Herrscher, sondern das Volk, der soziale Körper, bildet das corpus symbolicum und besitzt Majestät. Während gleichzeitig die Franzosen den Absolutismus schufen, sollten nach Althusius die Majestätsrechte zwar von der Regierung, welcher Art sie auch sei, republikanisch oder monarchisch, verwaltet werden, ihr Eigentum und Nießbrauch aber dem Volk gehören. Es kann und darf nicht auf sie verzichten, und wenn der Herrscher sie sich anmaßt, wird er eben dadurch zum usurpierenden Privatmann. Rousseausche Grundgedanken sind hier vorweggenommen. Herrschaft ist Dienst und Sorge für das soziale Wohl. Bei diesem frühen, wenn nicht ersten Vertreter der Philosophie des Rechtsstaats sind Theorien, die den bürgerlichen Verfassungen zugrunde liegen, nicht bloß vorgebildet, sondern systematisch und klar entwickelt. Nur hat man Althusius, den frommen Calvinisten und Syndikus der Stadt Emden, um die Mitte des 17. Jahrhunderts als gefährlichen Monarchenfeind und Aufrührer verlästert, bis dann im 18. Jahrhundert seine Lehre von der Volkssouveränität unter anderer Flagge den Sieg errang.

Wenngleich das Eingehen auf solche Kapitel der Verfassungsgeschichte gerade auf deutschem Boden einen eigenen Reiz ausübt, glaube ich, daß Sie von einem, der mit Philosophie und vor allem mit Gesellschaft sich befaßt, ein anderes erwarten. Sie wollen, daß er etwas Sachliches aus seinem Gebiet beiträgt, es soll in einer Beziehung zu den Sorgen stehen, mit denen Sie und wir alle in der Gegenwart belastet sind. Es geht Ihnen heute nicht bloß um Politik im abstrakten oder formalen Sinn, sondern um die konkrete Gesellschaft selbst. Der Zusammenhang des Politischen und des Sozialen, die Wechselwirkung zwischen den beiden Bereichen ist es, was unsere Epoche kennzeichnet. Ihn theoretisch und praktisch zu bestimmen, ist das Thema entscheidender intellektueller und realer Kämpfe. Die Entwürfe der politischen Denker, gerade jene, die uns historisch etwas bedeuten, gehören im wesentlichen noch einer Zeit an, in der die Gesellschaft besonders der Emanzipation der rein politischen Sphäre bedurfte, ähnlich wie im eigentümlichen Zusammenhang damit, der Wissenschaft von der Natur. Damals fiel das politische Interesse gleichsam unmittelbar mit dem sozialen Interesse zusammen. Schon im Lauf des letzten Jahrhundetrs aber ist es den Denkenden zum Bewußtsein gekommen, daß unter den Beziehungen zwischen den Menschen das Politische nur einen Aspekt bildet. Es hat, genau genommen, mit solchen Begriffen wie Staat, Souveränität, Regierung, Gesetz zu tun, und wir wissen längst, daß diese Einrichtungen, wie sehr sie auch sich bis in die Einzelheiten des Daseins hinein fühlbar machen, nur ein Element des gesellschaftlichen Lebens darstellen. Politik in der neueren Gesellschaft bezeichnet weitgehend die formalen Bedingungen des Zusammenlebens der Menschen. Aus ihnen wird in der Arbeitsteilung eine abgelöste Sondersphäre, eine Technik sui generis, die eine Tendenz hat, von ihrer wesenhaften Beziehung zum Inhalt des Lebens der Gesellschaft zu abstrahieren. Weder können politische Veränderungen bloß aus politischen, rechtliche aus rechtlichen erklärt werden, noch dürfen wir annehmen, daß gerade diese Vorgänge die großen gesellschaftlichen Entwicklungen bedingen, durch welche die Gegenwart sich auszeichnet. Immer deutlicher treten die Beziehungen der Menschen in ihrer Arbeit, das Verhältnis der wirtschaftlichen und beruflichen Gruppen, die Wechselwirkung von Stadt und Land, die Veränderungen im allgemeinen Wohlstand, als die substantiellen Momente im Leben und im Bewußtsein der Völker hervor. Wenn die Einrichtungen, aus Mängeln in ihrer Konstruktion oder unter äußerem Druck, ihre Beziehung zu den wirklichen Nöten der Menschen verlieren, wenn sie für ihr tägliches Dasein nicht immer wieder das Beste leisten und ihre Anpassungsfähigkeit an die großen Tendenzen der Zeit erweisen, ohne ihnen andererseits zu verfallen, dann entsteht aus der ohnmächtigen Politik die übermächtige: der totalitäre Staat einer der verschiedenen Observanzen, je nach den Umständen. Er entsteht, wenn demokratische Leiter und Einrichtungen gegenüber äußeren Mächten wie inneren sozialen Problemen als nicht auf der Höhe ihrer Pflichten sich erweisen, und beides ist aufs tiefste miteinander verknüpft. Jedenfalls liegt eine der wichtigsten Rollen des Staates heute darin, dem Streben der verschiedenen gesellschaftlichen Schichten nach einem entfalteten, ersprießlichen und würdigen Leben verständig zu dienen.

Mit der Frage, die nun angeschnitten ist, sind wir schon bei einer der größten politischen Sorgen dieser Zeit. Steht die Bemühung des Staates um die Verbesserung des gesellschaftlichen Ganzen nicht im Gegensatz zur Freiheit der Einzelnen? Bedeutet nicht Allgemeines und Besonderes im geschichtlichen Leben der Menschheit einfach dasselbe wie Staat und Individuum? Machen die beiden Bezirke des Privatmannes und des Staatsbürgers zusammen nicht die säkulare Lebenssphäre des einzelnen aus? Hängt denn die Freiheit der Menschen von irgendetwas ab, ist sie nicht jedem in gleicher Weise angeboren? – All diese Fragen tauchen auf, sobald die Aufgabe, die Rolle des Staates in der Gesellschaft zum Problem wird. Je mehr wir uns in sie vertiefen, in um so größere Widersprüche werden wir hineingezogen. Wir wissen, daß der Mensch frei ist, und zugleich haben wir erfahren, daß er die Freiheit verlieren kann. Wir wissen, daß die staatliche Sorge um die Gesellschaft den einzelnen zum Sklaven machen kann, und zugleich besteht kein Zweifel, daß die Katastrophe droht, wenn er das wirtschaftliche Leben ohne aktive

Hilfe läßt. Die Verflechtung, ja im letzten Sinn die Identität der zunächst sich ausschließenden Begriffe, von wirtschaftlich sozialer Aktivität des Staates und individueller Freiheit, wird uns jeden Tag demonstriert.

Gestatten Sie mir, das etwas zu verdeutlichen. Nach Artikel 4 der Hessischen Verfassung sind Ehe und Familie die Grundlage des Gemeinschaftslebens und stehen unter besonderem Schutz des Gesetzes. Es ist darin mehr an Wahrheit enthalten, als es zuerst den Anschein hat. – Aus den Fortschritten der modernen Psychologie ist uns bekannt, daß eine behütete Kindheit erst diejenigen Kräfte zur Entfaltung bringt, die einen arbeits- und genußfähigen, einen wahren Menschen ausmachen. In jedem ist die Anlage zu dem vorhanden, was wir Gewissen nennen. Wer aber nicht das Glück hat, in den zarten und leicht beeindruckbaren Jahren mit einem zugleich geliebten und geachteten Erwachsenen umzugehen, der wird seelisch verstümmelt bleiben. Wahrheit, Anstand, Gerechtigkeit, innere Unabhängigkeit werden nicht so tief in sein Wesen versenkt und eingebildet, wie es zum geistig unabhängigen, selbständigen widerstandsfähigen Menschen gehört. Er wird als Erwachsener vielleicht das Gesetz aus Furcht beachten, aber leicht geneigt sein, jeder Macht zu folgen, wenn sie nur die mächtigste ist. Das Kollektiv, sei es auch das der Schule, vermag die zarte und höchst komplizierte geistige Wechselwirkung von Vater, Mutter und Kind nicht nachzuholen oder zu ersetzen, ohne die es zur Bildung des Gewissens, zur wahren Identifikation mit den Ideen der Zivilisation nicht in vollem Maße kommen kann. Wer aber mit gesellschaftlichen Forschungen sich einmal abgegeben hat, der weiß, daß Not und Elend die Familie unterminieren. Er weiß, daß das Absinken großer Schichten in gedrückte Lebensbedingungen, das Verschwinden der Selbständigkeit, der zunehmende wirtschaftliche Druck, kurz die gesellschaftlichen Prozesse, mit denen wir es heute zu tun haben, ihre Folgen über die Erwachsenen aufs Kind und die gesamte Jugend fortsetzen und damit, wenn wir sie nicht gründlich und mit allen Kräften angehen, die Vorbedingungen für die gefolgschaftsbereiten Massen schaffen. Wenn die Menschen erst einmal durch Verkümmerung ihrer Kindheit, durch eine ratlose und furchtbar verkürzte Pubertät zugleich gebrochen und verhärtet sind, dann werden alle Einrichtungen der Freiheit und die beste Verfassung zu Hebeln der Unfreiheit, und der schmähliche Zirkel übt seine zerstörende Wirkung aus.

Der »Schutz der Gesetze« schließt daher die Sorge ums Gesellschaftliche mit ein. Die Verschlossenheit gegen soziale Notwendigkeiten kann nicht weniger wie der schlecht beratene Eingriff die Freiheit angreifen, ja die Menschen, für die der Staat da ist, verkümmern lassen. Dies gilt nicht bloß im Hinblick auf das Innere eines Landes, sondern auch auf seine Festigung nach außen. Die Barbaren dringen auch mit anderen Mitteln als mit Waffen ein. Dem bewaffneten Angriff geht die Durchdringung durch Agenten und Propaganda vorher. Sie haken bei den brüchigen Stellen der Gesellschaft ein und, vor allem, sie finden die Hilfe der durch Schäden Demoralisierten, der nicht ausgewachsenen Erwachsenen und der unkindlichen Kinder. Und der kontinuierliche Zustand der Unsicherheit zwingt dann zu einer kontinuierlichen Bereitschaft, zur Beantwortung von Gleichen mit Gleichem, der selbst nicht ohne die ernsthaftesten Gefahren für die demokratischen Einrichtungen ist. Die totalitären Elemente von b e i d e n Seiten spielen sich in die Hände. Die Antwort auf die Drohung ist darum ebenso die Gestaltung der Freiheit im Inneren wie die Bereitschaft, nach außen für sie einzustehen. Das eine ist ohne das andere nicht denkbar, sie bedingten sich wechselseitig. Ohne Freiheit als soziale Realität, die sich fortdauernd entwickelt, ist aller Schutz vergeblich.

Die größten Philosophen haben uns gelehrt, es sei unmöglich, die Freiheit als gesicherten Besitz anzusehen, ja, wenn man von ihr rede, als habe man sie in der Tasche wie ein festes Ding, dann sei sie schon verloren. Dies gilt, wie ich glaube, nicht bloß für das Sein sondern auch für das Wesen der Freiheit. Wir können nicht in ein für alle Male gültiger Weise bestimmen, worin die Freiheit besteht. Sie stellt sich geschichtlich in den verschiedensten Formen dar und muß in jedem Augenblick neu in einer ihrer Zeit gemäßen Weise verwirklicht werden. Als die Welt vor 20 Jahren von der Krise erschüttert war, gab es viele Mittel zu ihrer Überwindung. Der Diktator, wie alle Diktatoren — schon Aristoteles hat sie bis ins Kleinste beschrieben, so stereotyp sind ihre Mittel — wählte den Terror. Die amerikanische Demokratie dagegen fand zur gleichen Zeit neue Wege zur Überwindung der Krise, Wege, zu denen Phantasie und Kraft und Maß gehörten. Ich brauche die Akte der Gesetzgebung, die weit über alles früher für möglich Gehaltene hinausgingen, nicht darzustellen, sie zielten auf eine bessere Verteilung des Einkommens und damit auf größere soziale Gerechtigkeit. Sie galten der Verhinderung von Wirtschaftskatastrophen und dem Schutz der durch den Marktmechanismus besonders bedrohten Bevölkerung, der Arbeiter, des Mittelstandes, der Farmer und Veteranen. Und gegen alle Traditionalisten, die den Untergang der privaten Wirtschaft wie des Staatskredits bei solcher Politik voraussagten, nahmen beide mit jeder neuen Maßnahme einen neuen Aufschwung. Die Akte der fortgeschrittensten Regierungen veränderten den Begriff des modernen Staates und seiner Beziehung zur Gesellschaft. Die Geschichte hat erwiesen, daß die organisierte Kraft der Gesellschaft, der Staat, der Freiheit weit über das Maß hinaus zu Hilfe kommen kann, das man im 19. Jahrhundert noch für möglich hielt. Die Unantastbarkeit von Leben und Gesundheit, Ehre und Würde des Menschen, wie sie in der Hessischen Verfassung als unantastbar bezeichnet werden, hängen von sozialen Bedingungen ab, an deren Erhaltung auch Politik in großem Ausmaß mitzuwirken hat.

So wahr es nun aber auch bleibt, daß es nicht mit der formalen Garantie der Freiheit sein Bewenden haben kann, sondern daß der Inhalt des realen Zusammenlebens der Menschen selber im umfassendsten Sinne frei werden muß, so hat doch auch die Kritik am formalen Freiheitsbegriff ihr geschichtliches Schicksal. Sie hat selber den verschiedensten Interessen gedient. Der Nationalsozialismus diffamierte die Weimarer Republik nicht zuletzt durch den Spott gegen den »Nachtwächterstaat«. In ihm sei zwar die formale Freiheit garantiert, der Staat aber spiele eben aus dem Prinzip solcher Freiheit heraus eine bloß negative Rolle. Er übe keinen schöpferischen Einfluß auf die Geschicke seiner Bürger aus, sondern überlasse diese vielmehr schutzlos dem Zusammenspiel der wirtschaftlichen Kräfte. An dieser Stelle nun wird die Wahrheit verbogen. Die an sich richtige Einsicht, daß formale und politische Garantien nicht genügen, um Freiheit zu verwirklichen, dient dem totalitären Denken nicht zum Ansporn, die Idee der Freiheit konsequent weiter in die Wirklichkeit zu treiben. Sondern wie alles was im Bestehenden sich als schwach erwies, werden auch die Ideen, die noch nicht sich durchgesetzt haben, eben darum als solche verworfen. Der Zynismus der Nationalsozialisten, der im Bewußtsein ungezählter Menschen heute noch nachwirkt, hat wesentlich seinen Grund darin, daß wenn eine fragwürdige Wirklichkeit eine Idee zur Ohnmacht verdammt, die Schuld dafür nicht der Wirklichkeit aufgebürdet wird, sondern der Idee, und daß man schließlich den Gedanken der Wahrheit selber zugunsten des bloß Daseienden verwirft. Resignation aber, Resignation des Volkes gegen die Idee von den schlechten Zuständen, ist heute wie damals die Bedingung, daß noch schlechtere eintreten. Der Satz, das Wirkliche sei vernünftig, wird zur grauenvollen Parodie dessen, was Hegel, dem es auf die Verwirklichung der Freiheit ankam, damit meinte. Weil Freiheit, Gerechtigkeit, Christentum die schlechte Praxis nicht zu ändern vermochten, ja ihr an Festtagen als Umhang dienten, verwarfen sie Freiheit, Gerechtigkeit und Christentum, anstatt mit ihnen ernst zu machen. Sie wurden zu Apologeten des Bestehenden.

Im Denken und der Praxis der russischen Einflußsphäre ist es ähnlich bestellt. Die Kritik am sogenannten Formalismus, die einmal von der großen deutschen Philosophie auf ihrer Höhe konzipiert war, wird zum bloßen Vorwand dafür, jeweils bestehende Machtverhältnisse brutal durchzusetzen, ohne daß solches Denken und solche Praxis überhaupt noch Raum ließe für einen Appell an Vernunft und Gerechtigkeit. Wenn heute jenseits des Eisernen Vorhangs von Volksdemokratie die Rede ist und diese der bloß formalen des Westens gegenübergestellt wird, so mißbraucht man den Gedanken von der gesellschaftlichen Verwirklichung der Freiheit dazu, das Leben der Menschen noch weit vollständiger zu reglementieren, als es in den finsteren Zeiten der Fall war, da man Vernunft und Freiheit der Reglementierung entgegensetzte. Der Gedanke ist in sein Gegenteil verkehrt: die Kritik an der formalen Freiheit, also an einem »Zu Wenig« an Freiheit, wird unmittelbar zur Abschaffung jeglicher Freiheit selber. Damit aber hat sich in der Stellung des verantwortlichen Bewußtseins zur formalen Freiheit zum rationalen, für alle gleichen Recht und schließlich zu ihrem obersten Ausdruck im staatlichen Leben, der Verfassung, etwas Entscheidendes geändert. Wer gewohnt ist, die Wahrheit im Lebensprozeß der Gesellschaft und nicht in der Oberfläche politischer Einrichtungen zu sehen, der wird von vornherein geneigt sein, verfassungsmäßige Garantien an sich nicht allzusehr zu belasten und wird den Verdacht hegen, sie gehörten der fragwürdigen Sphäre des Offiziellen an. Dem Soziologen, der ja die Beziehung von politischer Oberfläche und sozialem Wesen erforscht und durchdenkt, liegt es nah, an der Verfassung das Moment des dinghaft Starren und scheinbar der Not des Volkes Entfremdeten zu bemerken. Aber ich glaube, gerade hier dürfte heute keiner mehr sich seinen naiven Reaktionen überlassen. Wir alle haben erfahren, wie das alte Mißtrauen gegen das Verdinglichte und Verhärtete der Institutionen propagandistisch dafür benutzt worden ist, der barbarischen Hierarchie Hitlers zur Macht zu verhelfen und damit ein Maß an Verhärtung und Volks- und Lebensverachtung zu erreichen, wie es kein Paragraph, kein junkerlicher Gerichtshof, keine parlamentarische Geschäftsordnung je besaß. Wir brauchen nichts von unserem Wissen darum zu vergessen, daß die Verfassungen, wie es auch in der Rede des Herrn Ministers anklang, allein nichts bedeuten, sondern des lebendigen Inhaltes bedürfen. Aber die Welt wird zur Hölle, wenn sie solcher Ordnungen wie der verfassungsrechtlichen sich entäußert. Dem, der als sogenannter politischer Verbrecher ohne Prozeß und Haftbefehl nachts aus der Wohnung geholt und Folterknechten überantwortet wird, erscheinen die sogenannten formalen Garantien keineswegs mehr als formal, ihre Mißachtung oder Geltung bedeutet Leben oder Tod. Im Zeitalter der totalitären Staaten, des univers concentrationaire, des Universums der Konzentrationslager, wie es der Franzose Rousset genannt hat, gilt uns die Welt der Verfassung nicht länger als eine Welt von befrackten Festrednern, von leerem Betrieb und spitzfindig legalistischen Kontroversen, sondern als die Zuflucht, in der uns noch zu atmen erlaubt ist. Was verdinglicht, institutionell scheint, kann zur einzigen Rettung gerade des Menschlichen werden. Ob die Verfassung sich mit echt demokratischem Geist erfüllt und nicht ein bloßer Rahmen bleibt, in dem abermals was stark ist siegt und schließlich die blinde Gewalt sich durchsetzt, hängt auch davon ab, ob eben dies, das Recht als Zuflucht in der vom Terror bedrohten Welt, den Menschen recht zum Bewußtsein kommt.

Es fehlt nicht an Anzeichen dafür, daß das Verhältnis des deutschen Volkes zu seiner demokratischen Verfassung sich günstiger gestalten kann, als es nach dem Zusammenbruch von 1918 der Fall war. Die mangelnde Beziehung des deutschen Volkes zur Verfassung hing ja damit zusammen, daß Deutschland zur Zeit des Aufschwungs der parlamentarischen Demokratie an dieser keinen Teil hatte, und daß sie den Deutschen erst in einer Zeit zufiel, in der die zwischenstaatlichen Beziehungen sowohl wie die innere wirtschaftliche Entwicklung – Soziologen wie Michels haben dies wohl erkannt – einer Krise des Parlamentarismus zustrebten. Wenn es möglich wäre zu analysieren, warum die in vieler Hinsicht so vorbildliche Verfassung von Hugo Preuß niemals recht populär wurde, so würde man vermutlich darauf stoßen, daß nach 1918 die Deutschen es ganz ohne Ironie als natürlich ansahen, daß parlamentarische Einrichtungen bloß zur Fassade gehörten und das Schicksal des Volkes in Wirklichkeit durch die großen außenpolitischen Konstellationen und die wirtschaftlich einflußreichen Gruppen entschieden würden. Die Tradition der sogenannten Wilhelminischen Realpolitik hat in Deutschland den Parlamentarismus nie richtig aufkommen lassen, schon ehe der wahnwitzige Realismus Hitlers ihn dann wegfegte. Die Überwindung der unseligen Distanz zum Politischen hängt in Deutschland davon ab, daß auf Grund der wirklichen Lage auch hier die Verfassungsidee ähnlich zu einer realen Macht wird, wie sie es in den westlichen Ländern seit Jahrhunderten ist, mit anderen Worten, wenn die unmittelbaren Interessen des Volkes sich an die Verfassung und den Geist der Demokratie heften. Eines dieser Interessen ist offenbar: das Bedürfnis nach Schutz vor der Rückkehr des finsteren Grauens der Despotie. Der blinden Machtpolitik Einhalt zu tun, ist zum Anliegen der Selbsterhaltung des Volkes geworden, und damit tritt jede Art von vernünftigen Rechtsgarantien aus dem Bereich bloßer Ideologie heraus und wird zur, fast könnte man sagen, materiellen Notwendigkeit. Ebenso hat die finstere Brüderschaft zwischen manchen Sektoren der wirtschaftlichen Großinteressenten in Deutschland und den Nazis den Menschen sich doch tief eingeprägt. Wer die Erforschung der öffentlichen Meinung sich zur wissenschaftlichen Aufgabe gesetzt hat, stößt im Volke immer wieder auf Äußerungen wie die, der kleine Mann sei vom Nationalsozialismus betrogen worden zugunsten ökonomischer Cliquen. Die Hoffnung auf die Einheit mit Europa und dem ganzen Westen ist weit stärker, als es oft nach außenhin erscheint, und das Mißtrauen gegen Vorgänge wie sie über die Ära der Notverordnungen, den preußischen Staatsstreich und die Schleicher-Diktatur ins Dritte Reich führten, außerordentlich. Wenn es gelingt, dem Volk in seiner Breite die historisch-gesellschaftlichen Zusammenhänge unverschleiert klar zu machen, dann wird es in einer arbeitsfähigen Demokratie, wie sie durch die Verfassung ermöglicht ist, einen wirksamen Schutz gegen abermalige Katastrophenpolitik erkennen.

Indem der Staat die Freiheit sichert, durch politische und soziale Aktivität wie durch rückhaltlose Verbreitung der Wahrheit, sichert er auch sich selbst. Nicht ob der Staat viel oder wenig ums soziale Leben sich kümmert – diese ganze Kontroverse geht an der Hauptsache vorbei –, sondern wie weit er in all seinem Tun von der Gesamtheit seiner Bürger lebendig kontrolliert wird, entscheidet über die Freiheit. Die Regierung darf sich nicht alles erst abfordern lassen, dann wird das Volk auch die Aufsicht führen, ohne die sie nicht gedeihen kann. »Unser System wird versagen«, hat der Präsident des mächtigsten demokratischen Reiches der Gegenwart zu Beginn dieses Jahres erklärt (State of the Union Message, Jan. 4, 1950), »wenn unser Volk nicht gesund ist, eine gute Erziehung genießt, und Vertrauen in die Zukunft besitzt. Es wird versagen, wenn nicht alle Bürger ganz an unserem nationalen Leben teilnehmen können. Bei der Verwirklichung dieser Aufgaben hat die Regierung eine besondere Verantwortung in der Schaffung und Aufrechterhaltung der Bedingungen, die das größtmögliche Wachstum gestalten. Zu oberst unter diesen Bedingungen ist das Bedürfnis einer gerechten Verteilung des ansteigenden Reichtums unter alle die Gruppen unserer Bevölkerung, die dazu helfen, ihn hervorzubringen: Arbeit, Handel und Landwirtschaft«.

Wenn der Mann auf der Straße hier in Deutschland das Wort Politik hört, denkt er häufig nur an die Außenpolitik oder an die Regierung. Er übersieht, daß er selbst auch, von den Wahltagen abgesehen, auf die Regierung einen Einfluß üben kann. Es ist ja einer der Unterschiede zwischen Demokratie und Diktatur, daß der einzelne, Mann oder Frau, die Möglichkeit hat, sich ohne Furcht mit anderen zu beraten, vernünftig und zielbewußt seine Ansicht in kleinen und großen Fragen zu formen, und zu versuchen, ihr auf verschiedenartige friedliche Weisen zu Geltung und Macht zu verhelfen. Die Meinung nicht bloß des ganzen Landes sondern auch einzelner lokaler, weltanschaulicher, beruflicher Gruppen kann fortlaufend und über zahllose Kanäle einen freilich durch gesellschaftliche Grenzen weitgehend bestimmten Druck auf die Entschließungen der Regierung ausüben. Der Wahltag ist gleichsam nur die Probe aufs Exempel. Die Betätigung der formalen Freiheit, die von gesellschaftlichen Kräften getragen wird, besteht nicht in isolierten Akten, sondern in der wachen Spontaneität der einzelnen und ihrer Zusammenschlüsse.

Die irreführende Idee, daß politisch das Individuum unmittelbar dem Staat gegenüberstehe, hat das ambivalente, zwiespältige Verhältnis zur Folge, das für viele Kreise, ja für große Massen charakteristisch ist. Da sie sich hilflos fühlen, schwankt ihre Beziehung zwischen Liebe und Haß, passiver Unterordnung und rebellischer Abkehr. Die politische Gesinnung dagegen, wie sie sich bei den westlichen Völkern aus dem Kampf gegen den absoluten Staat der Vergangenheit ergab, besteht gerade im Bewußtsein der Selbständigkeit der Bürger gegen den Staat, ja gegen institutionalisierte Autorität überhaupt. Wo immer politisches und gesellschaftliches Denken sich entfaltet hat, enthält es den Kern, daß die Härte der Bürger gegen den guten Staat seine eigene Lebensbedingung ist. Aus dieser Härte und der mit ihr verknüpften Wachsamkeit, aus dem Willen, über die eigenen Rechte und die Tätigkeit des Staates zu wachen, und sich nicht so leicht zu fügen, folgt dann die Verantwortung des Bürgers für die Regierung, auch wenn die eigene Partei nicht ausschlaggebend ist. Es gehört zur Freiheit, daß die vielen Kräfte aneinander sich abmühen, und wenn die eigene Partei im Hintertreffen ist, so liegt es nach bürgerlicher Gesinnung nicht weniger an mangelnder Energie oder sachlichen Fehlern wie an übermächtigen Verhältnissen. Wo in die Kritik an der Regierung nicht auch Selbstkritik, in die Wut nicht auch Scham eingeht, ist es noch schlecht um die Freiheit bestellt.

Wie aber können wir die Gesinnung, um die es hier geht, in der Jugend erzeugen, wie den Mut wecken, der zur Verteidigung dessen, was wir an Freiheit besitzen, nach innen wie nach außen notwendig ist? Ich habe bereits angedeutet, wie ernst sich der Gesellschaftsphilosophie die Gefahren darstellen, die aus den Strukturveränderungen der nationalen Wirtschaft wie aus der internationalen Situation für die Entwicklungsmöglichkeit unabhängig denkender Menschen hervorgehen. Trotz aller günstigen Anzeichen, die man gewiß nicht unterschätzen sollte, können wir uns keine Illusionen machen. Die Zeit ist der Herausbildung von Menschen, die mit anderen sich identifizieren und doch der Macht widerstehen können, nicht hold. Daß ich unter allen praktischen Fragen, die an unsere Erwägungen sich anschließen, gerade die pädagogische herausgreife, mögen Sie dem Lehrer verzeihen, der es sich zur Aufgabe setzt, den Willen zur Freiheit und Humanität zu dienen, den er in der Jugend und in überreichem Maße gerade in der deutschen Jugend, zu erblicken vermeint. Die Erziehung, so weit der Staat einen direkten Einfluß auf sie üben kann, hat auch in dieser Zeit der Not, wo unmittelbarere Bedürfnisse so stark sich geltend machen, Priorität. In diesem Kreis weiß ich mich der Zustimmung sicher, daß in der allgemeinsten Schule, in der Volksschule, wir die Qualität des Unterrichtes mit allen Kräften ständig noch zu heben versuchen müssen. »Unser System wird versagen, wenn unser Volk ... nicht eine gute Erziehung genießt.« Dabei kommt es nicht einzig auf spezifische politische Inhalte, politische Geschichte und Verfassung an, wenn auch sie gewiß ihre wesentliche Rolle spielen müssen. Wir sind der Hessischen Regierung dankbar, daß sie um diese Dinge eindringlich sich bemüht. So entscheidend wie der Inhalt ist die Weise des Lehrens. Wenn schon das Elternhaus dem Druck des Wirtschaftslebens kaum widerstehen kann, so ist die innere Freiheit, der geistige Rang, die Einfühlungskraft und Humanität des Lehrers um so unentbehrlicher für die Entfaltung dieser Qualitäten in seinem Schüler. Das Maß aber, in dem sie im Volk sich ausbreiten, ist das Maß der Festigkeit der Demokratie.

Wenn wir die Entmenschlichung und den Zerfall der Kultur, zu deren Verteidigung wir doch aufgerufen sind, in der Volksschule aufhalten müssen, so gilt das erst recht von der höchsten Schule, der Universität. Hier werden die Lehrer gebildet, bei denen die anderen lernen sollen, hier reifen die Politiker heran, die einmal der Gesellschaft dienen werden. Sie bedarf in dieser Zeit des Aufbaus des stärksten Schutzes. Das sokratische Wort, daß Wissen und Tugend identisch seien, schließt vielfältige Probleme ein, sicher aber ist Unwissen häufig die Ursache von unbewußter Angst und Aggressivität. Ein einziger autoritär-sadistischer Lehrer an einer Schule, mag er auch noch so viel von Liebe und Duldung reden, kann zahllose Schüler verderben, und Inferioritätsgefühle – seien sie intellektueller oder persönlicher Art – bilden nicht selten den Kern dieses Charaktertyps. Daß auf der Universität den künftigen Lehrern die modernsten Errungenschaften auf allen Gebieten, nicht bloß auf den unmittelbar nützlichen, sondern auch auf den rein bildungsmäßigen zur Verfügung stehen, und von ihr auf das gesamte Erziehungswesen ausstrahlen, ist, wie ich glaube, eine wichtige Voraussetzung für die Erstarkung der Demokratie. Ich bin mir dabei des Notstandes, unter dem wir leiden, wohl bewußt. Aber vielleicht, wenn mir dies zu sagen erlaubt ist, kommt es neben dem Geld auch auf die gemeinsame Entschlußkraft aller Beteiligten an, wenigstens an einer Stelle für die Zukunft das Beste zu tun, damit es in der Welt nicht vollends kalt wird. Daß wir viel von Kultur hören, darf uns nicht darüber täuschen, daß sie von innen nicht weniger als von außen entschieden bedroht ist.

Zu den Gegenständen, die auf der Universität und schließlich in allen Bildungsanstalten ihre Lehrstätte finden müssen, gehört auch das Wissen von der Gesellschaft als der konkreten menschlichen Existenz. Wenn wir die Aufgabe des Politikers nicht bloß im abgelösten Bezirk staatlicher Leistungen, sondern im Dienst und in der Förderung des gesamtmenschlichen Daseins sehen, so bedarf er und nicht weniger der Staatsbürger einer Kenntnis der gesellschaftlichen Lebensvorgänge. Wie in früheren Jahrhunderten der Fanatismus und Aberglaube in Dingen des Himmels und der Erde mit der Entwicklung rationalen Denkens über die Natur mit moderner mathematischer und physikalischer Wissenschaft verschwand, weil der Fanatismus im Grunde immer aus dem Gefühl der Ohnmacht stammt, so beruht der Fanatismus in politischen Dingen heute nicht zuletzt auf dem Mangel an gesellschaftlicher Einsicht. Wer die vielfältigen sozialen Verhältnisse erfahren hat, aus denen die verschiedenen politischen Vorstellungen, ja auch die politische Borniertheit, hervorgehen, wer Motive und Tricks der Demagogen bis ins einzelne durchschaut, wer die verschiedenen Bedingungen des Lebens in Stadt und Land, die Ungleichzeitigkeiten des Bewußtseins hier und dort, die Daseinsbedingungen der Minderheiten im eigenen Volk und der Mehrheiten in anderen so in sich aufnimmt, wie wir die elementaren Kenntnisse in anderen Wissenschaften aufnehmen, der wird wahrscheinlich dem Geschehen rationaler und gewappneter gegenüberstehen. Er wird als Politiker dem Ganzen besser dienen und als Staatsbürger fester sein als der sozial Naive. Das Leben des Allgemeinen wird ihm nicht bloß ein Spiel feindlicher und konkurrierender Parteien bedeuten, sondern die Produktion und Reproduktion des Ganzen, das auch ihn selber als Individuum bestimmt und in das er tagtäglich mit jedem seiner Akte, auch der egoistischsten, unlöslich verflochten ist. Im Gegensatz zu manch einer noch immer in Deutschland herrschenden Ideologie, die so familiär mit dem Tode, dem Untergang und dem Heroismus umgeht, und dabei den Mangel an Zivilcourage gleichsam als Existenzial in ihrer eigenen Geschichte bewährte, wird er die Bedingungen einer größeren Wohlfahrt und eines glücklicheren Daseins für alle als seine eigene Sache ansehen lernen. Das ist, wie ich meine, eine pädagogische Verpflichtung des Staates, wie er in der Verfassung umrissen ist.

In den politischen Lehren des Nikolaus von Cues, die ich zu Beginn erwähnte, war schon die Idee enthalten, daß allen Religionen und Nationen, dem Polytheismus und Theismus wie auch dem römischen und griechischen Christentum und allen philosophischen Systemen Wahrheit einwohne, daß keines allein das Unendliche bestimmen könne. Die Toleranz stammt aus der Einsicht. Er konnte sie in seiner Zeit, die in mancher Hinsicht der unseren gar nicht so unähnlich war — man denke an die Eroberung Konstantinopels — verkünden, weil er das gesamte Wissen auf allen Gebieten der damaligen Kultur verkörperte und weitertrieb. Die Wissenschaft der Politik ist überhaupt aus der Tendenz groß geworden, hinter den feindlichen Religionen die geschichtlichen Mechanismen zu erkennen, die tiefer lagen als ihr Zwist.

Und aus diesem tieferen politischen Wissen ging die religiöse Duldung hervor. Wenn wir heute uns um die Vertiefung und Verbreitung des Wissens um Soziales bemühen, das wiederum dem Politischen zugrunde liegt, so hoffen wir, daß diese Einsicht helfen wird, ihrerseits nicht wenige der politischen Schäden zu heilen, an denen die Gegenwart krankt.

Invarianz und Dynamik
in der Lehre von der Gesellschaft

In einer jüngst erschienenen Arbeit über den Sozialwissenschaftler in Amerika schrieben die beiden Soziologen Robert Merton und Daniel Lerner: »Die Europäer ersinnen, erdenken (imagine), die Amerikaner betrachten. Die Amerikaner durchforschen die unmittelbare Wirklichkeit, die Europäer machen Entwürfe großer Tragweite.« Die Autoren, beide gute Kenner der gegenwärtigen Soziologie, sind sich zweifellos bewußt, daß die Frage komplexer ist, als es nach diesen Sätzen klingt, vor allem, da gerade in den letzten Jahren die Betrachtungsweisen entschieden sich genähert haben. Trotzdem war vielleicht nicht überflüssig, was der französische Herausgeber (Raymond Aron) dazu bemerkte. Auch die Beschränkung auf einfache Fragen und die Anwendung einer komplizierten Methodik, so meint er, sei kein Garant für die Gültigkeit der Ergebnisse. Es gebe elementare Analysen, die trotz aller Sorgfalt und Anstrengung vieldeutig bleiben, und andererseits theoretische Konzeptionen, die bei aller Offenheit für künftige Erfahrung Strenge besitzen. Weder sei die positivistische Bescheidenheit sicherer Schutz gegen Irrtum, noch die philosophische Ambition Respektlosigkeit gegen die Wahrheit.

Mein Vorhaben freilich, in wenigen Bemerkungen vor einem Kreise wie diesem das Thema, das mir gestellt ist, auch nur anzurühren, liegt – so fürchte ich – beiden entgegengesetzten Bedenken, die in jener Kontroverse sich geltend machen, weit offen, dem Vorwurf unklarer Oberflächlichkeit nicht weniger als dem losgelassener Spekulation. Ich vereinige sozusagen die Nachteile der beiden Traditionen. Und eben weil ich mir bewußt bin, daß es in dieser Lage keinen Ausweg gibt, so bitte ich Sie, mir zu vergeben, wenn ich ohne methodologische Skrupel und in zugespitzter Form einige Gedanken präsentiere, die mir im Hinblick auf die soziologische Theorie wie auf die gegenwärtige Lage der Gesellschaft gekommen sind.

Ich nehme die Begriffe fast in populärer Bedeutung auf. In seiner Einführung in die Soziologie bemerkt Professor Bouman[1], man könne alles Gruppenleben in die Formel K + V zusammenfassen, nämlich Konstante und Variable. Wenn wir als Konstante nicht so sehr die reinen Formen des sozialen Prozesses meinen, sondern konkretere Bestimmungen, so pflegt man einerseits an Ordnungen zu denken, die für die bisherige Gesellschaft kennzeichnend waren, wie Familie, Stand, Klasse oder Staat, und zum anderen an Begriffe, die unmittelbar aus der menschlichen Natur fließen sollen, etwa Tausch und Eigentum. Von ihnen pflegt man als die Variablen die Gestalten zu unterscheiden, die sie in den einzelnen Perioden angenommen haben, gleichsam ihre historischen Erscheinungsweisen: beim Eigentum etwa den feudalen Grundbesitz und das Kapital, beim Tausch den Jahrmarkt und die Börse.

War jedoch in solcher Unterscheidung von Konstanten und Variablen seit ihrem Ursprung ein Moment enthalten, das nicht ganz in Wissenschaft aufzulösen ist, so scheint heute der Gegensatz durch das Tempo der Entwicklung überholt. Die Konstanten werden von den Variablen, die Invarianz von der Dynamik gleichsam aufgesogen. Die Veränderung triumphiert. Der rapide Wechsel, in dem die Konstanten zu verschwinden scheinen, ist seit der Herrschaft des historischen Relativismus der zwanziger Jahre, die sie grundsätzlich in Frage stellte, noch umfassender geworden; dafür ist das Aufsteigen der neuen Metaphysik, die Max Scheler angesichts der geistigen Lage damals angekündigt hatte[2], zwar erfolgt, aber sie hat nichts an der tiefen Desorientierung ändern können, die sie zu kompensieren suchte. Der Grund für den Erfolg der Heideggerschen Existentialontologie lag, wenn ich nicht irre, gerade darin, daß sie die Aussichtslosigkeit, die Verlassenheit, das leere Vorlaufen in den Tod zum Wesen erklärte und die Sinnlosigkeit, vor der die Jugend schauderte, durch ihre feierliche Sprache zum Sinn erhob. Anstatt der Konstanten, die das Maß gebildet hätten, erschien das Existenzial, das heißt die Sorge und die Angst. Die Menschen fühlten sich in ihrer Verzweiflung bestätigt, indem die Philosophie zu dem ermutigte, was man ohnehin empfand. Der Existentialismus macht das Fehlen der Konstante zur Konstanten selbst und erweist sich dadurch in der Tat als echter Ausdruck seiner Zeit.

Man braucht nur an einige Veränderungen zu erinnern, die Europa seit hundert Jahren durchlaufen hat, um zu begreifen, wie schwer der Glaube an die Ordnung wird. Denken wir zuerst an die politische Verfassung des Kontinents. Ein Historiker[3] hat jüngst darauf verwiesen, daß 1850 die Idee der »Balance of Power« in Europa noch ein System bedeutete, durch das territoriale Veränderungen vorgenommen werden konnten, ohne daß die Mächte in besondere Erregung kamen, ein System der Übereinkunft souveräner Staaten. 1880 schon bedeutete dasselbe Wort das Verhältnis zweier feindlicher Mächtegruppen. Hatte seit dem Niedergang Bonapartes, des ersten modernen nationalistischen Eroberers, bis 1850 kein Krieg stattgefunden, in den zwei größere Mächte verwickelt waren, so fanden allein von 1850 bis 1870 vier solche Kriege statt (Krimkrieg, Frankreich gegen Österreich in Italien 1859, Preußen gegen Österreich 1866 und Preußen gegen Frankreich 1870). Nachher stand der Nationalismus schon in Blüte. Es schien, der Krieg rentierte sich. Die neuen Staaten, Italien und Deutschland, erhielten straffe militärische Institutionen, und die anderen blieben nicht zurück. Den politischen Veränderungen lag die industrielle Revolution zugrunde. Nach den umstürzenden Veränderungen menschlicher Beziehungen durch Dampfmaschine und Eisenbahn kam die gewaltige Entwicklung der Elektrizität, das Telefon, das Auto und das Flugzeug und schließlich heute die Atomenergie. Es sind immer neue Getriebe, und selbst die elementarste Form der menschlichen Verhältnisse bleibt davon nicht unberührt. Die soziale Unsicherheit, die zur Massenauswanderung aus Europa trieb, das ungeheure Anwachsen der Bevölkerung trotz der Auswanderung (sie stieg allein in Europa von 251 Millionen im Jahre 1840 auf 543 Millionen im Jahre 1947), all dies veränderte das Antlitz des Kontinents. Dringen wir weiter in die Tiefe der gesellschaftlichen Veränderungen, so finden wir, ebenfalls in den letzten Jahrzehnten des vorigen Jahrhunderts, den Umschlag vom Liberalismus des Geschäftsmannes in die positive Beziehung des modernen großen Industriellen zum starken Staat. Gehörte früher die Schwäche des Staates, politischer, ja kirchlicher Organisationen zu den Postulaten des Bürgertums, ebenso wie eine kritische Haltung gegenüber jeglicher Autorität zu seinen Wesenszügen, so wird die Nützlichkeit der Regierung gegen Konkurrenten innen und außen entdeckt. Die Krisen einerseits, und der Aufstieg der Gewerkschaft und des Sozialismus andererseits, besiegelten das Bündnis von Industrie und großer Landwirtschaft untereinander und mit der staatlichen Gewalt[4].

All dies, so werden Sie denken, rührt noch keineswegs an die Konstanten und gewiß nicht ans menschliche Wesen, das bei vielen Denkern, wenn nicht als deren Quelle, so doch als ihre Voraussetzung erscheint. Doch lassen Sie uns zunächst an so zentrale Kategorien wie Tausch und Selbstbewußtsein denken. Der Übergang des Geschäftsmannes von der liberalen zur konservativen und nationalistischen Gesinnung geht mit dem tieferen Vorgang des Schwindens oder wenigstens der Begrenzung des freien Marktes einher. War früher die Schicht der relativ selbständigen Unternehmer, der zahlreichen Wirtschaftssubjekte, die selber und auf eigene Verantwortung planten und handelten, für die Gesellschaft kennzeichnend, so ist inzwischen der Angestellte der charakteristische Typus. Das weit ausschauende Vorhersehen, der Horizont, der aus dem ererbten und zur Vererbung bestimmten Unternehmen sich ergibt, verengert sich. Die Beziehung zwischen Menschen wird bei aller Beibehaltung von Tauschvorgängen wesentlich zur Beziehung von Funktionären. Der andere ist nicht mehr einer, der wie ich selbst und ungezählte andere durch seine wirtschaftlichen Entschlüsse die Gesellschaft in Gang hält; er ist nicht so sehr der Partner eines Tausches als eine ersetzbare Funktion. Auch das Verhältnis des einzelnen als Konsument zum Verkäufer erfährt wichtige Änderungen. Er erlebt den Verkäufer in steigendem Maße nicht als den Händler, der ihn braucht, sondern als Vertreter einer machtvollen Organisation. Der Konsument kann zum anderen Konzern gehen; aber große Unterschiede bestehen nicht, und kaufen muß er schließlich doch. Es ist weniger ein Tausch als ein Vollzug einer auferlegten Verpflichtung. Der Kaufakt ähnelt sich dem Vollzug der Tätigkeiten im Betriebe an, wie die Ausfüllung der sogenannten Freizeit der Arbeit in Büro und Fabrik. Die Veränderung, die das bürgerliche Selbstbewußtsein in solchem Prozeß erfährt, ist offenbar. Das Ich wird in seinen entscheidendsten Komponenten getroffen. Was man einmal transzendentale Faktoren genannt hat: Erinnerung, Vorausschau, Integration der Erfahrung im umfassenden Bewußtsein, wird affiziert. In der Substanz des Menschen selbst vollziehen sich Verschiebungen. Auch Begriffe wie Haltung, Motiv, Persönlichkeit, Grundbegriffe der Soziologie, sind betroffen.

Die Größe der Veränderungen hat seit langem die Idee ausgehöhlt; in deren Zeichen sie zuletzt gedeutet worden waren: die des Fortschritts. Indem die Gesellschaft einem Zustand sich nähert, in dem sie einer immer größeren Anzahl von Menschen ein menschliches Leben bieten kann, scheint ihr der Mensch selbst verloren zu gehen. Die liberalistische Welt weicht nicht nur der konservativen, nationalistischen; sie droht, der totalitären Platz zu machen. Die Brechung des autonomen Individuums in den Militärdiktaturen der industriell unentfalteten Länder zwingt die entfalteten selbst zu immer strafferer Organisation. Daß die Produktion von Destruktionsmitteln unentrinnbar eine immer entscheidendere Rolle im Haushalt auch der friedlichen Völker spielen muß, ist nur ein Moment. Angesichts der internationalen Spannung zwingt die Entwicklung der Technik auch die friedlichen Länder zur Entfaltung der staatlichen Zwangsgewalten. Wenn die Atomwaffe sich so entwickeln kann, daß auf den Anschlag eines einzelnen eine Stadt explodiert, dann wird jeder einzelne gefährlich und jede Abweichung zum Verdachtsmoment. Das Gewicht des manipulierten Kollektivs wächst ins Unendliche gegenüber dem individuellen Subjekt. Das Zusammenspiel von Kriegstechnik und Politik vollendet, was durch die Eigengesetze der Gesellschaft dem Individuum widerfährt.

Wenn der Psychotechniker des Betriebs, den uns Georges Friedmann in seinem neuesten Buch[5] vorstellt, erklärt, daß die Arbeiterinnen, welche die Tests zu gut bestehen, das heißt die aufgeweckten, intelligenten, gerade die unbrauchbaren seien, die er abweist – dabei handelt es sich um eine belgische Präzisionsgerätefabrik! –, so zeigt das, in welche Richtung wenigstens ein Teil moderner Maschinerie den Menschen zu drängen strebt. Man braucht stereotype Menschen, »des stéréotypés«, das heißt Menschen ohne geistige Spontaneität. Schlägt man diesen dann, nachdem sie eine Weile im Betrieb sind, auch nur eine Veränderung der Arbeit vor, so haben sie – nach dem Friedmannschen

Psychotechniker – kein Interesse daran; sie wollen und können nicht anders. Der alte Ruf nach Abwechslung zur Steigerung der Arbeitsfreude stimmt schon nicht mehr ganz. So sehr ist die Anthropologie in Fluß gekommen. Die Stereotypie des Arbeiters, bei aller Erhöhung der Löhne und Verkürzung der Arbeitszeit, entspricht dem Verlust der Unabhängigkeit in der Sphäre der Unternehmer. »Die Freiheit der Arbeit«, heißt es bei Friedmann im Anschluß an eine Analyse der modernen Industrie durch James Gillespie[6], »nimmt ab mit dem Raffinement der Teilung der Aufgaben und der Rationalisierung.«

Gerade hier aber, in der äußersten Negation, in dem, was der Mensch zu verlieren droht, erscheint er schließlich als das, was er ist. Seine Freiheit, das eigentlich Menschliche, liegt in der Kraft, nicht stereotyp zu werden, sondern das Neue zu erfahren, das zu wollen, was nicht je schon ist, das nicht bloß Bestehende und Seiende, das andere. Diese Fähigkeit, und das sagt nicht weniger als: der Mensch selbst als Subjekt der Geschichte, der Mensch, der über sich hinaus will, steht in Gefahr. Zugleich mit der äußeren Katastrophe, der Gefahr der Vernichtung, der die ganze Menschheit sich ausgesetzt findet, besteht diese innere, ans Wesen greifende, den Kern annagende Krankheit.

Wenn aber dem so ist, dann sind all die Veränderungen, die einander jagen, die rapide Umgestaltung aller Verhältnisse, in der die Konstanten verschwinden, gar nicht wahre Veränderungen. Sie stellen vielmehr einen bloßen Wechsel dar, eine Folge gleichsam rein natürlicher Begebenheiten, denn echte Veränderung, Geschichte im eigentlichen Sinne, setzt Menschen voraus, die sich gegen die Macht des Bekannten, ewig sich Wiederholenden auch wehren können. Dynamik, der bloße Wechsel, fällt mit der ewigen Gleichheit zusammen. Alles ist konstant, soweit die Menschen ihrer eigenen Gesellschaft gegenüber unfrei sind, sich von den Verhältnissen beherrschen lassen, anstatt ihre eigenen Geschicke zu gestalten.

Wenn aber das Negative so klar als Negatives erkennbar ist, dann ist die Lage nicht bloß ein Verhängnis. In eben dem geschichtlichen Augenblick, in dem der Mensch sich selbst zu verlieren in der höchsten Gefahr steht, ist geistig wie materiell das Positive unendlich nahe. Was das Materielle angeht, so liegt der Tatbestand offen vor Augen. Die Voraussetzungen zur menschlichen Einrichtung der Erde haben sich erfüllt. Die Propagandisten der Knappheit sind widerlegt. Es hat sich im letzten Jahrzehnt ein neuer Malthusianismus angemeldet, der das schlechte Verhältnis zwischen den Ertragsmöglichkeiten der Erde und dem äußerst raschen Wachstum ihrer Bevölkerung vor Augen führt. Er war schon von Comte, dem Theoretiker des Fortschritts, vorweggenommen. »Man könnte sich«, so sagt er, »die Verdichtung der Bevölkerung übertrieben genug vorstellen, um der Erhaltung der menschlichen

Existenz sogar unüberwindliche Schwierigkeiten zu bieten, durch welche klugen Kunstgriffe man ihre Konsequenzen auch zu umgehen trachten möge[7].« Aber Comte, in diesen Einzelheiten scharfsinniger als bei Aufstellung seiner allgemeinen Theorien, hat die Möglichkeit nicht ernst genommen. Nicht sie ist die Drohung. Nach Burgdörfer[8] wachsen der Erdbevölkerung täglich 78 000 Menschen zu, also jährlich 25 Millionen. Richtig ist ferner, daß in weitem Umfang an der Erde Raubbau getrieben wird. Die Befürchtungen der Neo-Malthusianer in bezug auf die Schnelligkeit der Bevölkerungszunahme müssen sich als ebenso phantastisch übertrieben erweisen wie diejenigen von Malthus selbst, der angenommen hatte, daß sich die Zahl der Erdbewohner alle 25 Jahre verdoppelt. Das hätte nach 150 Jahren eine Erdbevölkerung von 55 Milliarden Menschen ergeben, während sie sich tatsächlich heute erst auf 2,3 Milliarden beziffert[9]. Man hat in den zwanziger Jahren Studien darüber gemacht, wieviel Milliarden Menschen die Erde *unter der Voraussetzung gleichbleibender Wirtschaftstechnik und gleichbleibender Lebenshaltung* ernähren könne und ist zu einer Ziffer von 8 Milliarden, höchstens 16 Milliarden, gelangt[10], so daß selbst unter den eben genannten Voraussetzungen noch ein recht großer Spielraum bleibt; wächst doch die Erdbevölkerung in den letzten 50 Jahren im Durchschnitt nur um nicht ganz 1 Prozent pro Jahr.

Abgesehen jedoch von dem Umstand, daß auch im Hinblick auf den Raubbau der Erde und die ungehemmte Bevölkerungszunahme in den zurückgebliebeneren Gebieten Einsicht und Gegenmittel wuchsen, ganz wie im Hinblick auf die Prozesse der Degradierung, von denen oben die Rede war, wird selbst in diesen beruhigenderen Berechnungen das phantastische Wachsen der gesellschaftlichen Kräfte weit unterschätzt. Sie alle kennen die jüngste Geschichte der Erfindungen, durch die das Malthusianische Mißverhältnis auch heute mehr als ausgeglichen werden kann. Die Entwicklung der Naturwissenschaften macht die Menschen mehr und mehr von den natürlichen Roh- und Treibstoffen unabhängig. Die letzte große Erfindung auf diesem Gebiet ist die synthetische Herstellung der Wolle, die nach einer jüngsten Mitteilung, ähnlich wie andere synthetische Rohmaterialien, nicht nur billiger, sondern besser als die echte hergestellt werden kann[11]. Verantwortliche Naturwissenschaftler nehmen an, daß man in den nächsten Jahrzehnten lernen wird, fast alle gewöhnlichen Chemikalien aus Kohlenmonoxydgas und Wasserstoff herzustellen und Meerwasser mit Hilfe billiger Kraft so zu bearbeiten, daß die riesenhaften Wüstengebiete der Erde für den Nahrungsmittelanbau verfügbar werden. James Bryant Conant, der Präsident der Havard University, hat auf der 75. Jahrestagung der American Chemical Society[12] auf diese Möglichkeiten hingewiesen. Aus den vielen für das neo-malthusianische Problem bedeutsamen Aussagen, die er auf derselben Tagung gemacht hat, greife ich nur noch zwei heraus. Conant erklärte, daß in einem Jahrzehnt die Biochemiker soweit seien, auf Grund harmloser Nahrungszusätze – und dadurch allein – die Geburtenziffern zu kontrollieren, und daß am Ende des Jahrhunderts die Sonnenenergie den herrschenden Faktor in der Produktion industrieller Kraft darstellen werde. Die kühnsten, vielleicht auch die bedenklichsten Träume der Phantasie können in Erfüllung gehen. Gewiß ist, daß die Natur beim erreichten Stand der Kräfte dem Menschen keine Ordnung aufzwingt, in der nicht noch weit größere Massen auf der Erde physisch existieren können.

Daß sie auch geistig existieren und ihre höchsten Fähigkeiten nicht verkümmern lassen, daß sie sich nicht in gesellschaftliche und politische Situationen drängen lassen, in denen sie trotz aller Errungenschaften als Menschen zugrunde gehen, wenn sie sich nicht als Lebewesen zerstören, das ist die Frage, zu deren Lösung die gesellschaftliche Dynamik sie antreibt. Es ist nicht so, daß die geschichtlichen Prozesse ihnen zum Verhängnis werden müßten, während die Natur weit über alles Maß hinaus in ihrer Macht ist. Nur als unerkannte Natur, als blinde Notwendigkeit wirkt das Gesellschaftliche zerstörend. Es ist freilich wahr, daß wir den Preis des Fortschritts kennen müssen, die unheimlichen Folgen des Wechselspiels von Aufklärung, Technik, Industrie und Bevölkerungszahl, und daß der naive Optimismus des 19. Jahrhunderts dem Nietzscheschen Verdikt verfällt. Aber es geht nicht an, das Rad der Geschichte zurückzudrehen, die industrielle Entfaltung nach innen oder außen zu hemmen. Romantik ist ein Element des Unheils, vor dem sie fliehen will. Es gilt, die unbeherrschte gesellschaftliche Natur, den sozialen »Überorganismus«, dem Menschen dienstbar zu machen, nicht bloß die Erde, sondern jetzt auch die Gesellschaft zu durchdringen. Die Intensität und Ausbreitung gesellschaftlicher Erkenntnis scheint darum heute, soweit die Menschheit als ganze in Frage steht, so wichtig, wenn nicht wichtiger als der Fortschritt in der Beherrschung der umgebenden Natur.

In dieser Ansicht können nicht nur Positivisten und Rationalisten, sondern Dialektiker und Theologen zusammenstimmen. Das gilt selbst für die Scholastik, die doch wahrlich ihr Augenmerk nicht so sehr auf die Dynamik als auf Invarianz gerichtet hat. Romantik bildet ein ihr fremdes Element. Gewiß ist der Scholastik das ius naturale, das Naturrecht, unwandelbar. Die honestas humana hat ihre Norm in der stets identischen menschlichen Natur, der natura rationalis, durch die der Mensch, das animal rationale, Gottes Ebenbild ist. Familie, Staat, Ehe sind danach naturrechtliche Institutionen und daher in ihrem wesentlichen Gehalt unveränderlich. Wo aber, wie in der zerrissenen Welt der Gegenwart, Staaten und Menschheit im krassen Konflikt stehen, da weist weder eine Sozial- noch eine Individualethik den sicheren Wcg, da droht auch der Mensch zerrissen zu sein, und der Gedanke der glorificatio Dei, zu der die Menschheit sich vereinigen könnte, erscheint als bloße Utopie. Die Aufgabe, sie zu verwirklichen, kann nicht bloß in abstrakter Verinnerlichung, sondern muß in rationaler Arbeit geschehen, bei der Gesellschaftstheorie und Praxis ihre wichtige Rolle spielen. Der Drang nach Fortschritt, nach dem Ausgleich zwischen Statik und Dynamik, wird daher auch bei modernen scholastischen Theoretikern[13] im positiven Sinne eingeführt. Anpassung von Statik und Dynamik aber bedeutet heute, so scheint es mir, wie es immer sonst gemeint sein mag, die Anpassung der Gesellschaft an ihre eigenen, aufs äußerste angewachsenen Möglichkeiten. Wir dürfen nicht die Kräfte, die wir haben, die Naturbeherrschung, Industrie und alle fortgeschrittenen Produktionsmethoden, die Atomphysik und die medizinischen Entdeckungen, vergessen. Wir dürfen gar nichts vergessen, sondern müssen dazu, bei Strafe des Unterganges, auch die zweite Natur, die gesellschaftlichen Prozesse durchschauen und zum Guten lenken. Die Forschungen, die Leopold von Wiese über die Fortschritte und Folgen der modernen Kriegstechnik gefordert hat, sind nur ein Moment, wenn auch ein höchst wichtiges, in diesem Zusammenhang. Andere beziehen sich etwa auf den totalitären Menschentyp, den schwindenden Humanismus, die allgemeine Verdummung bei zunehmender Verschlagenheit.

Die Frage, wer sich der Erkenntnis angesichts der bedrohlichen Prozesse denn bedienen kann, da doch die Gesellschaft als Ganzes immer mehr davon ergriffen scheint, ist allzu mechanisch gestellt. Einmal gibt es in dem Teil der Welt, in dem noch Freiheit besteht, ein Kräftespiel, bei dem gesellschaftliche Einsicht selbst ein wesentlicher Faktor ist. Des weiteren vermögen wir als einzelne ohnehin nichts anderes als das, was wir verstehen, so gut wie möglich zu tun und es so streng wie möglich auszusprechen. Die Wirkung läßt sich a priori nie bestimmen. In der Lage, in der die Welt sich befindet, hat trotz allem das Wort vielleicht eine Bedeutung, die größer ist, als man im Zeitalter seines Verschleißes denken könnte. Nach der zunehmenden Heftigkeit, mit der es an manchen Orten verfolgt wird, möchte man es glauben. Trotz Propagandahypnose und allgegenwärtiger Geheimpolizei leben die Machthaber der totalitären Staaten in größerer Angst noch vor dem freien Wort als je ein Inquisitor. Aber ihre finstere Weisheit ist antiquiert. Sozial wie technisch ist so viel da, die Not ist so nahe daran, besiegt zu werden, daß die Hoffnung darauf, daß Erkenntnis die Menschen ergreift und die Erde einrichtet, heute kein Frevel ist.

Anmerkungen

[1] Pieter J. Bouman, Allgemeine Gesellschaftslehre, Dortmund 1947, S. 9.

[2] Scheler, Die Wissensformen und die Gesellschaft, Leipzig 1926, S. 175 ff.

[3] Binkley, vgl. Robert F. Byrnes, Antisemitism in Modern France, New Brunswick 1950, S. 4 ff.

[4] Vgl. Binkley, a.a.O.

[5] Georges Friedmann, Où Va Le Travail Humain, Paris 1950, S. 335.

[6] Friedmann, a.a.O., S. 355.

[7] Soziologie, Jena 1907, 1. Band, S. 468.

[8] Burgdörfer, Bevölkerungsdynamik und Bevölkerungsbilanz, München 1951, S. 114.

[9] Burgdörfer, a.a.O., S. 15 f.

[10] Burgdörfer, a.a.O., S. 27.

[11] »Economist«, September 22, 1951, S. 686.

[12] »New York Times« International Edition Supplement, September 9, 1951.

[13] Oswald von Nell-Breuning, Gesellschaftsordnung, Nürnberg 1947, S. 31.

Vorurteil und Charakter

Ein Bericht[1]

In New York ist in den Jahren 1949 und 1950 eine fünfbändige Buchreihe »Studien über Vorurteil«[2] erschienen, die das gegenwärtige Deutschland ernstlich angeht. Das gilt in doppeltem Sinne. Hauptgegenstand der ausgedehnten Forschungen, die darin zusammengefaßt werden, ist der Antisemitismus. Obwohl die Bücher sich nicht in erster Linie auf Europa beziehen, sind die gleichsam im Reagenzglas gewonnenen Einsichten bedeutsam vor allem für die Diagnose des Hasses, der auf einen Unterschied der Religion oder der Rasse zurückgeht. Zugleich aber sind die Bücher größtenteils das Werk emigrierter deutscher und österreichischer Gelehrter. Von den hier Berichtenden hat Max Horkheimer die Forschungsabteilung des »American Jewish Committee« organisiert und auch das Programm der Forschungen entworfen und ist dauernd mit ihnen verbunden gewesen; er zeichnet für die Reihe als erster Herausgeber. T. W. Adorno hat gemeinsam mit dem Psychologen Nevitt R. Sanford von der kalifornischen Staatsuniversität in Berkeley die Untersuchungen geleitet, deren Resultate in einem der Bände, dem umfangreichen Kollektivwerk »The Authoritarian Personality«[3], niedergelegt sind.

In dem Augenblick, in dem wir versuchen, in Deutschland zum Studium gesellschaftlicher Gegenstände das Unsere beizutragen, ist es wohl angebracht, wenn wir auf jene Gesichtspunkte der amerikanischen Arbeiten hinweisen, an die unsere deutschen Forschungen unmittelbar anknüpfen sollen.

Es handelt sich hier vor allem um Befunde, die – wie sich aus den Untersuchungen selbst ergeben hat – von besonderen wirtschaftlichen, politischen und vermutlich auch geographischen Bedingungen bis zu einem gewissen Grad unabhängig sind, nämlich die sozialpsychologischen Voraussetzungen des modernen totalitären Wahns und darüber hinaus des ethnischen und nationalistischen Vorurteils überhaupt. Im Mittelpunkt der Untersuchungen stand der Zusammenhang politischer Ideologien mit einer bestimmten psychologischen Beschaffenheit derer, die sie hegen. Dieser Zusammenhang, bislang nur auf einigermaßen vage, vermutungsmäßige Weise bekannt, ist nun eindeutig und unter der strengsten statistischen Kontrolle der modernen amerikanischen Sozialwissenschaft bewiesen. Entscheidendes hat sich ergeben über die psychologischen Mächte, die einen Menschen anfällig für die Reklame des Nationalsozialismus oder anderer totalitärer Ideologien machen.

Man kann von jetzt an mit Grund vom »autoritätsgebundenen Charakter« und seinem Gegensatz: dem freien, nicht blind an Autorität gebundenen Menschen, reden; mit Grund, weil diese Unterscheidung nicht länger auf die Ebene der bloßen Redeweise verwiesen bleibt, vielmehr ihre Gültigkeit in der Realität dargetan ist.

Wohlverstanden: es geht nicht etwa darum, das Auftreten totalitärer Systeme einfach psychologisch zu erklären. Die Gewalt solcher massenfeindlichen Massenbewegungen rührt von mächtigen politischen und wirtschaftlichen Interessen her, und ihre Anhänger, die sich nicht umsonst Gefolgschaft nennen, sind keineswegs ihre bestimmenden Träger. Dennoch bedürfen die Nutznießer jener Bewegungen in der modernen Massengesellschaft der Massen. Die Studien nun zeigen die unbewußten seelischen Bedingungen auf, unter denen Massen für eine Politik gewonnen werden können, die ihren eigenen vernünftigen Interessen entgegengesetzt ist. Die dafür anfälligen Charaktere sind selber das Produkt gesellschaftlicher Entwicklungen, wie etwa des Zerfalls des mittleren Eigentums. Mit solchen geschichtlichen Vorgängen ändert sich die Beschaffenheit der Menschen bis in ihre innerste Zusammensetzung hinein. Die Strukturwandlungen der Gesellschaft als eines Ganzen verwirklichen sich nicht bloß in einer eigenen Dynamik, die verhältnismäßig unabhängig von den einzelnen ist, sondern auch durch die einzelnen selber hindurch. Diesem Kräftespiel zwischen Gesellschaft und Einzelmensch gilt die Aufmerksamkeit der sozialpsychologischen Studien, von denen hier die Rede ist.

Entsprechend ist der Gesamtplan angelegt, soweit er sich auf sozialpsychologische Grundfragen bezieht. Einerseits werden die »Reize« herausgearbeitet und untersucht, mit denen Agitatoren, vor allem die bewußt völkischen, arbeiten, um Menschen einzufangen; dabei wird unterstellt, daß diese Reize recht genau den Neigungen und Verhaltensweisen jener psychologischen Typen entsprechen, die zur Gefolgschaft gewissermaßen vorherbestimmt sind. Andererseits sind zahlreiche Personen daraufhin untersucht worden, ob zwischen ihren allgemeinen politischen Ansichten, ihrer Stellung zu völkischen, sozialen und religiösen Minderheiten und ihrer persönlichen Struktur eine bestimmte Beziehung besteht, und, wenn ja, wie diese zu verstehen ist.

Was die Agitatoren anlangt, so wurden eine große Anzahl ins Einzelne gehender Untersuchungen (insbesondere von Radioreden und Broschüren) vorgenommen, die dann zu einer systematischen Behandlung der Technik der sogenannten »rabble rousers« führten, der kleinen Gruppe antisemitischer, mit Hitler offen sympathisierender amerikanischer Hetzapostel. Die Ergebnisse sind zusammengefaßt in dem Buch »Prophets of Deceit« von Leo Löwenthal und Norbert Guterman. Die auffallende Ähnlichkeit des hier ausgebreiteten Materials mit der Hitlerpropaganda ist wohl nur zum Teil auf deren Einfluß zurückzuführen. Gewiß ist dieser Einfluß in manchen politischen Parolen unverkennbar. Aber gerade was die psychologischen Zugmittel anlangt, so wird hier wie dort auf dieselben instinktmäßigen Grundlagen im Publikum spekuliert. Die rhetorischen Tricks sind überall gleich. Die Gleichförmigkeit des Materials ist derart, daß eigentlich an einer einzigen Rede alles sich entwickeln ließe, und nur das Gebot wissenschaftlicher Zuverlässigkeit, die Vorsicht gegenüber allzu schnellen Verallgemeinerungen machte es notwendig, Tausende von Flugblättern, Broschüren und aufgenommenen Reden heranzuziehen und sich durch den ganzen Wust von schlau auskalkuliertem Unsinn hindurchzuwühlen. Starres, klischeehaftes Denken und unablässige Wiederholung sind nun einmal Mittel der Reklame vom Stil Hitlers. Sie schleifen die Reaktionsweisen ab, verleihen den Plattheiten eine Art von Selbstverständlichkeit und setzen die Widerstände des kritischen Bewußtseins außer Kraft. So lassen sich denn aus all diesen Reden und Haßtraktätchen eine überaus geringe Anzahl stets wieder verwandter, standardisierter und mechanisch verbundener Tricks herauspräparieren, ganz ähnlich wie bei der Propaganda des Dritten Reichs.

Da ist etwa das Klischee des Redners selbst. Er stellt sich hin als den großen kleinen Mann, der genau ist wie alle anderen und doch ein Genius, ohnmächtig und doch vom Widerschein der Macht verklärt, durchschnittlich und doch ein Halbgott: nicht anders hat Hitler sich den »Soldaten des Ersten Weltkriegs« oder den »Trommler« genannt. Da ist die Aufteilung der Welt in Schafe und Böcke, in die Guten, zu denen man selber gehört, und die Bösen, den eigens für solchen Zweck erfundenen Feind. Jene sind gerettet, diese verdammt, ohne Übergang, Einschränkung, Selbstbesinnung, ganz wie Hitler in der berühmten Stelle von »Mein Kampf« rät, man müsse, um sich wider einen Gegner oder Konkurrenten wirksam durchzusetzen, diesen in den schwärzesten Farben malen. Da ist die Behauptung, der Agitator, der es doch stets mit einer mächtigen Clique halten möchte und sich ihr als zuverlässiger Büttel empfiehlt, stehe ganz allein, bedroht, verfemt, auf nichts gestützt als auf die eigene Kraft. So sprach Hitler von den paar isolierten Kameraden, die in München sich zusammengefunden hätten, um Deutschland zu retten, nur auf sich allein vertrauend. Der psychologische Sinn dieser und einiger anderer Tricks wird als Grund ihrer Wirksamkeit dargestellt. Man kann zum Beispiel sich selbst gleichsetzen mit dem großen kleinen Mann und doch zu ihm aufblicken: er befriedigt das Bedürfnis nach Nähe und Wärme und zugleich nach Bestätigung dessen, was man ohnehin ist, dann aber auch das Bedürfnis nach einer »Idealgestalt«, der man sich freudig unterwirft. Die Aufteilung der Welt in Schafe und Böcke zielt allemal auf die Eitelkeit ab.

Die Guten werden als die vorgestellt, denen man selber gleicht, und das Schema erspart einem, als Guter sich erst zu bewähren, denn alles ist ja längst vorentschieden. Die Bösen aber liefern den Schein eines Rechtsgrundes dafür, daß man die eigenen sadistischen Instinkte, im Namen der gebührenden »Strafe«, auf die jeweils bezeichneten Opfer losläßt. Der Hinweis auf die eigene Isoliertheit und Einsamkeit endlich trägt nicht nur dazu bei, das Bild des Führers zu heroisieren – der traditionelle Held ist immer einsam –, sondern er beschwichtigt auch das allgemein verbreitete Mißtrauen gegen Propaganda und Reklame, das in dem Sprecher mit Recht einen bloßen Agenten von interessierten Hintermännern vermutet. Überall kommt es dem Agitator darauf an, den Zuhörern durch die Rede an sich Ersatzbefriedigung zu verschaffen. Sie werden von der Wirklichkeit weggelockt und darin geübt, überhaupt mit Ersatz vorlieb zu nehmen.

Das Interesse an dieser Sphäre der bewußt – »psychotechnisch« – betriebenen Verdummung ist keineswegs bloß akademisch. Kennt man den bescheidenen Vorrat der Tricks und das Wesen ihres Effekts, so sollte es möglich sein, die Massen dagegen zu »impfen«, so daß sie sie als abgefeimte, aber auch abgebrauchte Instrumente erkennen, sobald sie ihnen vorkommen. Wer sich über die beabsichtigten Wirkungen Rechenschaft ablegt, wird nicht länger ihnen naiv verfallen, sondern sich schämen, so dumm sich zu erweisen, wie die Demagogen ihn einschätzten. Sachlich-aufklärende Broschüren, die solche Widerstände zu wecken vermögen, die Mitwirkung von Rundfunk und Film, die Bearbeitung der wissenschaftlichen Resultate für den Schulgebrauch sind praktische Mittel, der Gefahr des völkischen Massenwahns für die Zukunft energisch vorzubeugen. Sie planmäßig zu entfalten und anzuwenden, ist heute nicht weniger zeitgemäß, als anderen Seuchen und Epidemien vorzubeugen.

Die Forschung über Rolle und Beschaffenheit der totalitären Charakterstruktur in der Bevölkerung selber ist in dem Buch »The Authoritarian Personality« dargestellt. Sie sind insofern den Untersuchungen über die Agitatoren verbunden, als eine Reihe von Kategorien wie die des stereotypischen Denkens, des verkappten Sadismus, der Machtbetung, der blinden Anerkennung alles Schlagkräftigen hier wie dort verwandt werden. Das Material der Forschungen[4] selber jedoch stammt unmittelbar aus der Bevölkerung. Es handelt sich um eine Verbindung dessen, was man in weiterem Sinne »Meinungsforschung« nennt, und tiefenpsychologischer Untersuchungen, die sich weitgehend der Freudschen Begriffe und Methoden bedienen. Thema ist die Wechselwirkung zwischen der politischen Weltansicht und den individuellen seelischen Strebungen. Die vielschichtige Natur des Forschungsgegenstandes ließ es von Anbeginn als ratsam erscheinen, die gleichen Kernfragen mit einer Reihe voneinander unabhängiger Methoden zu behandeln. Die Ergebnisse gewinnen an objektiver Überzeugungskraft, je mehr sie in verschiedenen Forschungsweisen übereinstimmend hervortreten.

Verteilt wurden über zweitausend Fragebogen mit Aussagen, die von der Versuchsperson zu bejahen oder zu verneinen waren. Die Aussagen bezogen sich teils auf die Stellung der Befragten zu ethnischen und religiösen Minderheiten, teils auf Ansichten über aktuelle politische und wirtschaftliche Fragen. Manche jedoch hatten es mit ganz privaten Meinungen und Verhaltensweisen zu tun. Sie standen in keinem offenen Zusammenhang mit Politik oder Vorurteil, ließen dafür jedoch zwingende psychologische Rückschlüsse zu. Bei fortschreitender Arbeit und kritischer Verfeinerung ergab sich nun eine vollständig befriedigende statistische Beziehung zwischen den Antworten, die sich auf psychologisch motivierte Neigungen und Abneigungen bezogen, und den Religions- und Rassenvorurteilen. Überraschenderweise war diese Entsprechung höher sogar als die zwischen den bewußten Vorurteilen und den politisch-ökonomischen Überzeugungen. Mit anderen Worten: dafür, ob einer dazu neigt, schwächere Gruppen zu verfolgen und auf die entsprechende Haßpropaganda anspricht, ist es viel entscheidender, ob er ein Mensch von bestimmter Charakterstruktur ist, als ob etwa seine Ansichten konservativ und im üblichen Sinn »reaktionär« sind. Damit war schon grundsätzlich die Annahme bestätigt, daß es einen »Gefolgsmenschen«, einen für die totalitäre Propaganda gleichsam vorbestimmten Typus gibt. Zugleich erlaubte es die hohe statistische Entsprechung zwischen den »psychologischen« Antworten und den Antworten über Minderheiten, diese in den Fragebogen allmählich kaum mehr oder gar nicht mehr zu erwähnen. Man kann durch simple Fragen für soziale Gruppen einer bestimmten Größe mit Gewißheit erschließen, ob sie vorurteilsfrei oder nicht sind, ohne daß der Name der bedrohten Minderheit, handle es sich um Flüchtlinge, Andersgläubige oder fremde Hautfarben, auch nur erschiene.

Um eine Vorstellung von den »psychologischen« Aussagen zu geben, ein Beispiel. Zu jenen Aussagen, die am bündigsten den Unterschied zwischen völkischen und frei denkenden Personen erkennen lassen, gehörten folgende: »Die Jugend braucht in erster Linie strikte Disziplin, robuste Entschlossenheit und den Willen, für Familie und Vaterland zu arbeiten und zu kämpfen«; »Die Menschen können in zwei sich deutlich voneinander abhebende Klassen eingeteilt werden: die Starken und die Schwachen«; »Kein gesunder, normaler, anständiger Mensch könnte je daran denken, einem nahen Freund oder einem Verwandten weh zu tun«. Natürlich erlaubt eine einzelne derartige Aussage noch keine psychologischen Rückschlüsse, wohl aber ihre Gesamtheit. Der

Sinn der jeweils hervortretenden Struktureinheiten war zunächst auf Grund theoretischer Überlegungen vorausgesetzt.

Eine Hauptaufgabe bestand nun darin, festzustellen, ob diese psychologische Deutung der in den Fragebogen enthaltenen Aussagen in der Tat zutraf. Das wurde geleistet, indem ungefähr ein Zehntel der gesamten untersuchten Gruppe, und zwar die besonders »totalitären« und die besonders vorurteilsfreien Charaktere, oft über mehrere Sitzungen hin, persönlich befragt wurden. Die Interviews waren so angelegt, daß sie über die »kritischen« Interessenzonen der Studie, insbesondere Kindheitsgeschichte und Verhältnis zur Familie, Klarheit brachten, ohne daß diese Punkte besonders betont gewesen wären. Zugleich waren die Befragungen derart organisiert, daß auch sie statistisch verarbeitet werden konnten, so daß sich die »qualitativen« Ergebnisse unmittelbar verwenden ließen, um die »quantitativen« Ergebnisse des Fragebogens zu überprüfen.

Weiter wurde den Versuchspersonen eine Reihe von Bildern gegeben, die stofflich verschiedenen Deutungen Raum lassen; die von den einzelnen gewählten Deutungen gewährten dann Einsicht in ihre Vorstellungs-, Wunsch- und Phantasiewelt (»Thematic Apperception Test«). Schließlich wurden neben den Gruppen, auf die sich die Untersuchung zunächst erstreckte (wie Studenten, Angehörige des Mittelstandes und Techniker) auch abseitige soziale Gruppen, wie Gefängnisinsassen oder Patienten einer Nervenklinik, behandelt. Auch andere moderne psychologische Experimente, die zur Scheidung von Charaktertypen beitragen können, wurden angewandt. Die Deutung des Materials blieb nicht dabei stehen, die Fragebogen und »klinischen« Daten isoliert auszuwerten, sondern wandte rückblickend diese psychologischen Befunde auf die Deutung von Meinungen, Ideologien und politischen Haltungen an.

Unmöglich, die Ergebnisse in ihrer Fülle auch nur andeutungsweise darzustellen. Der totalitäre Charaktertyp erweist sich insgesamt als relativ starre, unveränderliche, immer wieder auftretende und überall gleiche Struktur, auch wenn die politischen Ideologien noch so verschieden sind; der nichtfaschistische Persönlichkeitstypus begreift nicht nur differenziertere Menschen unter sich, sondern gewährt auch weit größeren Möglichkeiten der Differenzierung und verschiedenen Arten von Menschen Raum. Die Gesamtstruktur des totalitären Charakters – der »Rahmen«, innerhalb dessen die verschiedenen Typen von »Gefolgsmenschen« vorkommen – ist wesentlich gekennzeichnet durch *Autoritätsgebundenheit*, ein Befund, wie er schon in den »Studien über Autorität und Familie« sich abzeichnete, die 1935 vom Institut für Sozialforschung bei Alcan, Paris, veröffentlicht worden waren. Diese Autoritätsgebundenheit bedeutet in einer Zeit, in der die alten feudalreligiösen Autoritäten geschwächt sind, die bedingungslose Anerkennung dessen, was ist und Macht hat, und den irrationalen Nachdruck auf konventionelle Werte, wie äußerlich-korrektes Benehmen, Erfolg, Fleiß, Tüchtigkeit, physische Sauberkeit, Gesundheit und entsprechend auf konventionelles, unkritisches Verhalten. Innerhalb dieses Konventionalismus wird hierarchisch gedacht und empfunden: man verhält sich unterwürfig zu den idealisierten moralischen Autoritäten der Gruppe, zu der man sich selber rechnet, steht aber zugleich auf dem Sprung, den, der nicht zu dieser gehört oder den man glaubt für unter einem stehend ansehen zu dürfen, unter allerhand Vorwänden zu verdammen. Die populäre Wendung von der Radfahrernatur trifft den autoritätsgebundenen Charakter recht genau. Die Veräußerlichung seines Lebensgefühls, die in der Anerkennung jeglicher gegebenen Ordnung liegt, wenn sie nur mit drastischen Machtmitteln zu verfahren weiß, verbindet sich mit tiefer Schwäche des eigenen Ichs, das sich den Anforderungen der Selbstbestimmung angesichts der übermächtigen sozialen Kräfte und Einrichtungen nicht mehr gewachsen fühlt. Der für die totalitäre Ordnung vorherbestimmte Typus sperrt sich gegen jegliche Selbstbestimmung, die seine falsche Sicherheit gefährden könnte, und verachtet alle eigentlich subjektiven Kräfte: die geistige Regung, die Phantasie. Er macht es sich leicht, indem er die Welt nach zweigeteilten Klischees beurteilt, und ist geneigt, die unveränderliche Natur oder gar okkulte Mächte für alles Übel verantwortlich zu machen, nur um sich an etwas Allgewaltiges anlehnen zu können und den Konsequenzen eigenen, verantwortlichen Denkens auszuweichen. Auf Macht ausgerichtet und Macht als solche verehrend, betont der in Wahrheit schwächliche Gefolgsmann seine Männlichkeit, ja seine Brutalität, so wie die totalitäre Frau aus Konventionalismus die eigene Weiblichkeit übertreibt und verherrlicht. Unter all dem liegt das tiefe »Unbehagen in der Kultur« und, trotz dem unablässig positiven, offiziell optimistischen und weltbejahenden Gerede, trotz dem zur Schau getragenen Konservatismus, der unbewußte Wunsch nach Zerstörung – selbst der eigenen Person. Zynismus und Menschenverachtung bezeugen immer wieder diese unbewußten Motive. Da jedoch der totalitäre Charakter sie sich selber nicht einzugestehen wagt, so sieht er sie in andere hinein, vor allem in die von ihm erwählten oder ihm vorgeschriebenen Feinde. Immerzu phantasiert er von verbotenen und schlimmen Dingen, die in der Welt vorgehen, besonders auch von sexuellen Ausschweifungen der anderen. Die »Dekadenz« der Opfer ist ein Schlagwort der totalitären Henker aller Schattierungen.

Psychologische Einzeluntersuchungen haben dem allgemeinen Bild des Typus noch Wesentliches hinzugefügt, wie etwa, daß die betreffenden Charaktere durchweg in ihrer Kindheit, sei es durch einen strengen

Vater, sei es durch Mangel an Liebe, »gebrochen« wurden und, um überhaupt seelisch weiterleben zu können, ihrerseits wiederholen, was ihnen selber einmal widerfuhr. Daher rührt ihre auffällige Beziehungslosigkeit, die Flachheit ihres Empfindens, auch den ihnen angeblich nächsten Menschen gegenüber. So normal sie sich gebärden und im Sinne eines gewissen praktischen Wesens tatsächlich auch sind, so tief beschädigt erscheinen sie zugleich. Die Fähigkeit, überhaupt lebendige Erfahrungen zu machen, ist ihnen weithin abhanden gekommen. Um sie im Ernst zu verändern, wird es darum nicht genügen, sie zu belehren oder ihnen andere Überzeugungen beizubringen, sondern es gilt, bei ihnen durch tiefgehende erzieherische Prozesse die Fähigkeit zu bilden oder wiederherzustellen, ein spontanes und lebendiges Verhältnis zu Menschen und Dingen zu gewinnen. Während sie »veräußerlicht« sind in dem schon angedeuteten Sinne, daß sie alles Unannehmbare, Negative außerhalb der eigenen Person, meist in einem bloß Physischen oder dem übermächtigen Schicksal suchen, sind sie zugleich, ohne es zu ahnen, Gefangene ihres eigenen geschwächten Ichs, im tiefsten unfähig zu allem, was über das beschränkte eigene Interesse oder das ihrer Gruppe hinausgeht. Latente Homosexualität spielt dabei eine erhebliche Rolle.

Als sinnfälligstes Ergebnis des Ganzen ist anzusprechen, daß Forschungsinstrumente, vor allem eine »Skala«, entwickelt worden sind, die es gestatten, zwischen autoritätsgebundenen und innerlich freien Menschen verbindlich, unabhängig von privaten Vorlieben und Neigungen des Betrachters zu unterscheiden, ohne daß dabei eine oberflächliche, rein mechanische Aufteilung vorgenommen worden wäre. Es gehört zu den empfindlichsten Schwierigkeiten der modernen Soziologie, daß zwischen statistisch-allgemeinverbindlichen Befunden und spezifischen, das Wesen des Individuums und die Dynamik seines Verhaltens erschließenden Methoden ein Bruch klafft. Oft genug sind die statistischen Daten unanfechtbar, aber ohne Bedeutung für tiefere Zusammenhänge, während Analysen, die sich auf Einzelfälle konzentrieren, zwar in solche Zusammenhänge hineinführen, aber mit einem Moment von Zufälligkeit behaftet scheinen. Die Studie über den autoritätsgebundenen Charakter überwindet diese Schwierigkeit. Die statistischen Fragen beziehen sich durchweg auf das Kräftespiel, das tiefer in den Menschen waltet, die Behandlung der Einzelfälle aber steht unter so strenger Kontrolle, daß sie der Zufälligkeit des erforschten wie des erforschenden Individuums weithin entzogen ist. So ergeben denn die Forschungsinstrumente ein verhältnismäßig zuverlässiges und zugleich sinnvolles Bild der menschlichen Kräfte und Gegenkräfte, die mobilisiert werden, wann und wo immer totalitäre Bewegungen und ihre Propaganda erheblichen Umfang annehmen.

Trotzdem legt die Unterscheidung zwischen vorurteilsvollen und vorurteilsfreien Menschen, der Leitfaden der Untersuchung, den Verdacht nahe, als sei sie selber nicht frei vom Schematisieren, als mache sie sich mitschuldig an jener Aufteilung der Welt in Gerettete und Verdammte, die nicht bloß bei den vorurteilsvollen Charakteren ihre große Rolle spielt, sondern heute überall dort auftritt, wo Menschen von terroristischen Verwaltungen als Dinge hin- und hergeschoben werden. Es war nicht die letzte unter den Aufgaben der Studie, durch wache Selbstkritik dieser in ihrer eigenen Betrachtungsweise steckenden Gefahr zu begegnen. In dem dahin zielenden Bestreben wurde sie vor allem durch Daten aus dem Bereich der politischen und wirtschaftlichen Ideologie gefördert. Es stellte sich nämlich heraus, daß in diesem Bereich gewisse Bewußtseinsformen wirksam sind, die man eigentlich nur bei vorurteilsvollen Charakteren erwarten sollte. Dabei handelt es sich vor allem um formale Beschaffenheiten des heute vorherrschenden Denkens überhaupt. So ist etwa Stereotypie der Urteilsbildung keineswegs auf die vorurteilsvollen Charaktere beschränkt, sondern macht sich oft genug auch bei den vorurteilsfreien geltend, – unter diesen hat sich ein »starrer« Typus deutlich auskristallisiert. Ebenso weit verbreitet ist eine gewisse gesellschaftliche Indifferenz, die sich vor allem in Unkenntnis der einfachsten politischen und wirtschaftlichen Tatsachen ausdrückt. Eng damit zusammen hängt die Neigung, solche Tatsachen zu »personalisieren«, das heißt, überall dort, wo es darauf ankäme, über unpersönliche Verhältnisse sich zu unterrichten und sie zu durchdenken, sie stattdessen mit irgendwelchen berühmten Einzelpersonen und »Führern« gleichzusetzen.

Diese und viele andere den beiden Grundtypen mehr oder weniger gemeinsamen Züge werden in der Studie aus dem »kulturellen Klima« erklärt. Das aber herrscht keineswegs bloß in *einem* Lande, sondern dürfte auf der ganzen Welt zu finden sein und gesellschaftliche Veränderungen ausdrücken, die sich unabhängig von Landesgrenzen vollziehen. Bei den hier besonders in Rede stehenden Gemeinsamkeiten geht es um das, was wir in anderem Zusammenhang »Ticket«-Denken nannten. Der Prozeß der Mechanisierung und Bürokratisierung verlangt von den Menschen, die ihm unterworfen sind, Anpassung in einem neuen Sinn: sie müssen, um den Anforderungen gerecht zu werden, die das Leben in all seinen Bereichen an sie stellt, bis zu einem gewissen Grad sich selber mechanisieren und standardisieren. Je lockerer die Abhängigkeit ihres Schicksals von ihrem eigenen, selbständigen Urteil wird, je mehr sie darauf angewiesen sind, in übermächtige Organisationen und Institutionen sich einzufügen, um so besser fahren sie, wenn sie des eigenen Urteils und der eigenen Erfahrung sich begeben und selber die Welt schon so verhärtet und verwaltungsmäßig sehen, wie es im Sinn jener Organisationen liegt, die über ihr Fortkommen entscheiden. Der Anspruch individueller Urteilsbildung macht sich nur noch als eine Art Störungsfaktor im Ablauf des gesteuerten Lebensprozesses geltend: nicht nur, daß sich die Menschen durch die Anwendung fertig bezogener Klischees und Wertungen das Leben bequemer gestalten und sich den Leitern als zuverlässig empfehlen – sie finden sich auch schneller und bleiben von der unendlichen Mühe befreit, durch die Kompliziertheit der modernen Gesellschaft hindurchsehen zu müssen. In den totalitären Staaten aller politischen Bekenntnisse hat diese Genormtheit des Bewußtseins sich bis ins Absurde gesteigert, aber auch die anderen müssen sehr mit ihr rechnen. Es liegt auf der Hand, daß sich die hier gekennzeichnete Denkweise an sich, schon *vor* der Entscheidung für eine der gleichsam fertig zur Auswahl stehenden Ideologien, der Beschaffenheit der »vorurteilslosen Charaktere« annähert, obwohl sie auch bei solchen sich findet, die ihrer rein seelischen Artung nach nicht zu diesen Charakteren zählen. Danach waren die wirklich freien Menschen keineswegs einfach bloß die, welche kein Vorurteil haben, und schon gar nicht waren sie durch eine bestimmte politische Überzeugung zwangsläufig bestimmt. Vielmehr setzt Freiheit die bewußte Erkenntnis jener Prozesse voraus, welche zur Unfreiheit führen, und die Kraft des Widerstands, die weder vor diesen Prozessen romantisch in die Vergangenheit flüchtet, noch sich ihnen blindlings verschreibt. Der ganze Ernst der Fragestellung aber liegt darin, daß diese Prozesse ja nicht etwa in erster Linie Veränderungen sind, die sich mit den Menschen an sich zutragen, sondern daß sie in Sachverhalten gründen, die von Willen und Natur der einzelnen in hohem Maße unabhängig scheinen. Nicht wenig wird für die zukünftige Entwicklung davon abhängen, ob es gelingt, diese in letzter Instanz doch von Menschen geschaffenen Sachverhalte als solche zu erkennen und ihnen damit den Anschein des schicksalhaft Unausweichlichen zu nehmen, der seinerseits ihre finstere Gewalt noch steigert.

Das jedoch sind Überlegungen, die zwar als leitende Ideen unsere Studien angeregt haben und wiederum durch sie hindurch sichtbar werden, die aber als solche weder bündig in empirische Methoden umsetzbar sind, noch den unmittelbaren Zweck der Untersuchungen umreißen. Es gehört zum Sinn, ja zur wissenschaftlichen Methode von Forschungen wie der über den »autoritätsgebundenen Charakter«, daß sie nicht einzig und allein der in sich ruhenden Wissenschaft dienen, sondern sich auch praktisch anwenden lassen – sind doch ihre Fragestellungen selber aus einer realen Problematik erwachsen. Die Wechselwirkung von Forschung und Praxis, die für die Naturwissenschaften längst selbstverständlich ist, bahnt sich mit solchen Untersuchungen auch für die Sozialwissenschaft an, ohne daß darüber etwas von deren

Einsicht in umfassende Zusammenhänge geopfert würde. Bereits darin, daß die Existenz des Gruppenhasses nicht als selbstverständlich und notwendig hingenommen, sondern zu einem Gegenstand objektiver Forschung gemacht wird, liegt etwas Distanzierendes: die zerstörerische Gesinnung verliert etwas von der sturen Gewalt, die ihr eigen ist, solange sie selber naiv ist und von anderen naiv hingenommen wird. Die Studien, von denen hier die Rede war, erwecken die Selbstbestimmung, während zugleich die Kenntnis der verwundbaren Zonen des totalitären Charakters es erlaubt, die wirksamsten gesellschaftlichen und psychologischen Gegenmittel systematisch zu erproben. Die Einsicht in die Tiefendimensionen des sozialen Vorurteils und des Gruppenhasses kann für weitausgreifende, schon in der frühen Kindheit ansetzende Erziehungspläne fruchtbar gemacht werden.

Anmerkungen

[1] Von Max Horkheimer und Theodor W. Adorno.
[2] Studies in Prejudice, edited by Max Horkheimer and Samuel Flowerman, sponsored by the American Jewish Committee, Harper and Brothers, New York.
[3] By T. W. Adorno, Else Frenkel-Brunswik, Daniel J. Lewinson and R. Nevitt Sanford. New York, 1950.
[4] Sie wurden von dem Research Project on Social Discrimination angestellt, einem Gemeinschaftsunternehmen des Instituts für Sozialforschung und der Berkeley Public Opinion Study Group.

Der Mensch in der Wandlung seit der Jahrhundertwende

Die Wirkung der Gesellschaft aufs Individuum beginnt, wenn nicht schon früher als bei der Geburt, so vom Tage an, da sie geschieht. Es soll hier nicht erörtert werden, was Gesundheit der Mutter, Nahrung und Pflege des Kindes für seine psychische Zukunft bedeuten. In hohem Maß hängt all dies vom Reichtum des Landes, vom erreichten Stand der Wissenschaft, von der sozialen Zugehörigkeit der Eltern ab. Nach den ersten Monaten wird dann entscheidend, was man stets im Munde führt, aber selten mit einer Exaktheit beschreibt: die Mutterliebe. Im Gefühl, selbst in der Gesinnung allein besteht mütterliche Liebe nicht, sie muß den richtigen Ausdruck finden. Das Wohlsein des kleinen Kindes und das Vertrauen, das es Menschen und Dingen seiner Umgebung entgegenbringt, hängt weitgehend ab von der ruhigen und doch bewegten Freundlichkeit, der Wärme und dem Lächeln der Mutter oder der Person, die ihre Stelle vertritt. Gleichgültigkeit und Kälte, abrupte Gesten, Unruhe und Unlust der Wartenden können ein für allemal die Beziehungen des Kindes zu den Objekten, zu Mensch und Welt verbiegen, einen kalten, spontaner Regungen baren Charakter hervorbringen. Das hat man schon zur Zeit von Rousseaus »Emile«, John Lockes und früher gewußt, aber heute erst beginnt man, den Zusammenhang in seinen Elementen zu verstehen, und es bedarf nicht erst der Soziologie, um einzusehen, daß die von äußeren Sorgen und Geschäften bedrängte Mutter eine andere als die gewünschte Wirkung übt. Im ersten Lebensjahr, ehe der Mensch noch zu reflektieren und richtig sich selbst von der Umgebung zu unterscheiden weiß, wird er bereits in hohem Grad bis in Nuancen seines Wesens, die erst viel später sich entfalten, gesellschaftlich bestimmt. Selbst die Gefühle sind erlernt.

Zu den Fähigkeiten, die jeder als biologisches Wesen mitbringt, gehört die der Angleichung, der Mimesis. Gebärden und Gesten, der Tonfall der Stimme, die Eigenart des Ganges stellen im Kinde als Echo des Ausdrucks geliebter und bewunderter Erwachsener sich ein. Die seelischen Reaktionen sind erworben, wenn nicht dem Inhalt, so der Form nach, und führt schon bei der Analyse eines Kunstwerkes die starre Trennung von Form und Inhalt in die Irre, um wieviel mehr bei der Deutung menschlicher Gefühle.

Trauer und Glück, Achtung gebieten und entgegenbringen, Scheu und Hingabe entstehen zugleich mit der Wiederholung jener Gebärden und Gesten, denn »was außen, das ist innen«, wie es bei Goethe heißt. Was man so leicht als seelische Erbmasse registriert, geht zum entscheidenden Teil auf Eindrücke und Reaktionen der frühesten Kindheit zurück, um durch die Umstände und Ereignisse der späteren Jahre befestigt und modifiziert zu werden. Ob einer zentriert ist um Geltung des eigenen Ichs oder fähig zu lebendigem Interesse an der Sache, zur Hingabe an Menschen und Dinge; die Tiefe oder Flachheit der Empfindung und selbst des Gedankens, all das ist nicht bloß natürliches Faktum, sondern geschichtliches Ergebnis. Dabei spielen die gesellschaftliche Position der Eltern mit, ihre Beziehungen zueinander, die innere und äußere Struktur der Familie und in vermittelter Weise die Verfassung der gesamten Epoche. Der Charakter eines einzelnen wird nicht weniger durch Zeit, Ort, Umstände bestimmt, unter denen er aufwächst, als durch die Sprache, die er spricht und die ja selbst Macht auf sein Wesen ausübt und ihn im Denken beeinflußt, wie die politischen Verhältnisse, Freiheit oder Sklaverei, und seine Religion.

Das Ganze ist nicht in Ruhe, sondern in sich bewegt. Mit dem Übergang des noch halbwegs liberalen Stadiums der bürgerlichen Ordnung vom Anfang des Jahrhunderts in die Phase der alles durchdringenden Industrie ist auch die damit verknüpfte Änderung der Menschen vollends offenbar geworden. Das Kind wächst in einer anderen Familie auf und wird zu einem anderen als unter Verhältnissen, in denen eine Schicht von vielen unabhängigen, aus eigener Initiative disponierenden Unternehmern ausschlaggebend war. Es gewinnt ein anderes Selbstbewußtsein. Daß in der intakten bürgerlichen Familie der Vater geliebt und gefürchtet war, beruht nicht bloß auf seiner Rolle als Erzeuger, ja nicht einmal als Versorger. Durch das Bedürfnis nach Fortführung der eigenen Wirksamkeit war er auf den Sohn verwiesen. In den maßgebenden Schichten war der Junge Erbe, bestimmt, von seinem Vater Geschäft oder Fabrik zu übernehmen, die diesem schon sein eigener Vater übergeben hatte. Er sollte wenigstens einen seinem Stand entsprechenden Berufsweg einschlagen und dem Namen Ehre bringen. Das Interesse am Sohn, das den Vater freilich zum Gewaltherrn machen konnte, war Grund und Folge seiner eigenen bürgerlichen Wirksamkeit. In der Gegenwart tendiert Erziehung dazu, den engeren Zweck, das eigene Leben in den Kindern fortzusetzen, durch den allgemeineren abzulösen, erfolgreiche, dem modernen Existenzkampf überhaupt gewachsene Individuen hervorzubringen. Daß der Vater sich nicht mehr auf eine besondere Zukunft der Kinder versteift, ergibt sich aus der Liquidation der ständischen Reste und der abnehmenden Bedeutung des Einzelunternehmens früheren Stils. Der kennzeichnende soziale Typus heute ist der Angestellte.

Seine Beziehung zu den Kindern nähert sich der des älteren erfahreneren Kameraden zum jüngeren; an die Stelle der Strenge tritt in fortgeschrittenen Ländern und Schichten eine an neue Erziehungsideen sich anschließende Hilfsbereitschaft und Duldsamkeit. Selbst die Mutter ist durch die Umwälzung der Dinge immer mehr auf einen außerhäuslichen Beruf verwiesen, der seelische Fähigkeiten und Interessen in Anspruch nimmt. Die Familie, die im neunzehnten Jahrhundert in den oberen Schichten eine lange und behütete Kindheit gewährte und als spätes Abbild der feudalen Hierarchie im guten Fall Sicherheit, Vertrauen, Orientierung, im schlechten Tyrannei und Ressentiment erzeugte, hat viele der Aufgaben, die ihr noch verblieben waren, an andere Institutionen oder ans allgemein gesellschaftliche Leben abgegeben. Daß der junge Mensch heute weniger belastet die Familie verläßt, wird mit dem Schwund der Innerlichkeit bezahlt. Sie war entstanden in der die lange Kindheit währenden Auseinandersetzung. Der Vater war in weitem Maße frei. Wenn der Ausgang seiner geschäftlichen Dispositionen keineswegs von ihm allein abhing, so entschied darüber doch kein anderer Wille, weder der eines Chefs noch eines Gremiums. Soweit er nur im Rahmen des Gesetzes blieb, war er von niemandem kontrolliert, verantwortlich nur seiner eigenen Überzeugung. Er war selbst sein Herr, und eben deshalb brauchte seine Herrschaft nicht Tyrannei zu sein. Im günstigen Fall hatte er in seinem Wesen Autonomie, Entschlußkraft, Erinnerung, Weitblick dem Kinde dargestellt und aus eigenstem Interesse die Forderung nach Wahrhaftigkeit und Sorgfalt, Zuverlässigkeit und geistiger Wachheit, Freiheitsliebe und Bescheidenheit an es gerichtet, bis die Ideen, ins Innere des Kindes aufgenommen, als dessen eigene Stimme des Gewissens sich geltend machten und später, in den Konflikten der Pubertätszeit, dem Vater sich entgegenstellten.

Daß nun das Kind viel unmittelbarer auf die Gesellschaft angewiesen ist, verkürzt die Kindheit und bringt andersgeartete Menschen hervor. Mit dem Schrumpfen der Innerlichkeit entschwindet auch die Freude an der eigenen Entscheidung, an Bildung und freier Phantasie. Andere Neigungen und Ziele kennzeichnen die Menschen dieser Zeit: technische Geschicklichkeit, Geistesgegenwart, Lust an der Herrschaft über Apparaturen, das Bedürfnis nach Eingliederung, nach Übereinstimmung mit der großen Mehrheit oder einer als Modell erwählten Gruppe, deren Regel an die Stelle eigenen Urteils tritt. Anweisungen, Rezepte, Leitbilder treten anstelle der moralischen Substanz.

Die Änderung der Individuen ist nur die andere Seite des gesellschaftlichen Wandels. Nicht bloß der Grund, der einst die bürgerliche Familie zusammenhielt, sondern auch die Bedeutung der Eigenschaften, die aus ihr entsprangen, sind überholt. Die spezifische Beziehung des großen Kaufmanns zum »Geschäftsfreund« im eigenen oder anderen Land, die zu Wilhelm Meisters Zeiten nicht zuletzt auf kultiviertem Umgang beruhte, ist nicht weniger veraltet als die des Klienten zu Anwalt und Arzt; früher suchte der Bürger im Akademiker nicht bloß den Fachmann, sondern den gebildeteren, in der Humanität ihm überlegenen Berater. Längst ist die Arbeitsteilung weiter fortgeschritten, ist das Leben straffer organisiert, längst sind in diesem Teil der Welt die kulturellen Unterschiede von Nationen und Ständen zu sehr nivelliert, als daß es universaler Bildung zu ihrer Überbrückung bedürfte. Öffentliche wie menschliche Beziehungen sind eine Sparte für Experten geworden; im 18. Jahrhundert gibt es Traktätchen über Menschenbehandlung, im 20. Berufe dafür. Gesinnung und Überzeugung, allgemeine und zugleich differenzierte Bildung verlieren an Nützlichkeit.

Und ist einmal der Motor des praktischen Interesses an der Bewahrung kultureller Momente dahin, so vergeht schließlich der ihnen entsprechende menschliche Charakterzug.

Die ins Innere des Individuums aufgenommene klassische und europäische Kultur, Bildung im spezifischen Sinn des Humanismus und deutschen Idealismus, wird von Gefühls- und Verhaltensweisen abgelöst, die der technisierten Gesellschaft zugehören. Das gesellschaftliche Ganze durchherrscht die Änderung der Liebe zwischen Mann und Frau nicht weniger als den Sinn der Kindheit. Daß das Mädchen bürgerlicher Herkunft dazu bestimmt war, dem künftigen Gatten das Haus zu machen und den Erben zu geben, entschied über ihr Bewußtsein von sich selbst, den Horizont ihres Glücks und bestimmte ihr Verhalten. Sie war auch nach allmählicher Vermehrung ihrer Rechte in der Neuzeit eigentlich kein freies Subjekt.

Im Augenblicke des Übergangs von der alten in die neue Hörigkeit vermochte sie zum Bild der von den kalkulierten Zwecken nicht erfaßbaren Natur sich zu machen, und dieser Augenblick, ob sie der Gesellschaft sich entgegenstellte oder fügte, hat für die bürgerliche Zeit ihre Gestalt bestimmt. Indem das Mädchen der Sorge ums eigene Leben entsagt und selbstvergessen dem Manne folgt, kommt es zu sich selbst. Der mögliche Ungehorsam gegen Familie und Gesellschaft, den die zum Dienen Erzogene und Bestimmte in der Liebe fraglos aufbringt, ihre Fähigkeit, wider die Regeln der Welt zu lieben, hat nicht bloß ein Element, sondern den herrschenden Zug in der Gestalt des Mädchens und noch der Mutter gebildet, ihr inneres Wesen wie ihre äußeren Züge geprägt, und keine Dichtung hat das tiefer erfaßt als die deutsche Poesie. Aus der Unbedingtheit, Irreparabilität und der Nähe des Todes kam die Süßigkeit der Liebe.

Angesichts der veränderten Familie in der Epoche der Vollbeschäftigung jedoch haben Julia und Gretchen, ja Madame Bovary, nur mehr museale Funktion. Der Fehltritt verliert den tragischen Charakter, er führt nicht ins Ausweglose. Sie muß das Leben meistern. Liebe, die nicht mehr so entscheidend ist, nähert sich der Kameradschaft. Die Heirat bezeichnet keinen so tiefen Einschnitt mehr. Die Identität von Frau und Sexus geht verloren, sie wird zum Wirtschaftssubjekt in einem Sektor der Arbeitsteilung, sei es im Haushalt. Nicht bloß die alten sozialen Stände also, sondern auch der vor- und nacheheliche Stand verlieren an Differenz. In der Ehe sollen die Beziehungen der Partner vor allem erfolgreich sein, wie die des teams in Industrie und Sport. Wenn die Ehe sich als schwierig erweist, kann sie gelöst werden und mit einem neuen Partner vielleicht besser gelingen; jeder wird fungibel, und das wirkt schon auf die Beziehungen der Geschlechter vor der Ehe zurück. Sie werden uniformer, praktischer, weniger schicksalhaft. Das Mädchen und der junge Mann, durch das Geschlecht aufeinander verwiesen, stehen sich rationaler gegenüber, ihre Beziehung gewinnt eine andere Qualität, schon weil die Jugend gesellschaftlich avancierter ist.

Im Zusammenhang mit der Ausbreitung und Revolutionierung der Technik hat sich eine wirtschaftliche Struktur herausgebildet, die der Jugend auf Kosten des Alters günstig ist. Die Firma im alten Sinn bedurfte der Eigenschaften, die nur in einem langen Leben sich erwerben ließen. Von ihr her strahlte die Geltung der Erfahrung ins allgemeine Bewußtsein aus. Moderne Maschinerien dagegen, die materiellen im Fabriksaal und die personellen des Gesamtwerks, wollen weniger mit Weisheit als mit Präzision und Tatkraft bedient sein, und wo die Vollautomatisierung höchst qualifizierte Kräfte fordert, werden selbst diese in verhältnismäßig jungen Jahren schon zu wichtigen Investitionen des Betriebs. Im reiferen Alter läßt sich die Ausbildung schwer nachholen. Gewiß hängt von den Feldherren der mächtigsten Konzerne für die Menschheit unendlich viel mehr ab als einst von den Prinzipalen der alten Kontore, aber, nicht unähnlich den militärischen Feldherren, überlassen sie zahllose Funktionen dem präzis arbeitenden Generalstab. In der Fabrik kommt es wie einst im Krieg selbst bei den höchsten Entscheidungen mehr auf den raschen Blick als auf Erfahrung an. Wenn schon in Korea die Chancen eines Angriffs an dieser oder jener Stelle durch Roboter berechnet wurden, die man mit den verfügbaren Daten, Mannstärke, Ausrüstung, Terrain in ihrer eigenen Sprache fütterte – was mußte Napoleon noch aus eigenem Ermessen zusammenbringen! –, so kann die Leitung der Mammutkorporationen den Überblick über weltweite Aktivitäten sowie den Vorblick auf den Gang der eigenen wie der Gesamtwirtschaft von Automaten empfangen, die zuverlässiger als Menschen sind. Zivil und Militär, Krieg und Frieden gehen ineinander über.

Die großen Herren in Wirtschaft und Verwaltung, nicht zuletzt in der Politik, bilden nur scheinbar ein Gegenargument. Nicht daß es auf bestimmten Höhen der Gesellschaft die Alten nicht mehr könnten, sondern daß es in immer weiterem Umfang die Jungen auch an vielen

Stellen besser können, daß nicht wenige Positionen, die früher von
Älteren bekleidet werden mußten, auf Grund der technischen Entwicklung wegfallen, bezeichnet den ökonomischen Vorgang.

Daß sich im Bunde mit der Technik der einstige Vorzug der Jugend
gegen die Vorherrschaft des Alters wieder geltend macht, bedeutet
mehr die Einebnung eines hinfällig gewordenen gesellschaftlich gesetzten Unterschieds als die Herausbildung einer neuen kulturellen Qualität, wie Erfahrung sie einmal war. Die Helligkeit, der Scharfsinn, die
an ihre Stelle treten, manifestieren sich rascher und in jüngeren Jahren.
Die Nachfrage nach den Wesenszügen, die langer, gleichsam organi-
scher Reifung bedurften, nehmen dagegen mit steigender Rationalisierung ab. Sie werden Opfer des Prinzips, das sie entfaltet hatte, und
genießen die Verehrung von Museumsstücken. Die Chemie, die das
Alter jetzt auch biologisch aus der Mode bringt, ratifiziert bloß die
Ökonomie. Die Nivellierung läßt nichts unberührt, es sei denn Macht
und Ohnmacht. Eingeebnet wie der Unterschied der Lebensalter wird
auch der Gegensatz von Stadt und Land. Die Verherrlichung des
Bauerntums als ewig menschliche Situation hält nicht besser stand als
die Verachtung, die es zur Zeit von Luthers Kampfrufen empfing. Der
kleine Bauer trachtet nicht bloß nach dem Traktor, sondern nach dem
PKW. Dahin drängt ihn seine eigene wirtschaftliche Situation wie die
allgemeine Lebensform, in die er unwiderstehlich hineingezogen wird.

Der Vorzug der stillen Täler ohne landschaftliches Renomee und
Sommergäste wird nur mehr vom Kenner geschätzt; und selbst sein
Erscheinen reizt die aufgewecktere Dorfjugend zur Sehnsucht nach der
Stadt. Wo aber die Nähe zu ihr den Ton angibt und die Stille sich ver-
flüchtigt hat, wo die Tankstellen Ein- und Ausgang bezeichnen, steht
jedem Kaufladen der Sinn nach Angleichung an die städtische Konkurrenz, eifert jede Speisekarte städtischem Vorbild nach, es sei denn, daß
eine Zubereitungsweise, die in vergangenen Zeiten der Gegend eigentümlich war, als Spezialität annonciert, die Durchfahrenden zum Halten verlocken soll. Das Vollkornbrot bekommt man ohnehin kerniger
im Delikatessengeschäft daheim, und der Wein, dessen jüngere Jahr-
gänge, wie bei den Menschen, den älteren jetzt den Rang ablaufen,
findet sich in der Stadt besser als am Rhein, wo die Trauben wachsen.
Die Städte ihrerseits verlaufen sich ins Dorf. Die Transformation von
Dörfern zu Vorstädten durch ihre Eingemeindung ist ein europäischer
Notbehelf. Die neueren Städte der Kontinente ziehen sich nach dem
Wort eines Kenners ins Land hinein wie große Tiere. Da die Hoch-
häuser der Zentren aus Büros mit Zubehör bestehen, verlegt man die
Wohnungen weiter hinaus, und der Lärm folgt nach. Die Ruhe wird
zum Privileg der jeweils besonders eleganten Wohngegend. Da der
Bürokern sich stetig vergrößert und neue Geschäfte und Fabriken ent-

stehen, sind die Qualitäten der verschiedenen Quartiere fortwährend in Veränderung begriffen. Die alten Straßen werden aber zu Schläuchen, in denen noch das Auto für jeden, der es selber steuern und parken soll, zur Last wird. An der aufgelockerten Peripherie verschmelzen die Städte mit den ländlichen Bezirken; die vorstädtischen Einkaufszentren nähern sich den modernisierten Dörfern an und umgekehrt.

Dasselbe gilt von den Bewohnern. Zivilisation ist von den Städten ausgegangen; Religion und Auflösung der Religion, Theater und Sitten nahm das Land von den Städten an, mit Zeitung, Kino, Rundfunk und Fernsehen hat es sich vollends assimiliert. Und die Stadt kommt ihm entgegen. Die Schäferspiele des Rokoko finden im betont saloppen Anzug der städtischen Jugend, im bunten Hemd und den blauen Hosen prosaische Analogien. Der Zivilisierung des Bauern entspricht die Reprimitivisierung in den Städten selbst. Die Apparaturen fordern, sowohl was ihre Bedienung wie selbst ihre Erfindung anbelangt, jene aufs je Gegenwärtige bezogene geistige Verfassung, die der Erinnerung und schweifenden Phantasie entraten kann. Im Dschungel des städtischen Lebens und seiner Apparaturen sich zurechtzufinden, läßt fürs andere keine Zeit und keinen Geschmack, und daher wird auch die Entspannung noch im Durchmessen großer Strecken, freier Bewegung und, aus hygienischen Gründen, in der Ruhe gesucht. Der durch sein Schicksal in Familie und Fabrik aufs je Vorhandene angewiesene Geschmack vermag auch in der sogenannten Freizeit vor allem die Vielfalt, den Wechsel des Gleichen, die Schaltung und Herrschaft übers Material zu genießen; die darüber hinausgreifende Erfahrungsfähigkeit wird abgebaut. Angesichts der »social mobility«, des raschen Wechsels der gesellschaftlichen Rollen, muß jeder darauf gefaßt sein, daß ihm der Kollege im Betrieb später als Vorgesetzter, der Lieferant als Konkurrent, der Nachbar als politischer Funktionär, wenn nicht direkt als Blockwart, gegenübertritt. Das bringt ihn der Verschlossenheit und dem Mißtrauen gegen den Fremden nahe, die fürs Dorf charakteristisch waren. Unterhaltung wird oberflächlich, Überzeugung bloß eine Last.

Die Apparaturen, Grammophon, Rundfunk, Fernsehen, die noch in der Geselligkeit vom menschlichen Gespräch entbinden, sind im rechten Augenblick gekommen. Sie liefern dem Handel Modelle und der Stummheit die Illusion, es werde etwas gesagt. Trotz aller Raschheit des Denkens wird der Städter des eigenen Ausdrucks entwöhnt.

Wenn die Unterschiede zwischen den Berufen, zwischen Dorf und Stadt, zwischen Arbeitszeit und Freizeit, zwischen Kind und Jüngling, weiblicher und männlicher Gesinnung jetzt sich ausgleichen, so werden die Menschen einander gleich, ohne daß sie sich einander nähern. Nicht bloß die Motorisierung des Lebens, sondern selbst noch das jüngere Alter bei der Eheschließung bewirkt nicht menschliche Solidarität, sondern Zersplitterung. Jetzt dringt das Prinzip der Gleichheit auch in die Familie ein, und der Gegensatz von privater und gesellschaftlicher Sphäre wird abgestumpft. Die Befreiung der Frau bewirkt, daß auch sie ihren Mann stellen muß: jeder Ehepartner, wie das Wort bezeichnend heißt, wird auch zu Haus im Grund nach dem Gesetz gemessen, das in der Gesellschaft herrscht. Unter dem stereotypen Lächeln, dem beflissenen Optimismus nimmt die Isolierung zu. Davon, daß der junge Mann, auch in den oberen Schichten, viel früher nach sich selber sehen muß und schon deshalb fester an den Zweck gefesselt wird, ist schon die Rede gewesen. In dem Alter, in dem die Gutgestellten frei von Verantwortung waren und ohne Karrieresorgen und Nebengeschäfte Zeit zu eigenen Studien und Reisen hatten, muß er unverwandt auf äußere Ziele blicken. Seiner bemächtigt sich ein eigentümlicher Ernst, der weniger an Einsicht ins Elend oder Unrecht als an die früh beschnittenen Flügel der Phantasie gemahnt.

Keiner lernt, die Muße auf etwas anderes anzuwenden als wieder aufs vielberufene Konkrete, auf Verrichtungen, die der Arbeit gleichen: basteln, Autofahren, an Apparaturen sitzen, selbst ein von Arbeit befreites Alter erweckt keine rechte Sehnsucht mehr. Die von der Gesellschaft durch ihre Technik gewonnene Zeit ist für den einzelnen vororganisiert. Die verkürzten Arbeitsstunden werden durch den Weg zur Arbeitsstelle schon zum Teil zurückgenommen, in Amerika durch die Ausdehnung der übervölkerten Städte, in Deutschland durch die Wohnungsnot. An der Arbeit, die auf den durchschnittlichen modernen Menschen noch zu Hause wartet, hat mit der Änderung der Familie die Verlagerung der Preisstruktur ihren Anteil. Die kleinen handwerklichen Leistungen sind im Verhältnis zu den großen Apparaturen und Standardarbeiten teurer geworden. Alle sind immer beschäftigt. Die Zeiten, in denen der Kranke auf den Hufschlag des Pferdes hörte, das den Wagen des Arztes spät abends durch die stillen Straßen zog, sind entschwunden. Wie der durchschnittliche Kaufmann sitzt der Doktor am Steuer und bedarf geschärfter Sinne, um sich heil durch den Verkehr zu winden. Die Zahl seiner Patienten steigert sich in dem durch die Technik multiplizierten Wettbewerb, und der nicht strikt fachliche und doch ernsthafte Gedanke, wie die menschliche Beziehung, muß den Boden verlieren und verkümmern. Der Ausweg, zu geruhsamerem Leben zurückzukehren, ist versperrt, für den einzelnen, weil er ökonomisch unterginge, für die Völker nicht weniger, weil jedes Stagnieren der Wirtschaft, jeder Rückgang oder gar Stillstand von Betrieben die Gefahr von Krise, Ohnmacht und Niederlage bringen. Schon durch die Natur seiner Arbeit ist jeder gewohnt, immer sicherer auf Zeichen zu reagieren, und Zeichen lenken ihn in jeder Situation.

Die Schraube, daß sie Direktiven brauchen und durch Gehorsam gegen Direktiven ihrer noch bedürftiger werden, entwöhnt sie spontaner Reaktionen immer mehr. Wenn heute der Traum verwirklicht ist, daß die Maschinen menschliche Leistungen vollbringen, so handeln die Menschen mehr und mehr wie Maschinen. Der Umstand, daß die Maschinen von Menschen erfunden sind, ändert nichts daran, daß auch die Intelligenz der Erfinder ihnen darin ähnelt, daß sie sich immer strikter vorgegebenen Aufgaben anzupassen hat. Jeder wird einsamer; denn Maschinen können rechnen und arbeiten, aber nicht Einfälle haben und sich mit anderen identifizieren. Bei aller Aktivität werden die Menschen passiver, bei aller Macht über die Natur ohnmächtiger gegen die Gesellschaft und sich selbst. Die Gesellschaft arbeitet von sich aus auf den atomistischen Zustand der Massen hin, den Diktatoren sich wünschen können. Es kommt darauf an, daß die Menschen auf ihre Situation reflektieren, die Selbständigkeit erwerben, die ihr angemessen ist, und dem Unheil, das aus ihrer Gleichgültigkeit und Blindheit wieder entstehen kann, durch den Gedanken sich entgegensetzen, dazu bedarf es der Philosophie. Die naturalistische Anthropologie, die nach mißverstandenem Nietzsche eine Kur gegen die Massengesellschaft anbietet und zur darwinistisch konzipierten Natur zurückruft, ist aus den letzten Jahrzehnten nur allzu bekannt. Im Grunde fassen die Anthropologen, deren Denken um die Stärke und die Macht zentriert ist, die Geschichte der Menschheit als die Naturgeschichte auf, in die sie auszuarten droht. Unvermerkt erheben sie die Tatsachen, vor allem den Menschen als Naturmacht, zur Norm und predigen die Brutalität, zu der die Gesellschaft ohnehin vorläuft. Der Philosophie dagegen ist der Rekurs auf solche Kuren versagt, und sie verfehlt das Positive, sobald sie es bezeichnen will.

Durch die Denunziation der Verhältnisse, die ihr zuwider sind, allein vermag sie sich zum Positiven zu bekennen. Sie stimmt den positivistischen Anthropologen darin zu, daß bei dem, was bisher war, der Kampf von Menschen gegen Menschen den Ausschlag gegeben hat; aber indem die Philosophie den geschichtlichen Zusammenhang spiegelt, spricht sie, hierin der Theologie verwandt, das Negative, das Grauen und das Unrecht solchen Geschehens aus. Sie zeigt die Menschen gegen ihre eigene Gesellschaft, ihre Wirtschaft und ihre Technik schwach, aber sie vermag nicht zu folgern, es solle noch mehr Herrschaft sein. Wie man dem Bannkreis des Bestehenden sich entziehen kann, weiß sie nicht vorzuschreiben, sie kann bloß versuchen, den Bann beim Namen zu nennen. Wenn es daher nicht angeht, den Menschen vorzureden, wie sie es machen sollten, um der Schrumpfung des Menschlichen Einhalt zu gebieten, wenn die Vorstellung Wahn ist, man könne die gefährlichen Entwicklungen in Technik, Familie und allen menschlichen Beziehungen abbrechen, die doch alle aus den Mängeln der früheren

Verhältnisse entspringen und ebensosehr ein Befreiendes an sich haben
wie ein Fesselndes, so kann vielleicht aus dem präzisen Wissen um das
Falsche das Richtige sich durchsetzen. Die Einsicht in das Leiden an der
Situation der Menschheit, in der sie sich heute auch dort befindet, wo
sie über die meisten Kräfte verfügt, kann am Ende dazu helfen, die
menschlichen Dinge zur Vernunft zu bringen. Denn alles, was sich be-
gibt, scheint nicht so sehr die Ansicht zu belegen, daß es den Menschen
um Macht zu tun ist – im Gegensatz zu ihren Diktatoren sind die
Völker zumeist nur ungern in den Krieg gezogen, und wenn sie nicht
selten enthusiastisch waren, haben sie das Widerstreben in sich selber
durch Begeisterung übertäubt – sie wollen im Grunde weit weniger
echt und eigentlich als glücklich sein, auch wenn sie schon vergessen
haben, was das heißt. Wer aber glücklich ist, bedarf nicht der Bosheit,
um sich schadlos zu halten für das, was ihm entgeht. Das ist die Wahrheit der Wirtschaft des Überflusses gegen die der Bürokratie.

Über das Vorurteil

Seit dem Ende des Krieges war in Deutschland viel vom Vorurteil die Rede. In anderen Ländern lange vorher. Wenn die Herabsetzung der Menschen wegen ihrer nationalen Herkunft, der Religion oder Hautfarbe erforscht und angegangen wurde, geschah es unter dem Titel des Vorurteils, auch dann, wenn nicht bloß Antipathie und soziale Benachteiligung, sondern der auf schwächere Gruppen gerichtete Haß, die organisierte Verfolgung, entfesselte Mordlust das Thema war. Der Euphemismus, der Gebrauch des harmlosen Wortes verdankt sich der Scheu, das Furchtbare zu nennen, ähnlich wie man gewaltsame Tötung durch gesellschaftlich bestellte Ordnungskräfte gleichsam beschwichtigend als Hinrichten bezeichnet. Schließlich meint ein so gebrauchtes Wort nichts anderes mehr als die krasse Wirklichkeit, deren Bild es mildern sollte. Die unheimliche Bedeutung schlägt auf es zurück.

Vorurteil nennt ursprünglich einen harmlosen Tatbestand. In alten Zeiten war es das auf frühere Erfahrung und Entscheidung begründete Urteil, praejudicium. Später hat die Metaphysik, Descartes, Leibniz zumal, eingeborene Wahrheiten, Vorurteile im strengen Sinne, zur höchsten philosophischen Wahrheit erklärt. Sätze »a priori«, der Erfahrung logisch vorgeordnet, bilden nach Kant die reine Wissenschaft. Nur in England, wo Erfahrung seit Jahrhunderten als die oberste Instanz der Erkenntnis erschien, galt prejudice, das heißt die Ansicht, die der Prüfung durch die Tatsachen vorhergeht oder ihr sich gar entziehen will, von der Bibel abgesehen, längst als Vorurteil im negativen Sinn.

Daß Abbreviaturen eigener Erlebnisse und dessen, was vom Hörensagen stammt, im Vollzug des Lebens eine Rolle spielen, ist offenbar. Was einmal gelernt und aufgenommen ist, wird in allgemeinen Vorstellungen aufgestapelt. Bewußt und halbbewußt, automatisch und absichtlich wird jeder neue Gegenstand mittels des so erworbenen Arsenals begrifflich eingeschätzt. Die Verhaltensweisen der Individuen in den Situationen des Alltags haben auf Grund von bruchstückhaftem Wissen sich eingeschliffen, sind Reaktionen aus Vorurteilen. Im Dschungel der Zivilisation reichen angeborene Instinkte noch weniger aus als im Urwald. Ohne die Maschinerie der Vorurteile könnte einer nicht über die Straße gehen, geschweige denn einen Kunden bedienen. Nur muß er imstande sein, die Generalisierung einzuschränken, wenn er nicht unter die Räder kommen will. Jenseits des Kanals fahren Autos auf der linken Straßenseite, und hierzulande wechseln die Kunden in immer rascherem Tempo den Geschmack. Man kann sie nicht stets nach demselben Schema zufriedenstellen. Solche Vorurteile näher zu bestimmen, zwingt das eigene Interesse.

Der Trieb zur Selbsterhaltung ist nur eine der Ursachen von Vorurteilen. Eigenliebe, Bedürfnis nach Prestige sind in der Gesellschaft mit ihm aufs engste verknüpft. Jeder muß nicht bloß so handeln, sondern so auftreten und sprechen, daß die Menschen ihm glauben und ihren Vorteil in ihm sehen. Er bedarf der positiven Vorurteile über sich selbst. Sie zu korrigieren, fällt schwerer, als wenn es nicht um Stolz und Selbstbewußtsein, sondern unmittelbar um Selbsterhaltung geht. Es gibt dunklere Triebe, die noch auf andere Weise mit Vorurteilen in Verbindung stehen. Machtgier, Neid, Grausamkeit haben seit Anfang die Geschichte der Länder und Kontinente beherrscht. Von der Kindheit der Völker an fordert die Zivilisation die schmerzhafte Bewältigung chaotischer Regungen, jeder hat den Prozeß verkürzt zu wiederholen, um in die Kultur hineinzuwachsen, der er zugehört. Selten geschieht es, daß die Institutionen der entfalteten Gesellschaft im Verein mit hellsichtiger Erziehung Menschen zu Erwachsenen machen, die ohne Rückhalt sich der eigenen Arbeit und dem Glück des Ganzen widmen können. Zumeist bleiben seelische Narben zurück. Die List der Vernunft, das heißt die allgemeine Steigerung der menschlichen Kräfte durch den Wettkampf unter den Völkern, und die günstige Konstellation im besonderen Fall müssen je und je zusammenwirken, damit nicht unter der Decke gesitteten Umgangs in den Herzen der Hang zur Gewalt, der Haß, zumindest die Kälte herrscht. Im Dienst zerstörerischer Triebe gewinnt das Vorurteil die Funktion, die hier zur Rede steht. Aus der Verkürzung des Gedankens, die ein Mittel bei der Erhaltung des Lebens ist, wird es zum Schlüssel, eingepreßte Bosheit loszulassen. War jene neutrale Abbreviatur zuweilen schwer abzuändern, weil die mit ihm verbundene Verhaltensweise sich eingeschliffen hatte und lieb geworden war, so ist das Vorurteil des Hasses unverrückbar, weil es dem Subjekt gestattet, schlecht zu sein und sich dabei für gut zu halten. Je mehr die Bekenner die Falschheit ihres Glaubens ahnen, desto begeisterter halten sie an ihm fest. Das starre Vorurteil schlägt in Fanatismus um. Zum Geschäft des Demagogen gehört es, edle Losungen zu finden, die zugleich der Feindschaft ein Objekt versprechen. Von den kleinen Gerüchtemachern, die im Namen des Anstands und der Solidarität das Komplott gegen Neger und Fremde anzetteln, bis hinauf zu den planvoll ungebärdigen Führern, die das Volk durch Haß zur explosiven Gemeinschaft zusammenschweißen, zieht sich die Reihe der Agenten des Unheils, die den Anfälligen den erwünschten Vorwand liefern.

Nicht bloß Amateure und Experten der Verführung, die bewußt auf die verborgenen zerstörerischen Kräfte in den Menschen wirken, sondern die Umstände des gesellschaftlichen Lebens treiben von selbst zum starren Vorurteil. Die sozialen und psychologischen Mechanismen, die dabei im Spiele sind, sind längst erforscht. Wenn das Kind aus der Stube der Eltern in die Schule kommt und unter Fremden sich bewähren soll, muß es seine eigene Schwäche, sein Heimweh bekämpfen. Um das zu leisten, wird ihm Schwäche zum Feind, es entdeckt und schlägt sie überall lieber bei den anderen als in sich. Die ganze Klasse ist dem Schwächling und dem Mamakindlein auf der Spur. Wer sich am meisten dabei hervortut, das je gefundene Opfer zu verhöhnen, und sich besonders als den Starken aufzuspielen weiß, den plagt die Schwäche, die er beim anderen findet, damit er sie in sich vergessen kann. Soldaten, die im Krieg leicht im anderen den Feigling sehen und den zu Haus Gebliebenen als Drückeberger denunzieren, pflegen ein hohes Maß uneingestandener Angst zu haben. Wer möchte sich vor Schmerz, Verstümmelung und Tod nicht drücken! Wissenschaftlich heißt das heute Projektion. Die Dichter und Schriftsteller haben es immer gewußt. Wer überall Unrat wittert, hat eine besondere Neigung dazu. Der Anstoß, den er nimmt, ist Index seiner eigenen Verfassung.

Daß eine gesellschaftliche Gruppe, die sich nicht wehren kann, durch Gerüchte, Losungen, schließlich durch Kommando der schlechten Regungen bezichtigt wird, die man selber an ihr auslassen will, ist vielen recht, vor allem, wenn zur seelischen Verbitterung ein wirtschaftlicher Rückgang kommt. Natur erzeugt den Kollektivhaß nicht. Dafür sprechen Studien über Rassenvorurteile in Amerika. Unter günstigen Umständen machen Kinder zwischen Farbigen und Weißen keinen Unterschied. In einer Versuchsreihe wurden Fünfjährige veranlaßt, ein Maskenspiel aufzuführen, in dem einer der Böse war. Eine Anzahl Masken, darunter eine schwarze, stand zur Wahl. Selten war es diese, die die Kinder für den Bösen wählten. Hautfarbe erschien ihnen nicht als wesentlich. Das erfahren Eltern an den eigenen Kindern. In den großen Städten kommen die Kleinen aus der gemischten Schule und erzählen von den Klassenkameraden. Nicht selten merkt die Mutter erst im Lauf von Monaten und Jahren, daß die kleine Mary oder Lucy, mit der ihr Töchterchen sich angefreundet hat, ein Negermädchen ist; ihrer eigenen Kleinen war das nicht aufgefallen, sie hat es der Erwähnung nicht für wert gehalten. Wo dagegen in zurückgebliebenen Provinzen und sozialen Schichten die Eltern von Beginn darüber wachen, daß ihr Kind ja nicht mit Negerkindern spielt, wo es dafür gescholten und geschlagen wird, muß es sich die Unbefangenheit abgewöhnen. Es entwickelt sozusagen einen eigenen scharfen Sinn für Neger und alles, was damit zusammenhängt. Um sich selbst zu schützen, steigert es die Abneigung, bis die dunkle Farbe ihm zuwider ist. Das Vorurteil wird physischer Abscheu, eine Disposition im Charakter, die man ausnahms-

weise ignorieren, aber nicht ablegen kann. Der gegen die Natur er-
zwungene Verzicht wird an eben der Rasse gerächt, mit der man durch
die Freundschaft einst verbunden war.

Das negative Vorurteil ist mit dem positiven eins. Sie sind zwei Seiten einer Sache. Daß der Neger wesensmäßig schlechter ist, bedeutet,
daß der Weiße wesensmäßig besser ist, er braucht nichts dafür zu tun.
Wenn es genügt, die Hautfarbe zu kennen, um über jenen den Stab zu
brechen, gleichviel, was er als einzelner auch denkt und tut, dann sind
dem eingesessenen Weißen seine eigenen moralischen Qualitäten garantiert. Sein Ich wird dadurch aufgebläht, daß er der richtigen Rasse
angehört. An die Stelle eigener Verdienste tritt die Mitgliedschaft in
einem Kollektiv. Auch dem vernünftigen Bewußtsein gilt die Zugehörigkeit zu einem Volk, zu einer Partei oder Institution, gleichviel ob
der Zugehörige sich einfügt oder widerstrebt, nicht als bedeutungslos.
Das Individuum für sich allein ist eine Abstraktion. Es ist in die Gesellschaft verflochten; von den Besonderheiten der Verflechtung hängt
zum großen Teil nicht bloß sein Schicksal, sondern auch sein Charakter
ab. Die Historiker kennen die Subtilität, deren es bedarf, um die Rolle
der sogenannten großen Männer in den Nationen, Religionen, Völker-
stämmen festzustellen. Bei den kleinen, den Privatpersonen, ist die
Aufgabe nicht einfacher. Diese können sie zumeist nur selber leisten.
Anstatt der Sammlung von Dokumenten bleibt ihnen die Erinnerung,
das Gewissen, die Empfindsamkeit des eigenen Bewußtseins. Einen mit
irgendwelchen Kollektiven, in die er hineingeboren oder sonst hinein-
geraten ist, unmittelbar in eins zu setzen, im guten oder schlechten Sinn,
ist wider die Vernunft. In manchen Städten und Ländern, in denen der
Gedanke an den letzten Krieg noch lebendig ist, pflegt ein Deutscher an
sich selbst die Abneigung zu erfahren, die dem ganzen Volke gilt. Er
wird schlicht mit ihm identifiziert. In anderen Ländern, etwa in Ägyp-
ten, wird er aus demselben Grund zuweilen mit dem Gruß des Dritten
Reichs empfangen. Wieweit er die Begeisterung verdient oder mit jenen
harmoniert, die ihn in ihrer Bitterkeit mit dem Vergangenen verwechseln, das er haßt, ist eine Frage, die zu verantwortlichem Denken
zwingt. Das Vorurteil, das eigene wie das fremde, nimmt sie zu leicht.

Gegen die starren Vorurteile zu argumentieren ist eitel. Sie degra-
dieren den einzelnen dazu, in dem Allgemeinbegriff, unter den sie ihn
befassen, als autonomes Wesen unterzugehen, und die Sätze, die den
Allgemeinbegriff bestimmen, stehen fest: »Das ist ein Jude«, »Das ist
ein Zigeuner«, »Die Art kennen wir«, »Jeder Deutsche ist ein Nazi«,
»Dem Amerikaner fehlt die tiefere Kultur«. Das Tor ist geschlossen
gegen alles, was der andere auszudrücken vermag. Er gilt nicht mehr
als ein Wesen, mit dem umzugehen und zu sprechen vielleicht ein Vehi-
kel der Wahrheit ist. Er gehört zu einer niedereren Gattung. Die Ver-

folgungen sind die logische Konsequenz. Wenn vom Geist die Kraft nicht abzulösen ist, den anderen zu erhöhen, indem sie das Höhere in ihm entdeckt, dann sind die vorurteilsvollen, »autoritären« Charaktere der Widerpart des Geistes. In der Forschung wurden sie beschrieben und lassen sich zumeist erkennen, auch wenn von Nationalität, von Religion und Rasse nicht die Rede ist. Das zur Zeit des Krieges für Amerika entworfene Modell wies unter anderen die bekannten Züge auf. Die Autoritären pflegen hierarchisch zu denken, teilen die Menschheit nach der sozialen Stufenleiter ein. Sie haben feste Maßstäbe, schließen an das je Bestehende genau sich an, sind gegen alles Schwanken und fordern, daß die Macht rasch zugreift. Unfähig sind sie, in irgendeinem Fall die Schuld im Ernste bei sich selbst zu suchen. Sie sagen gerne »Wir« und meinen dabei das ganze Land. Über sich zu lächeln, ist ihnen versagt. Je weniger sie ihr eigenes Subjekt in Frage stellen, desto rascher sind sie bei der Hand, die anderen anzuklagen. Sie haben eine feine Witterung für Machtverhältnisse, nach ihnen richten sie ihr Leben ein. Die Züge des »autoritären Charakters« variieren nach Zeiten und Ländern. Sie und ihren Vorsprung zu erforschen ist eitel, solange die Ergebnisse, fragmentarisch, wie sie heute noch sind, in Politik und Erziehung nicht wirksam werden. Trotz allem, was die Gegenwart verdüstert, könnte solche Kenntnis dazu helfen, daß die Zahl der einzelnen wächst, deren Urteil nicht starr, sondern sinnvoller Entfaltung fähig ist.

Die Aussicht dazu war schon immer verstellt. In den achtziger Jahren des letzten Jahrhunderts wurde Theodor Mommsen, der Historiker, einmal gebeten, sich zum Antisemitismus zu äußern, sein Wort könne »hilfreich und reinigend« sein. In seinem Antwortschreiben heißt es: »Sie täuschen sich, wenn Sie annehmen, daß überhaupt etwas durch Vernunft erreicht werden könnte. In vergangenen Jahren habe ich das selbst geglaubt und fuhr fort, gegen die ungeheuerliche Niedertracht des Antisemitismus zu protestieren. Aber es ist nutzlos, völlig nutzlos. Was ich oder irgend jemand anders Ihnen sagen könnte, sind in letzter Linie Argumente, logische und ethische Argumente, auf die kein Antisemit hören wird. Sie hören nur ihren eigenen Haß und Neid, ihre eigenen niedrigsten Instinkte. Alles andere zählt für sie nicht. Sie sind taub für Vernunft, Recht und Moral. Man kann sie nicht beeinflussen ... Es ist eine fürchterliche Epidemie, wie die Cholera – man kann sie weder erklären noch heilen. Man muß geduldig warten, bis das Gift sich selbst aufgezehrt und seine Virulenz verloren hat.« Es hat sich nicht aufgezehrt, sondern die furchtbare Wirkung geübt. Der Glaube, es sei nun verbraucht, ist zukunftsfroh. Anstatt daß die Bedingungen für den autoritären Charakter geschwunden sind, haben sie sich überall vermehrt. Der vielbesprochene Rückgang der Familie, die Not in

überbesetzten Schulen sind nicht geeignet, autonomes Denken, Phantasie, die Lust an geistiger Tätigkeit zu entwickeln, die nicht zweckge-
bunden ist. Das Wachstum der Bevölkerung, die Technik selber zwin-
gen die Menschen, innerhalb und außerhalb der Arbeitsstätte, in der
Fabrik und im Verkehr, auf Zeichen zu achten, in gewisser Weise selbst
zum Apparat zu werden, der auf Signale reagiert. Wer immer auf
Zeichen blickt, dem wird am Ende alles zum Zeichen, die Sprache und
das Denken selbst. Er wird dazu getrieben, alles zum Ding zu machen.
Das ist der inneren Freiheit nicht günstig. Trotz der Steigerung der
Herrschaft über die Natur, der vermehrten Kenntnis und des Scharf-
sinns, der sich nichts vormachen läßt und doch alles mitmacht, hat sich
die Fähigkeit zur eigenen Erfahrung und zum Glück nicht ausgebreitet. Der Glaube, daß der Lebensstandard und die Vollbeschäftigung
auf die Dauer alles kompensieren werden, kann trügen. Die Erfahrung
darin ist kurz, ihre rasche Generalisierung kein starres, aber doch ein
– Vorurteil.

Empirische Forschung stellt Tatsachen und ihre Zusammenhänge fest.
Mit ihrer Hilfe kann Philosophie auf das hinweisen, was anders werden soll. Was sie im letzten Grunde dabei leitet, abschlußhaft darzustellen, vermag sie nicht. Vorurteil im destruktiven Sinn, wie es an den
großen Eroberungen und Katastrophen der Geschichte beteiligt war
und in der Gegenwart selbst bei blühender Wirtschaft keineswegs geschwunden ist, gehört zu jenem zu Verändernden. Es macht das verdinglichte Bewußtsein zum Gericht, bei dem das Verdikt schon vorher
feststeht, was der Angeklagte immer vorbringen mag. Rede und Ge-
genrede, Anklage und Verteidigung, das ganze Verfahren ist Schein.
Die Beziehung zwischen Menschen wird leer, wie sehr sie auch funktioniert. Allein mit Technik läßt der Himmel sich nicht erobern. Einmal
versuchten sie es mit der Konstruktion zu Babel, und es entstand die
Sprachverwirrung. Jetzt soll die Raumfahrt es schaffen, und die
Sprache verstummt. Wenn die Wahrheit das Ziel ist, dem das Denken,
wie einst Kant es meinte, in unendlichem Prozeß sich nähern soll, hat
sie im verhärteten Urteil ihr schwerstes Hindernis.

Der Bildungsauftrag der Gewerkschaften

Als mir die Ehre zuteil wurde, von der Leitung der Akademie der Arbeit aufgefordert zu werden, bei ihrer 40-Jahr-Feier über den Bildungsauftrag der Gewerkschaften zu sprechen, war ich mir nicht bewußt, wieviel Fragen mit dem Thema verknüpft sind. Von den organisatorischen Problemen im engsten Sinn, wie sie sich in der eigenen Bildungsarbeit der Gewerkschaften sowie ihrer Beziehung zur Erwachsenenbildung schlechthin, etwa der mit den Volkshochschulen zusammen gegründeten Einrichtung »Arbeit und Leben« geltend gemacht haben, bis zu grundsätzlichen, die Bildung heute überhaupt betreffenden spekulativen Erwägungen stehen eine Reihe wirtschaftlicher, soziologischer, sozialpsychologischer Fragen zur Erörterung. Gewerkschaftliches Handeln ist zugleich geschichtliches, politisches Handeln. Jede Antwort, jede Maßnahme von einiger Tragweite impliziert und bedingt Entscheidungen auf anderen Gebieten. Beim Gründungskongreß des Deutschen Gewerkschaftsbundes, als er im Oktober 1949 unter Einschluß der früheren Christlichen Gewerkschaften wieder erstand, ist das klar hervorgetreten. »In einem freilich«, sagte der Vorsitzende Hans Böckler in seiner Ansprache, »wird man die Gewerkschaften zum Äußersten entschlossen finden: in der Verteidigung der demokratischen Einrichtungen, auf denen unser aller Wohl beruht, gegen jede Autokratie und gegen jede Totalität. Ein zweites 1933 darf und wird es nie mehr geben[1].« Manchem der älteren Teilnehmer mag bei diesem Satz der Gedanke gekommen sein: »Selbst ein zweites 1914 sollte es nicht mehr geben.« Den Gedanken fortspinnend könnte er sich entsinnen, daß auf einem anderen Kongreß im Jahre 1907, in meiner Heimatstadt Stuttgart, die Vertreter der Parteien der Arbeit, Sozialdemokraten vieler Länder, gehofft hatten, sie könnten verhindern, daß es noch jemals zu einem europäischen Kriege käme. Der theoretisch-praktischen Implikationen einer solchen Hoffnung waren sie sich nicht bewußt. Sie glaubten ihrem Glauben, ihrer Entschlossenheit in jenem Augenblick, sonst geschah nicht viel. Die Vertreter der Arbeiter hatten zwar den guten Willen, aber nicht das richtige Verständnis der Gesellschaft. Hat doch Eduard David[2] noch gegen Ende 1912 im Deutschen Reichstag erklärt: »Früher haben sich die Massen blindlings von denen, die Interesse an einem Krieg hatten, gegeneinanderhetzen und in den Massenmord treiben lassen. Das hört auf. Die Massen hören auf, willenlose Instrumente und Trabanten irgendwelcher Kriegsinteressenten zu

sein.« In einem Bericht jener Tage heißt es, daß selbst Jaurès[3], der
Führer der französischen Sozialisten, noch Ende Juli 1914 nach einer
Sitzung des Internationalen Bureaus, die man aus Sorge einberufen
hatte, es für unmöglich hielt, daß »die Dinge sich nicht einrichteten«.
Ein paar Tage nachher wurde er ermordet. Er wollte den Frieden und
war kein Alarmist. Wie seine Genossen hat er die langen Jahre vor
dem Ersten Weltkrieg die Nerven behalten, sonst hätten er und andere
ihrem Bekenntnis zum Frieden vielleicht ein wirksameres organisatori-
sches, theoretisches und pädagogisches Instrumentarium geschaffen. Zur
Bestimmung der Verwirklichung des richtigen politischen Ziels gehört
die innere Unabhängigkeit und Hellsichtigkeit derer, die für es einstehen, das Verständnis der geschichtlichen Situation, der gesellschaftlichen
Tendenzen im eignen Land und in der Welt, die vernünftige Einschät-
zung der Möglichkeiten. Überzeugung, wie sehr sie mit gutem Willen
verknüpft sein mag, bleibt abstrakt. Es gibt Individuen, Massen ohnehin, die Vorstellungen und Urteile nicht etwa bloß vorgeben, sondern
mit Inbrunst anerkennen und nachbeten. Unter veränderten Umständen und Einflüssen nehmen sie, ebenso inbrünstig, andere Urteile an,
die damit unverträglich sind. Ich kenne respektable Menschen, die
große Leistungen vollbracht haben und in entscheidenden politischen
Fragen der eigenen Illusion, dem übermächtigen Schein oder fremder
Manipulation anheimgefallen sind. Es gibt auch andere Kollektive und
Individuen. Welche der beiden Arten in einem Land, in einer sozialen
oder Altersgruppe vorherrscht, hängt von den gesamten Verhältnissen,
nicht zuletzt von der bewußt pädagogischen Arbeit ab, die in immer
höherem Ausmaß den gleichsam naturwüchsigen Einfluß der Familie
und nächsten Umgebung ersetzen muß. Wo immer vom Bildungsauftrag der Gewerkschaften die Rede ist, bedarf es der Erinnerung, daß
es unmöglich ist, ihn definitorisch auf einzelne Gebiete festzulegen. Je
mehr man annimmt, daß er auf gewerkschaftliche Arbeit selber, auf die
Konzeptionen und Obliegenheiten künftiger Funktionäre abzustellen
sei, desto weniger lassen Wissenselemente verschiedenster Ordnung von
vornherein sich ausschließen. Was wirtschaftlich-politische Wirksamkeit bedeutet und vermag, wie weit sie sinnvoll ist, hängt nicht zuletzt
vom Ausmaß der Erfahrung und der Einsicht ab, die in sie eingeht. Das
gilt auch für jenes Gelöbnis beim Gründungskongreß, das zu seiner Zeit
noch so selbstverständlich klang. Darüber, ob es zu halten sei, entscheiden jene in sich verflochtenen subjektiven und objektiven Momente und
nicht einmal sie allein. Die Gegenwart ist noch undurchsichtiger als zur
Zeit von David und Jaurès.

Dessen bitte ich Sie nun eingedenk zu sein, wenn jetzt vom Begriff
der Bildung die Rede ist. Einen historischen Abriß vorzutragen, ist
hier nicht unsere Sache. Er ist mit den Namen Goethes, Wilhelm von

Humboldts, Pestalozzis verknüpft, er ist deutsch. Wer ein englisches Wörterbuch aufschlägt, spürt, daß er andernorts, wenigstens bis vor kurzem, nicht so mit Problemen belastet war wie hierzulande, wo der Prozeß erst später und bewußter vor sich ging. Was a highly cultured, wenn nicht gar a well-bred person ist, verstand sich sozusagen von selbst, un être cultivé oder instruit schon gar nicht zu erwähnen. Das deutsche Bürgertum aber hat französische Bildung erst im 18. und 19. Jahrhundert abgelegt, um seine eigene zu erwerben. Die Züge des Aufwands trägt die Sprache noch an sich. Bei vielen Worten und Wendungen zeigt sich ein Schwanken, ob sie den altvertrauten Ausdruck sich selber zuzurechnen oder als Fremdwort zu verfemen willens sei. Wenn das Französische – ich meine nicht die Politik, sondern die Sprache – seiner selbst so sicher ist, daß nicht einmal das Telefon es fertigbringen konnte, das schöne Abschiedswort Au revoir durch re-entendre zu berichtigen, haben nicht wenige Adreßbücher diesseits des Rheins die freundliche »Pension« durch das »Fremdenheim« ersetzt, und wenn Erziehung dem instinktiven Widerwillen nicht beisteht, wird es noch dazu kommen, daß man so spricht.

Die Frage nach Bildung betrifft heute nicht mehr die Schaffung eigener nationaler Kultur, nicht mehr ein Geistiges, das Natur werden soll. Solche Anstrengung, zu der Lessing und Schiller sich bekannten, wurde durch wilhelminischen Schneid und völkische Brutalität ins Gegenteil verkehrt. Eher ginge es um Bewahrung und Verständnis dessen, was trotz der Attacken geblieben ist. Was Bildung sei, meint jedoch ein scheinbar Engeres. Gibt es für den einzelnen, so ließe sich die Frage erklären, heute ein anderes Verhalten als das des Rädchens in der großen Maschine, eine andere Richtigkeit als die des Mittels zum Zweck. Die straffe Arbeitsteilung läßt keinen Spielraum für sinnvolle Spontaneität, die Wahl zwischen Motorrad und neuem Funkgerät ist bloß Ersatz. Alles Tun wird Anpassung. Nicht Erziehung allein, auch das Interesse derer, die erzogen werden, muß auf Methoden, Fakten, das Brauchbare sich einstellen, schließlich auf die Fähigkeit, von einer Arbeitsstelle zur andern zu wechseln, die Geschicklichkeit, gut auszusuchen. Was jene deutschen Philosophen, Humboldt und die Idealisten, wollten, Kultur als etwas, das im Pragmatischen nicht aufgeht und doch nicht Willkür ist, erscheint in seiner Abgelöstheit trotz der Sonntagsreden, denen es als selbstverständlich gilt, als inhaltsleer.

»Die Wissenschaft«, hieß es bei Schelling[4], »hört als Wissenschaft auf, sobald sie zum *bloßen* Mittel herabgesetzt und nicht zugleich um ihrer selbst willen gefördert wird.« Man müsse das »schlechthin Allgemeine . . . die Quelle der Ideen« je in dem besonderen Lehrfach niederlegen, Allgemeines und Ideen in der bestimmten Disziplin ausdrücken[5]. Schelling zog die Konsequenz des Idealismus für den Betrieb der

Wissenschaften. Ich meine keineswegs, daß die Wahrheit aus seinen Gedanken gewichen sei; aber die Bedürfnisse des Marktes und der Industrie, denen die Lehranstalten, letztlich auch die Universität, zu dienen haben, machen die Erfüllung zur Illusion. Weit entfernt davon, daß übergreifende philosophische Wahrheit in fachlichen Disziplinen offenbar wird, ist Philosophie, soweit sie nicht selbst als bloße Erkenntnistheorie, Methodenlehre, am sichersten als Positivismus, zur fragwürdigen Einzelwissenschaft sich ausstaffiert, von den übrigen Disziplinen durch eine Kluft getrennt, und selbst dann pflegt sie aus guten Gründen die Erörterung, wofür zu leben sei, der Philosophiegeschichte und oratorischen Leistungen außerhalb der Universität zu überlassen. In deren eigenem Bereich gibt es im Unterschied zur klassischen Zeit von 1770 bis 1830 keine Bildung solchen Stiles mehr. Daß die Studenten mit und in den erschreckend umfangreichen Kenntnissen, die sie etwa in Chemie sich anzueignen haben, zugleich im Ernste, wie die Idealisten wollten, Philosophie, das »schlechthin Allgemeine, die Quelle der Ideen« aufnehmen, in der Vielheit der Methoden und Tatsachen die Idee, den Zweck und nicht ein bloßes Mittel erkennen sollten, ist schwer vorstellbar. In Schellings Forderung lebt der stoisch-spinozistische Gedanke, daß in allem Einzelnen das Leben des Ganzen nicht bloß in abstracto, sondern wirklich zu erfahren sei.

Solchem Vertrauen hat Geschichte etwas angetan. In den Wissenschaften wie in anderen Arbeitsgebieten ist der Fortschritt der Teilung und Unterteilung der Tätigkeiten in die Qualität präziser Verrichtungen umgeschlagen, die an sich selber gegen Sinn oder Unsinn gleichgültig sind. Bildung als Bekümmerung um die Idee, als ein Wissen um Sinn und Bedeutung, wird heute jenseits der Wissenschaft, jenseits der Vorbereitung auf die Laufbahn, jenseits fachlichen Trainings gesucht. Sie betrifft die Qualitäten, die neben, außer, über der Vorbereitung zum Beruf, was immer er auch sei, den Lernenden noch mitgegeben werden sollen, sogenannte »allgemeine« Bildung. Selbst Theodor Litt, der von den Humanisten herkommt und wahrlich die Durchdringung von Fach und »Leben im Ganzen« fordert, hat Allgemeinbildung von der beruflichen abgegrenzt. Es komme darauf an, »zwar dem Fach zu geben, was des Faches ist, aber *darüber hinaus* nicht zu vergessen, was *über* alle Fachgerechtigkeit *hinaus* liegt, aber eben deshalb allem fachlichen Bemühen erst seinen Sinn und seine Würde verleiht«[6] (Hervorhebungen von M. H.). Bildung bezöge sich demnach auf ein Weiteres, Tieferes, Höheres als die bestehende Wirklichkeit, mit der die Menschen umgehen und in der sie aufgehen. Fest stünde, daß es ein Positives sei und der menschlichen Aktivität die geistige Bestätigung verleihe, der sie zu entbehren scheint.

Auch in früheren Epochen war Bildung zur Erfüllung menschlicher

Bestimmung nicht ohne weiteres dasselbe wie Anleitung zu den Verrichtungen, die im Alltag nötig sind. Die Verwaltung des Staatswesens im alten Athen, für das die Bürger als dem Höchsten erzogen wurden und zu dem letztlich noch die Götter im Olymp gehörten, bedeutete ein anderes als die körperliche Ertüchtigung, der Kriegsdienst, die rhetorischen Künste, ohne die es nicht abging, von den Sklaven zu schweigen. Entsprechendes gilt für die neuere Zeit. Moralische und religiöse Gesinnung, die sprachlichen und anderen Kenntnisse, die den Bürger der letzten Jahrhunderte auszeichneten, waren verschieden von Buchhaltung und Geschäft und hingen doch zutiefst damit zusammen. Allgemeine und besondere Bildung unterschieden sich und waren doch eins. Völlige Entfremdung kennzeichnet Perioden des Übergangs, die Gegenwart. Ich meine keineswegs, daß der Prozeß vollendet sei, ja auch nur, daß er notwendig sein Ende erreiche. Die Zahl der einzelnen wie der Gruppen, auf die dagegen sich verweisen läßt, ist wahrlich nicht gering. Offenkundig jedoch sind die Bildungsmomente, die noch vor gar nicht langer Zeit der bürgerlichen Aktivität einwohnten, dabei, sich äußerlich zu machen, als Routine, als Instrumentarium sich auszubreiten. Etwa von freundlichen, zivilisierten Gesten und Handlungen darauf zu schließen, daß ein freundlicher Gedanke, die Bildung des Herzens, wie es einmal hieß, zugrunde läge, von der Zugehörigkeit zu wohltätigen oder konfessionellen Klubs auf einen wohltätigen Zug in der Gesinnung, wäre heute noch kühner als ehedem. Verstehen Sie mich bitte recht. Weit entfernt davon, zivilen Umgang, auch wenn er Oberfläche ist, der finsteren, brutalen Weise vieler Menschen hier und anderswo, nicht vorzuziehen, halte ich das Wort La Rochefoucaulds, daß Heuchelei Verbeugung des Lasters vor der Tugend sei (Maximen, 208), für eine Einsicht. Selbst gespielte Kultur ist besser als gar keine. Auf große Strecken hin hat der humane Ton vom Gedanken sich jedoch so weit gelöst, daß keine Verbindung, keine Wechselwirkung zwischen außen und innen mehr herrscht und das Gesicht, das einer dem andern zukehrt, bloß noch Fassade ist, »a front«, wie es auf Englisch heißt. Die Front wird hart und undurchlässig, so daß nichts hindurchdringt, weder der Schmerz des andern noch die Kälte des eigenen Ichs. Was Ausdruck sein könnte, wird zum Ding. Erfährt einer vom andern mehr Freundlichkeit, als durchgängig gefordert wird, so muß er sich fragen: was will er von mir?

Der Verfestigung von Bildungsmomenten im Individuum entspricht die Vermehrung kultureller Sparten in der Arbeitsteilung. Bedeutete die persönliche Kultur, die Bildung des Kontrahenten einmal Empfehlung der Vertrauenswürdigkeit, so hat Empfehlung heute in verdinglichter Gestalt, als Reklame, die ganze Gesellschaft ergriffen. Reklame, Empfehlung, Propaganda und alles, vom Aussehen der Stadt zur Tag-

und Nachtzeit bis zum Lächeln des Filmstars und der Staatsmänner, von den großen Armeeparaden bis zur Formulierung und Anordnung der Nachrichten. Sie strebt dahin, zum Selbstzweck zu werden, wie einmal jene menschlichen Qualitäten, deren Erbe sie antrat. Das gilt keineswegs für Anzeigen allein. Der Text der Illustrierten etwa ist die Reklame der Reklame, der Vorwand für alle die Seiten, die dem Text vorangehen und ihm folgen. Das soll gewiß nicht heißen, daß er nicht gut oder mutig sein könne, nur verdankt er sein Dasein jener Funktion, in hohem Maß besteht sein Ansporn in der Fortsetzung der alten und der Gewinnung neuer Inserate. Die Verflechtung in die Wirtschaft teilt er mit höheren Sphären der Kultur. Wenn die Geistlichen vergessen sollten, so sagte schon der Dichter Emerson, uns ans Weihnachtsfest zu erinnern, die Kaufleute werden es tun. Heute wissen es alle, und schließlich tragen die Wendungen der Sprache, die Elemente der Kultur, auch wo sie anderes ausdrücken wollen, den Charakter der Funktion an sich, die sie in der Arbeitsteilung zu erfüllen haben. Seit den Jahrmärkten und Volksfesten, die als Symbole vergangener Verkehrsformen im 19. und 20. Jahrhundert willkommen waren, haben Wissenschaft und Technik dem Marktschreier zur ungeahnten Karriere verholfen. Sein Gewerbe ist universal geworden und tendiert, die verschiedensten geistigen Leistungen in sich hineinzuziehen. Zu den menschlichen Tendenzen, die solche Entwicklung im Gefolge hat, gehört die Angleichung der kulturellen Erfahrung an den Verbrauch schlechthin. Kultur wird zum Warenhaus, und eben weil zu große Auswahl ist, wird wahllos eingekauft. Alles wird angeboten, vieles mit dem Slogan, es sei echt, einzigartig, anders als das übrige derselben Art. Das gilt nicht bloß für das Putzmittel und die Pause, in der man Cola trinkt, sondern auch fürs Halbverstandene, dessen Struktur und Bedeutung dem Konsumenten der Kultur entgeht. Es gilt für das routinemäßig hergestellte abstrakte Bild, das den Nonkonformismus zur Geschäftsgewohnheit macht wie für den Cézanne, der den Touristen im Museum nicht mehr und wahrscheinlich weniger sagt als ein Defregger. Die besondere, bestimmte Wahrheit jedes Kunstwerks, das den Namen verdient, schließt erst der hingebenden Entäußerung und Erfahrung sich auf, die ihm allein gewidmet ist, sonst wird das eine wie das andere und das Entscheidende entschwinden. Die Verwandlung geistiger Erfahrung in Konsum erzeugt die quicklebendige Verfassung jener, die dahinterkommen. Die Verfilzung wirtschaftlicher und kultureller Elemente bringt nicht wenige dazu, Wahrheit im emphatischen Sinn für nichts zu achten. Sie meinen, allem Geistigen wie einem seichten Wasser auf den Grund zu sehen und ahnen nicht, daß die versierte Bloßstellung, der schlaue Realismus, der ihren Stil und ihren Charakter prägt, die Welt weit mehr verfälscht als Glaube und Vertrauen, die immer wieder zur Enttäuschung treiben. Unter den Jungen sind die Pfiffigen, die überall mit einem Blick sich zurechtfinden, in der Regel die Bedauernswerten; in der gelegentlichen Straftat des Jungen dagegen, den man rasch zu den Halbstarken rechnet, drückt nicht selten die Verzweiflung sich aus, daß alles so sinnlos ist. Sie ist der Wahrheit nicht so fern wie die Orientiertheit der Oberfläche. Es gibt freilich nicht wenige, bei denen beides zusammenkommt.

Zur Einebnung des Kulturellen in die von ihm verlassene Wirklichkeit gehört die Vorstellung eines für sich seienden positiven Sinnes, der Begriff von Bildung als der Beschäftigung mit einem Abgelösten, für sich selbst zu Erkennenden, zu Bekennenden, zu Lehrenden. Das war nicht immer so. Im hohen Mittelalter, und an manchen Orten heutzutage, meinte Religion das Ringen um die ewige Seligkeit, in die man tatsächlich eingehen kann. Erst recht die bürgerlichen Ideale, wie Immanuel Kant sie verkündigte, standen für ein wirklich Künftiges. Sie waren wie die Ziele der Französischen Aufklärung und Revolution ans Ende der Zeiten verlegt, Wegzeichen zum ewigen Frieden, der theologischen Hoffnung gar nicht so fremd. Das höchste Gut war die Gerechtigkeit, die sich, hier oder drüben, erfüllen soll. Die Rückschläge der Geschichte wie der Siegeszug der Technik, die im modernen Europa sich gegenseitig bedingen, haben auf Theologie und Philosophie ihre Wirkung ausgeübt. In der Bestimmung des Ziels treten defensive Züge hervor. Es wurde in so hohem Maße sublimiert und spiritualisiert, daß der Begriff Erfüllung kaum mehr in übertragenem Sinne dazu paßt. Die sogenannten »Werte« der neuen Philosophie, die Rangordnung der Wesenheiten, die man angeblich erschauen kann oder gar die Aufmachung des großgeschriebenen SEINS, der leersten aller Ideen, haben mit der Sehnsucht nichts mehr zu tun, die eine befreiende Praxis beseelen könnte. Sie bilden die Scheinbefriedigung, die Ablösung des jüdisch-christlich-sozialistischen wie freiheitlichen Gedankens, daß das Unrecht sich wenden und alles einmal richtig werden soll. Letzten Endes dienen sie der Resignation in die Welt wie sie nun einmal ist.

»Bildung«, heißt es in einem Bericht über den Stand der Diskussion (Herders Staatslexikon, Stichwort »Bildung«), »ist grundsätzliche Orientierung des ganzen Menschseins (Intellekt, Wille und Gefühl) im Ganzen des Seins«. Orientierung im Ganzen des Seins, Begegnung mit dem Höheren, Bindung an Werte soll, nach anderen, als Ziel der Bildung gelten. Trotz der stereotypen Formulierung ist daran ein Richtiges. Eigene Erfahrung in den Qualitäten zu gewinnen, auf die solche Worte weisen sollen, gehört zur Anstrengung, die Bildung heißt. Isoliert genommen können sie jedoch zu einer Art von Gegenständen werden, die als Ersatz für das einstehen, wonach es heute anständige Menschen treibt. Auch Ideen können zu »Artikeln« werden, Güter und

Werte heißen sie ja schon. Wahrheit kommt nicht den Werbeworten zu, wie ernst sie gemeint sein mögen, sondern begrifflichen Zusammenhängen, der aufhellenden Theorie, die an der Welt sich abmüht, damit sie von ihren Schrecken etwas verliert. Je tiefer auf solche Weise einer sie kennen lernt, desto mehr wird sich sein Denken und Fühlen differenzieren, desto erfahrener werden seine Reaktionen sein. Die von den entscheidenden Interessen des einzelnen oder der Gruppe losgelöste, gleichsam freischwebende oder auf besondere Themen und Gebiete, und wären es die höchsten, eingeschränkte Bildung genießt Prestige, und doch kann sie als Element der Unwahrheit, ja der Barbarei fungieren. Dabei denke ich nicht bloß an den Pomp mongolischer Eroberer, die Aufzüge afrikanischer Despoten, die Herren der Renaissance, sondern an die jüngste Geschichte. Manche der scheußlichsten Diener des Dritten Reichs, so wird berichtet, spielten Beethoven mit großem Feingefühl, ja sie spielten ihn nicht nur, sondern vermochten ihn zu erklären. Sie waren wohlinformiert über das Kunstleben, und wenn sie nicht gerade Mordbefehle gaben oder ausführten, vermochten sie schöngeistige Unterhaltungen zu führen. Sie waren, wie man so sagt, hochkultiviert, nur war Kultur bei ihnen eine hermetisch abgeschlossene Kapsel in ihrem Leben und ihrem elenden Reich. Sie war nur Kultur, nichts als Kultur und darum keine Kultur.

Wenn es eine Institution gibt, die der fortschreitenden Trennung realer und geistiger Interessen, die sie nicht rückgängig machen kann, wenigstens nicht folgen muß, sind es die Gewerkschaften, und die Akademie der Arbeit war seit ihrer Gründung ein Zeuge dafür. Wie sehr die Menge spezifischer Kenntnisse, die jeder Lernende, ganz gewiß der Funktionär, sich anzueignen hat, gewachsen sein mag, die Organisierten, die Arbeitenden überhaupt, wollen durch ihre Arbeit, der die Kenntnisse dienen, nicht bloß ihr Leben, sondern eben damit die gesellschaftliche Wirklichkeit verbessern und umgekehrt, mit der Veränderung der Gesellschaft ihre eigene Existenz. Beides ist im Grunde eins. Je adäquater, je entfalteter das Bewußtsein der Einheit ist, desto mehr vermögen die Gewerkschaften, in denen das Interesse sich Gestalt gibt, ihrer Aufgabe gerecht zu werden. Je weniger dagegen die Exponenten der Arbeit um ihre Stellung in der Gesellschaft und die Mächte wissen, mit denen sie umgehen müssen, je weniger sie deren geistige Errungenschaften sich aneignen und bewahren, desto vergänglicher wird bei allen Erfolgen ihre reale historische Bedeutung sein, desto dunkler die Zukunft, die ihrer bedarf. Was in früheren Jahren dem einzelnen die Kenntnis von Menschen und Ländern, der Sinn für Schöne Künste, Philosophie und Literatur gewesen ist, nämlich ein um seiner selbst willen Gepflegtes und zugleich die Voraussetzung des Vorwärtskommens, das bedeutet für die Verbände der Arbeiter heute die Kenntnis der Gesellschaft. Jene kulturellen Gegenstände, die man heute zur allgemeinen Bildung rechnet, sind im Verständnis der Gesellschaft eingeschlossen. Nicht als ob das eine Zweck, die anderen Mittel wären, oder gar soziale Ableitungen die Erfahrung eines Kunstwerks ersetzen könnte. Das wäre nicht wahrer als das Gegenteil. Aber der Wille, daß es besser werden soll, das Interesse an der Wirklichkeit, die ihnen aufgegeben ist, bilden eine Kraft, die arbeitende Menschen zur Beschäftigung mit kulturellen Dingen treibt.

Als Franz Böhm[7] während seines Rektorats einmal zur Akademie der Arbeit sprach, hat er gefordert, »die Gesellschaftsordnung so zu gestalten, daß der Arbeitnehmer nicht nur politisch und zivilrechtlich, sondern auch wirtschaftlich so gestellt ist, daß er sowohl im Arbeitsprozeß als außerhalb desselben ... der gleichberechtigte Bürger seines Staates und seiner Gesellschaft ist«. Nicht bloß politisch und zivilrechtlich, sondern auch wirtschaftlich – damit sind Fragen gestellt, die in Auseinandersetzung mit den großen Konzeptionen der Geschichts- und Gesellschaftsphilosophie zu durchdenken, wesentlich zum Bildungsauftrag der Gewerkschaften gehört. »Bildung«, sagte Walter Dirks in einem Vortrag[8], »ist heute nicht mehr die Kenntnis der Bücher, die man gelesen haben muß, und der Musik, die man gehört haben muß. Die Bücher, auch die Kunstwerke, sind nur ein kleiner Teil der Mittel, durch die man das erreichen kann, was Bildung wirklich ist. ... In einer Gesellschaft, deren Grundwirklichkeit die Arbeitsteilung und deren Schicksal die Politik geworden ist, ist das Kerngebiet der Bildung nicht mehr die Kunst und die Literatur, sondern das Verständnis der Arbeitswelt und der Politik – politische Bildung im allgemeinen Sinne.« Ich zögere, Kunst und Literatur von der politischen Bildung, die Dirks im Auge hat, schematisch zu trennen, und meine, er wird mir beistimmen. Die am Ästhetischen geschliffene Erfahrungsfähigkeit kommt der politischen zugute und die politische der ästhetischen, sie sind heute durch die geschichtlichen Veränderungen im Begriffe, eins zu werden. Die Herstellung der richtigeren Welt, vielmehr der Gegensatz zur unrichtigen, bildet den Kern, um den Geistiges sich zu bewegen hat und aus dem heraus es lebt. Auch das Gesicht der alten Kunstwerke, wie sehr sie ihr widerstehen, ja eben darum, bleibt in der Änderung der Welt nicht unberührt.

Mit Recht wird unter Änderung zuvörderst die materielle verstanden. Alle sollen am Reichtum ihren Anteil haben, auch die, die zu schwach sind, an seiner Produktion noch teilzunehmen. Arbeit ist weder die Schande, die sie für antike Sklavenhalter und Feudalherren einmal war, noch die hohe Gabe, als die man sie besungen hat. Gewiß jedoch hängt Freiheit zu allererst mit materiellem Wohlstand und der auf ihn begründeten unbehinderten Bewegung jedes einzelnen zusammen. Freiheit, die der Mensch besitze, »und würd' er in Ketten geboren«, gehört zu den ewigen Werten, den abstrakten Vorstellungen, von denen soeben die Rede war. – Schiller hat es wahrlich anders gemeint. – Wer nicht in Ketten ist, wen keine Mauer vom Westen abschneidet, ist freier, als wer drüben sich ducken muß. Auch wer zwischen vielen Wegen, Tätigkeiten, Gütern und Diensten wählen kann, ist freier als die Massen, die im Konsumparadies der entwickelten Länder auf die billigeren Läden angewiesen sind. Nicht nur im unmittelbaren Sinn wirkt die Pracht des Überflusses in den Schaufenstern anders auf den, dem sie wirklich zur Verfügung steht, als auf den, der vieles sich versagen muß; er hat es auch leichter, ihre Suggestion zu überwinden. Daß heute Medizin in hohem Maße allen zugute kommt, bedeutet eine unendliche Wohltat und entschiedene Steigerung der Freiheit. Aber auch die Differenz zwischen dem Patienten erster Klasse, der unter Ärzten und Krankenhäusern des Landes und der Welt zu wählen vermag und dem durchschnittlichen oder dem armen Patienten hat mit Freiheit zu tun. Daran sind wahrlich nicht die Ärzte schuld, sondern die realen Umstände, etwa die Verteilung der gesellschaftlichen Ausgaben, die ihrerseits mit dem Zustand der Welt zu tun haben, der äußeren Bedrohung, dem Rüstungswettlauf, dem Hunger in den meisten Ländern. Das alles wirkt auf den kleinsten Umstand des äußeren Lebens zurück.

Die materielle Lage freilich, wie bestimmend ihre Wirkung sei, bleibt selbst abstrakt, wenn sie die seelischen und intellektuellen Kräfte nicht einschließt. Zeigt die Skala des Eigentums schlechthin den Grad der Freiheit an? – Am untersten Ende gewiß. Für den indischen sidewalk dweller, der in Kalkutta auf dem Trottoir schläft und verhungert, wenn er nichts findet, mag irgendein Glaube oder Aberglaube tröstlich sein, im übrigen hat keine andere Freiheit als die des Bissens Brot und des warmen Unterschlupfs noch einen Sinn, das gilt je mehr, desto geiziger die andern sind und desto kälter es wird. Mit der Erfüllung der nackten Bedürfnisse wächst nicht notwendig die Befriedigung. Beim Individuum wie beim Kollektiv gehört zum Glück die Fähigkeit zu ihm, zur objektiven Freiheit die subjektive. Wo sie nicht erweckt und entfaltet wird, verkümmert sie, wo an der Vielfalt des Gebotenen nicht die der Einsicht wächst, die Bildung des Geschmacks, in der schlichten wie der sublimierten Bedeutung des Wortes, bleibt die Freiheit reduziert und wäre der Reichtum noch so beneidenswert. Wie viele Weine im besten Restaurant auf der Karte stehen, die feinen Unterschiede der Blume, die an Regionen der Heimat oder fremder Länder erinnern, sind für den nicht da, der nicht gelernt hat, sie zu schmecken, auch wenn er den ganzen Keller kaufen könnte. Ist einer nicht so weit in Musik erzogen, daß er etwa an der leichten Änderung, in der das Thema einer Sinfonie vor dem Ende des Satzes wiederholt wird, den

Glanz oder die Trauer wahrnimmt, die es auf den Anfang zurück-
strahlt, so kann er sich das teuerste Fernsehgerät, ein Grammophon
für stereophone Platten halten, er wird verkehrte Reaktionen haben,
es sei denn, die vielen Apparaturen vermöchten ihn schließlich fähig
zu machen, richtiger zu hören, was mit dem Alter immer weniger
wahrscheinlich wird. Ich entsinne mich an eine kleine Gesellschaft, zu
der mein Vater mich als Kind mitnahm. Die Erwachsenen führten ein
angenehmes, heiteres Gespräch. Nur einer schien mir schweigsam und
deprimiert. Sprach er einmal, so hatte seine Stimme einen unnatürlichen, gezwungenen Ton, gleichsam als hätte er eine Furcht zu überwinden und müsse tun, als fühle er sich trotzdem wohl. Was er sagte,
war schal, aber er tat mir leid. Als wir nach Hause gingen, sagte mein
Vater: Hast du dir den gut angesehen? Das ist der reichste Mann in
unserer Branche, der weiß kaum, wieviele Millionen er hat.

Daß die menschlichen Qualitäten, die sich im Laufe der Geschichte
gebildet haben, nicht zurückgehen, sondern in einen höheren Zustand
der Gesellschaft mit hinübergenommen und nach Möglichkeit jedem
zuteil werden, gehört nicht weniger zur unabdingbaren Forderung der
Freiheit, als daß jeder unter vielen wählen kann. Das Niveau der Gesellschaft kann nicht ausschließlich am Lebensstandard gemessen werden. Wird dessen Steigerung mit der Verkümmerung, Verarmung, Nivellierung der subjektiven Kräfte, der Glücksfähigkeit der Menschen
bezahlt, so wird materieller Fortschritt geschichtlich eine Regression
bedeuten, die den materiellen Rückschritt schon nach sich ziehen wird.
Wie sehr die Gewerkschaften ihrer Pflicht genügen und die äußeren
Bedingungen der Arbeit zu heben trachten müssen, im eigenen Lebens-
interesse haben sie um das Fortbestehen und die Ausbreitung dessen
sich zu kümmern, was zu bürgerlichen Zeiten geistig hieß. Bei allem
Unrecht ist es mit Freizügigkeit und Selbständigkeit der Individuen
groß geworden und auch heute unablösbar damit verknüpft. Gewerkschaftliche Erziehung, die davon abstrahiert, widerspricht sich selbst.
Ohne die Erhaltung der juristischen Unabhängigkeit, die das bürgerliche Gesetz jedem einzelnen gewährt, ohne Fortbestehen des Rechts,
wirklich zu denken und zu sagen, was einer für wahr hält, sich mit
anderen nach einem Entschluß zusammenzutun und für seine Interessen
einzutreten, widerspricht jede Änderung der Gesellschaft, welche materielle Vorteile sie immer bringen möge, der wahren Absicht aller, die
es besser wollen. Zur Bildung, die Gewerkschaften zu vermitteln haben, gehört, mit dem unbeirrbaren Willen, das sozial Verkehrte zu erkennen und zu ändern, mit der Kraft zur theoretischen und praktischen Kritik, zugleich die Vertrautheit, Identifikation, Verschmelzung
mit der Demokratie der Menschenrechte, mit den liberalen Institutionen, wie sie nach jahrhundertelangen inneren Kämpfen errungen wor-

den sind. Wenn das Neue verwirklicht wird, ohne die entscheidenden Resultate der geschichtlichen Entwicklung darin aufzunehmen, bedeutet es einen Rückfall. Sofern der Westen dazu neigt, leistet er Verzicht auf die ihm historisch zugewiesene Bestimmung; der Osten, der unter Überspringung der liberalistischen Lehrzeit, ohne Hemmung durch ein großes bürgerliches Erbe, die allumfassende Verwaltung einrichtet und persönliche Freiheit allenfalls der Zukunft überläßt, wäre dann das avancierteste geschichtliche Modell. Die Technik hat er bereits sich einverleibt. Trotz aller noch bestehenden materiellen Unterschiede, trotz aller Machtverhältnisse hätte das westliche Europa grundsätzlich abgedankt. Demokratie aber, in ihrer traditionellen Gestalt, als Inbegriff der Institutionen, die das Recht der einzelnen gegen Willkür garantieren, lebendig zu erhalten, weiter zu entfalten und zu schützen, sind heute, wie ich meine, unter allen Schichten zuerst die Arbeiter berufen. Von ihrer Überzeugung hängt es ab, wie weit sie dazu imstande sind. Wäre für die Bildungsaufgabe, die hier in Rede steht, ein Prüfstein auszudenken, ich wüßte keinen besseren als die Einlösung jenes Gelöbnisses auf dem Gründungskongreß: daß Diktatur unerträglich ist. Für die Strömungen, die zu ihr treiben, den Sinn zu steigern und den Willen, sie beizeiten einzudämmen, eine geistige Verfassung allgemein zu machen, die ohne Autonomie, ohne die Möglichkeit, unabhängig zu denken und sich auszudrücken, nicht leben kann, gehört zum dringlichsten Erziehungsziel. Die so Gebildeten werden gegen den Diktator aufstehen, ehe es zu spät ist. Im Vorwort zur Denkschrift der sozialdemokratischen Fraktion der Frankfurter Stadtverordnetenversammlung, die zur Gründung der Akademie der Arbeit führte, hat Hugo Sinzheimer, an den wir heute alle denken, die Aufgabe der Akademie wesentlich darin gesehen, daß die Entwicklung der Fähigkeit zur Mitarbeit an Demokratie »nicht weiter dem Zufall überlassen« werde. Zu diesem Zwecke forderte er nicht nur die Errichtung der Institution in Frankfurt, er wollte schon damals, daß »planmäßig Bildungseinrichtungen geschaffen werden«, die demselben Zweck dienen. Er war von der richtigen Unruhe gequält.

Gewerkschaften sind ihrem Wesen nach geschworene Feinde der totalitären Diktatur, sie müssen sie bekämpfen, selbst wenn sie bei einer wirtschaftlichen Depression die Besserung nicht bloß verspricht, sondern der Wahrscheinlichkeit nach auch halten kann. Zu Beginn der dreißiger Jahre ist eine solche Situation tatsächlich eingetreten, und die deutschen Arbeiter *hätten* gekämpft. Ihre Verbindung mit der Demokratie steht außer Zweifel, und es ist die Pflicht aller derer, die ihre Interessen zu vertreten haben, die Verbindung zu stärken. Denn wirkliche Demokratie ist in steigendem Maße bedroht. Sie funktioniert schwerfälliger, mit größeren Reibungen und Umständlichkeiten als die geölten, ausgerichteten autoritären und totalitären Systeme. Um so mehr bedarf sie der Solidarität all derer, die nicht wieder entmündigt werden wollen. Es gilt, sie in ihrem wahren gesellschaftlichen Interesse so zu bestärken, daß sie imstande sind, einer verhängnisvollen geschichtlichen Dynamik, einem vermeintlichen Fortschritt Widerstand zu leisten, der manchen sozialen und politischen Gruppen gelegen kommt. In Frankreich denken heute nicht wenige, daß ein Regime mit strafferer Disziplin das bessere wäre. Die gesellschaftliche Situation, die zuweilen als einfach erscheint, ist in vielen Ländern komplex und widersprüchlich. Die Kräfte der Linken, die sich revolutionär nennen, sprechen in Wahrheit für ein herrschaftliches System auf materiell und geistig tieferer Ebene. Wer zum Osten will, will zurück. Die auf der Rechten dagegen, die sich zu Unrecht gern konservativ nennen und somit der kulturellen Tradition sich anzunehmen hätten, wollen sie am liebsten liquidieren, sie sind unheimlich progressiv. In solchen schlechten Widersprüchen erscheint, was innerhalb Europa so bedrohlich ist: dem ähnlich zu werden, gegen das es sich wehren muß.

Bildung, im Sinne der Gewerkschaften, so sagte ich, gründet im Verständnis der Gesellschaft, in der Erkenntnis der eigenen Möglichkeiten und des richtigen Ziels. So verstanden, heißt Theorie nicht Verkündung einer fertigen Lehre, sondern fortschreitende Analyse, kritische Erkenntnis. Dazu bedürfen die Gewerkschaften der Anwendung neuester wissenschaftlicher Errungenschaften auf die eigenen Probleme, vor allem der Gesellschaftswissenschaften, der Social Studies. Sie werden bei den Universitäten Hilfe finden, aber ich gestehe, daß es hier an vielem fehlt. Anderen Forschungsrichtungen, naturwissenschaftlichen und unmittelbar technologischen, wird die dem Reichtum der Gesellschaft angemessene Förderung zuteil. Manche Zweige der Sozialwissenschaften, man denke an die Meinungsforschung, an alles, was der Reklame und Propaganda zugutekommt, nehmen am wirtschaftlichen Aufschwung teil und werden dabei freilich durch das herrschende Bedürfnis strukturiert. Natur und Menschen zu beherrschen, selbst die Wirtschaft zu verwalten, lehrt die Wissenschaft. Aber auch dafür, daß die Menschen ihre Abhängigkeit durchschauen und in steigendem Maß sich selbst bestimmen können, hält sie Methoden und Ergebnisse bereit. Sie zur allgemeinen Kenntnis zu bringen, in der Richtung auf Selbsterkenntnis und größtmögliche Autonomie, gehört zur Praxis der Gewerkschaften, zur Erziehung des Nachwuchses, des Funktionärsapparates sowie der Mitglieder. Dabei bedarf es, wenn ich das sagen darf, der eigenen Initiative, der Förderung bestimmter Forschungszweige, die mit der gewerkschaftlichen Tätigkeit näher zusammenhängen, als es zunächst scheinen mag, der Stärkung und gegebenenfalls des Ausbaus solcher Institutionen wie der Akademie, die heute gefeiert wird.

Die staatlichen Lehranstalten vermögen dem Bedürfnis nicht weit genug entgegenzukommen. Nie waren etwa die psychologischen Erkenntnisse von der Bedingtheit menschlicher Verhaltensweisen, von der Anfälligkeit für Taktiken von Führern, von falschen Schuldgefühlen und Mechanismen des Aberglaubens, wie sie der Generation von Freud zu verdanken sind, bei Universitäten beliebt. Freuds Ergebnisse sind wahrscheinlich nicht der Weisheit letzter Schluß. Von dem aber, was Psychologie vor ihm über jene Gegenstände auszusagen wußte, unterscheiden sie sich wie Galilei und Kepler von der Astrologie. Auf ihrem eigenen Gebiet und wie in manchen Sektoren der Soziologie bezeichnen Stücke der Psychoanalyse auch heute noch den Stand der Selbsterkenntnis des modernen Menschen. Die von den Gewerkschaften zu Bildenden bedürfen ihrer in weit höherem Maß als die Mehrzahl unserer Doktoranden.

Themen der Psychologie sind nur ein kleiner Teil der Bildungselemente, an die heute zu erinnern ist. Die Manipulation des Mitglieds gegenwärtiger Gesellschaft hat nicht allein die Literatur Aldous Huxleys und George Orwells, sondern auch Sozialforschung dargelegt. Mit den Studien über den Effekt der Massenmedien läßt sich eine Bibliothek einrichten. Es ist bedauerlich, daß selbst die, deren Tätigkeit für Wirtschaft und Gesellschaft besonders wichtig ist, nur so wenig Genaues davon zu hören bekommen. Von der Menge dessen, das für Vertreter von Organisationen unmittelbar nützlich ist, ganz abgesehen, gibt es auf diesem Gebiet Sachverhalte, die jeden angehen, der an Menschlichem überhaupt teilnimmt oder gar an pädagogischen Bestrebungen mitzuwirken hat. Ich denke etwa an die Koppelung von technischem Aufschwung und der neuen Strukturierung seelischer Kräfte. Unabhängig von der Qualität der Programme, vielleicht bei den besseren und kultivierteren noch mehr als bei Detektivgeschichten und Wildwestfilmen, die meist zu unrecht verlästert werden, erzieht das Fernsehen durch die bloße Form der Darbietung, besonders wenn es so viel Stunden ausfüllt wie in manchen Ländern, die Kinder zum fixen Reagieren auf Zeichen und einer bestimmten Art von Passivität. Bei der Ergänzung oder gar Ersetzung des Gedruckten und Gesprochenen durch Illustration kommt Phantasie zu kurz, die Suggestion wird leichter. Das ist recht wissenswert. Über die Verarbeitung der Darbietungen in Kino und Radio gibt es Studien, in denen scheinbar selbstverständliche Erwartungen gründlich abgeändert werden. Die logische Konsequenz jedoch ist ganz und gar nicht die Attitüde jener Halbbildung, die in der Vorspiegelung von Bildung besteht: »In meine Wohnung kommt kein Fernsehgerät«, sondern die Berichtigung falscher Ansichten, voreiliger Schlüsse, der Entwurf von neuen Methoden. Die scheinbar vornehme Verweigerung des Fernsehens im eigenen Heim bezahlt am

Ende das Kind, das man zu schützen meint. Es kann sich mit den Kameraden in der Klasse nicht messen, es fehlen ihm nützliche Kenntnisse, von denen der Erwachsene sich nichts träumen läßt, und es kommt sich minderwertig vor. Es gibt kein Zurück. Höchst unmittelbar gehen die soziologischen Studien über das Instrumentarium autoritärer Demagogen und die seelische Verfassung der Gefolgschaft die Arbeiter und ihre Vertreter an. Die Tricks, durch die sich eine demagogische von einer anständigen politischen Rede unterscheidet, können wir heute aufzählen und erläutern. Sie sind an vielen hunderten von Reden in verschiedenen Ländern geprüft und nachgeprüft. Warum sollte die genaue Kenntnis eines solchen Arsenals, das an zerstörerischer Wirkung mit den neuesten Bomben konkurrieren kann, in der Bildung der Erwachsenen, ja der Schulen, nicht ein gewichtiges Element ausmachen! Beim Demagogen wie bei seinen Parteigängern und Mitläufern spielt das Denken in Klischees eine Rolle. Gegen es empfindlich zu werden, bei sich und andern, gehört ganz wesentlich zu dem, was seit je Kultur geheißen hat. In den Social Studies pflegt das Thema unter dem Titel Vorurteil behandelt zu werden, es geht jedoch viel weiter als die Herabsetzung sozialer, religiöser oder Rassegruppen. Wer gelernt hat, mit solchen Fragen einmal methodisch umzugehen, wer Überzeugung von Pose, den lebendigen Gedanken vom Stereotyp, den Ernst von der Taktik zu unterscheiden weiß, ist gegen manches gefeit, gegen die sture Annahme von Lösungen, die falsche Begeisterung, wie gegen das Umgekehrte, die sterile Skepsis und Wendigkeit.

Wo bleibt, so fragen Sie, der Hinweis auf eine bestimmte Theorie, ein System, an das man sich halten kann, oder wenigstens auf das besondere geistige Erbgut der Arbeiter, das als Bildung ihnen übermittelt werden soll? Ich weiß es nicht. Wenn Sie mich drängen, sage ich, zum besonderen Erbgut gehören die Theorien derer, die in der europäischen Geschichte für Freiheit und Gerechtigkeit eintraten und ihr Leben ließen, und alle Kämpfe, die damit zusammenhängen. Die Theorien wären von den Lernenden nicht bloß zu memorieren, sondern mit offenen Sinnen aufzunehmen, ohne daß sie ihnen verfallen dürften. Es gilt, sie kritisch zu durchdenken und dabei ihre Wahrheit zu retten, auf den Heroismus der Kämpfe stolz zu sein und hinter den Heldensagen offizieller Geschichtsschreibung das unaufhörliche Grauen, die Unterdrückung und Gemeinheit zu erfassen, die ein Leitmotiv der Geschichte bilden. Die Kirche hat ihre Märtyrer nicht vergessen und ihre Heiligen werden immer verehrt. Das gehört zum Edelsten ihrer Lehre. Auch die Arbeiterbewegung, die deutsche zumal, hat ihre Märtyrer. Selten wird ihnen die Ehre zuteil, vor der Jugend genannt zu werden. Die gängige Geschichtslegende, in der sie vergessen, wenn nicht verlästert sind, wird allzu häufig konsumiert. Das Entscheidende, durch das die Elemente der Überlieferung, wie die des Gegenwärtigen, zu einer Art Einheit zusammenschießen, fragmentarisch wie sie sein mag, liegt in der Erkenntnis des Unrechts und seiner Hüllen, mit denen es sich umgibt. Geschichte jedoch, ich wiederhole es, ist vielfältig. Bestimmtes Unrecht ist im Gang der Dinge nicht notwendig dasselbe Unrecht gewesen, zu dem es schließlich wurde, und seine Beseitigung war allzu oft durch das von ihm produzierte Schlechte durchsetzt. Das Schillersche Wort vom fortzeugenden Bösen, das die Französische Revolution ihm abzwang, gibt einen Schlüssel zum Verständnis der sozialen Kämpfe, auch für die der Gegenwart. Die Befreiung dessen, was man zurückgebliebene Nationen nennt, ist der europäischen Geschichte zuweilen nicht so unähnlich, wie es den Anschein hat.

Vom vitalen Interesse der Gewerkschaften, nicht sowohl ein besonderes System, als in Verbindung mit den je unmittelbar geforderten, bestimmte gesellschaftliche Kenntnisse und Theorien zu fördern, habe ich gesprochen und hinzugefügt, daß die Unabhängigkeit der Empfindung und des Urteils damit sich steigern soll. Die Forderung gilt für die Arbeiter und doch nicht für sie allein. Mit vollem Recht sind die modernen Unternehmer, die Industriellen sich ihrer bewußt, und die philosophischen Disziplinen, die unter den heutigen Umständen anderen Sektoren von Lehre und Forschung nachgeordnet werden, haben viel dabei gewonnen, nicht zuletzt in Amerika. In einem Artikel über industrielle Schulung[9] heißt es: »Das Studium der Literatur, Rhetorik, Musikeinschätzung, Hebung der Lektüre ... hat für den Leiter eines Unternehmens so große Wichtigkeit wie die Kenntnis reiner Dinge des Geschäfts.« Später wird fortgefahren, man müsse beim Nachwuchs der Manager »die Tendenz zum Überkonformismus bekämpfen, die in hochspezialisierten Betrieben ganz notwendig sich erzeugt«[10]. Wer hier für Autonomie eintritt und vor dem Hang zur allzu großen Anpassung an das, was je im Schwunge ist, so ernsthaft warnt, ist kein anderer als der Vizepräsident der Bell Telephone Company of Pennsylvania, eine der Mammutkorporationen ersten Ranges, und es gibt viele mächtige Leute der Wirtschaft, die denken wie er. Ich meine, daß der Zweck der Gewerkschaften wahrlich nicht weniger den Kampf gegen Konformismus fordert als der Zweck der Industriekonzerne. Nur möchte ich wünschen, daß sie der Wechselwirkung zwischen den kulturellen und im engeren Sinn gesellschaftlichen Elementen noch deutlicher sich bewußt sind, als es in der zitierten Rede und vielen anderen zum Ausdruck kommt. Das Höchste bildet nicht den Gegenstand einer eigenen Forschungssphäre, auf das Unendliche und Unbedingte läßt sich nicht deuten. Der Fortschritt des Gedankens besteht darin, daß das Relative, Endliche, als ein solches sich enthüllt. An solche Anstrengungen sich zu gewöhnen, ist in besonderem Sinne den Gewerkschaften aufgegeben. Wer die Wirksamkeit der Akademie verfolgt, die Berichte über sie liest, weiß, wie ernst sie es damit meint. Von vielen meiner Kollegen darf ich sagen, daß dort, wo sie ihre Hilfe leihen können, sie gern gewährt wird. Zu ihrem Feste wünsche ich ganz aufrichtig Glück.

Anmerkungen

[1] Protokoll des Gründungskongresses, S. 205.

[2] Zitiert nach Günther Nollau, Die Internationale, Köln 1959, S. 33.

[3] Nach Nollau, a.a.O., S. 34.

[4] Schelling, Werke, ed. Weiß, Leipzig 1907, Bd. II, S. 559.

[5] a.a.O., S. 561 f.

[6] Theodor Litt, Fachbildung und Menschenbildung, Bonn 1958, S. 87 f.

[7] AdA-Mitteilungen, Neue Folge I, S. 9 und 13.

[8] Walter Dirks, Die geschichtliche Aufgabe der Gewerkschaft in unserer Zeit, Vortrag vor dem 4. Gewerkschaftstag der ÖTV am 28. Juni 1961, S. 31 f.

[9] John Markle, ›Widening the Scope of Management and Development‹, in General Management Series, Nr. 178, New York 1955, S. 53.

[10] a.a.O., S. 58.

Gedanken zur politischen Erziehung

Die hier zu behandelnde Frage – wie kann man eine nationalistische, eine zum Antisemitismus und zum Gruppenhaß überhaupt tendierende Haltung erzieherisch überwinden? – ist oft gestellt worden, und es läßt sich wenig Neues dazu sagen. Es kann sich hier also nur um eine nochmalige Besinnung handeln. Wir fragen zuerst, was ist Erziehung, dann was ist Nationalismus, und was ist insbesondere deutscher Nationalismus? Schließlich ist zu fragen, was wir erzieherisch tun können. Das führt ins Praktische. Ist ein Professor der Soziologie und Philosophie hier überhaupt zuständig? Die Frage ist zu bejahen, denn der Gelehrte sollte nicht nur ein lebensfremder Idealist sein, sondern sich auch den täglichen Problemen seiner Welt stellen. Und in diesem Sinne soll hier über das Thema gesprochen werden.

Zunächst sei auf einige Schwierigkeiten in der Erziehung hingewiesen, die mit unserer Frage zu tun haben. An sich sucht der junge Mensch die Autorität, sei es bewußt oder unbewußt, als eine durchaus positive und geliebte Autorität, als eine Person, die hilft oder Vorbild ist. Aber hier tauchen nun zwei Gefahren auf, die mit der Veränderung unserer Familie zusammenhängen. Erstens: Dem jungen Menschen wird die Autorität verweigert, und in der Folge rebelliert er aus Trotz. Die Rebellion der Jugend hängt wohl in vielen Fällen davon ab, daß nicht ein Vater oder sonst eine geliebte Person da ist, der man nachleben kann. Die Jugend hat nämlich durchaus eine große Sehnsucht nach Autorität. Der Mangel an Autoritätspersonen hängt mit gesellschaftlichen Wandlungen zusammen, nämlich damit, daß man heute nicht mehr in die Fußstapfen einer älteren Person zu treten braucht. Die Vollbeschäftigung erlaubt es, daß schon ein relativ junger Mensch sich seine Existenz finanziell sichern kann. Die Fälle, in denen der junge Mensch einfach dem Vater nachfolgt, wie das im Bürgertum des 19. Jahrhunderts geschah, wo der Vater auch auf Grund dessen beachtet und geachtet wurde, sind heute selten geworden. Anstelle dessen tritt der Trotz. – Man muß sich vergegenwärtigen, daß die Generation, die den Nationalsozialismus mitgemacht hat, bereits eine solche war, der diese positive Autorität in der Erziehung gefehlt hat. Die dem nationalsozialistischen Autoritarismus verfallene Generation war also selbst gerade alles andere als autoritär erzogen. Sie ist vielmehr in den ersten Jahren des Weltkrieges und danach aufgewachsen und mußte die echte und geliebte Autorität gerade entbehren.

Zweitens: Die zweite Gefahr hängt mit der ersten zusammen. Kommt es bei dem Autoritätsmangel nicht zur Rebellion, dann tritt eine Fixierung auf früher Stufe ein, d. h. der junge Mensch verhält sich dann so, wie er sich Vater und Mutter vorstellt. Der junge Mann etwa orientiert sich an der vorgestellten Unabhängigkeit des Vaters; er nimmt einen selbstbewußten Ton an und empfindet jede Einmischung, ja jede Regel als eine Zustimmung. Bei jungen Mädchen vollzieht sich dieser Vorgang so, daß sie bereits die reife Frau vorstellen wollen, wenn sie sie noch gar nicht sind; manche nehmen einen gewissen mütterlichen Ton an, ohne daß dem eine gleichwertige Erfahrung entspricht; oder sie beschäftigen sich früh mit den Männern, und zwar nicht etwa, weil in ihnen eine Liebe wäre, sondern weil sie das mittun wollen, was sie für die Rolle der reifen Frau halten. Im Grunde sind diese Menschen zu bedauern. – Das Gegenbild von dem – und auf das kommt es in der Erziehung an – ist der Mensch, der von keinem bewußten oder halbbewußten Mangel bestimmt wird, sondern das Gefühl hat, daß er alles von der Kultur, in der er lebt, besitzt. Dieser Mensch braucht nicht nach Macht gierig zu sein, weil er sie in einem vernünftigen Maße hat. Er ist nicht neidisch und kann großmütig sein. Gerade der Lebensneid ist ja charakteristisch für die Menschen, die einen Mangel spüren. Und so ist es auch außerordentlich bezeichnend und im Hinblick auf Erziehungsfragen wichtig, zu bemerken, daß ein Grundgefühl vieler Menschen der Neid ist. Wenn solchen Menschen etwas geschenkt wird, eine Gefälligkeit erwiesen wird, die ja aus einem gewissen Besitz des andern kommt, ist nicht Dankbarkeit – wie man erwarten sollte –, sondern Neid das erste und geäußerte Gefühl. Dieser Neid ist schlimmer als der Haß. Und La Rochefoucauld sagt als kluger Psychologe sehr treffend: »Der Neid ist noch unversöhnlicher als der Haß«. Hier liegt ein Moment, das zutiefst mit allem Nationalismus zusammenhängt.

In der Erziehung kommt es nun darauf an, den jungen Menschen dahin zu bringen, daß er nicht auf Macht eifersüchtig und neidisch sein muß. Um das zu erreichen, bedarf es der ganzen Erfahrungsbreite. Wenn man sich fragt, was eigentlich Freiheit sei (und zwar nicht nur im politischen Sinne), dann ist es zum großen Teil die Möglichkeit, in vielem wirklich Genuß zu finden, auf viele Weisen glücklich zu sein. Ein Beispiel zur Verdeutlichung dieser Erfahrungsbreite ist etwa der Wein und das Weintrinken, wie es der Weintrinker vollzieht, dem sich ja damit ein ganzer kultureller und geschmacklicher Zusammenhang erschließt und der vor allem Freude gewinnt. Das Wort Kultur hängt ja wesentlich mit dem Anbau, Wachstum und Trinken des Weines zusammen. Die Freude aber macht den Menschen geradezu besser. Menschen, die selber glücklich sind, die sich selber freuen können und viele

Möglichkeiten zur Freude sehen, sind nicht so böse. Und es ist kein Zufall, daß das Wort Geschmack auch in den höchsten Dingen, auch in den künstlerischen Dingen vom Genusse her gewonnen wird. Von Kant und Goethe sagt man, daß sie große Weinkenner gewesen sind, das heißt aber, daß, wenn sie allein waren, sie wirklich nicht von Neid gequält waren, sondern die Möglichkeit des Genusses hatten, Erfahrensbreite. – Wenn einer in der Straßenbahn sitzt, dann kann er die Menschen so ansehen, daß er immer wieder an ihren Gesichtern abzulesen meint: Dem geht's besser als mir, oder: Das ist vielleicht ein politischer Gegner von mir. Kurzum, er sieht in den Menschen etwas, was mit seiner eigenen inneren Konfliktsituation zusammenhängt, und er krampft sich im Neid. Wenn er aber gelernt hat zu genießen, wenn er auf Grund einer weiten Erfahrensbreite zugleich auch Menschenkenntnis gewonnen hat, dann werden ihm die einzelnen Gesichter der Menschen vieles und Interessantes erzählen können, und vielleicht entwickelt sich ein Gespräch, und diese gewöhnliche Trambahnfahrt war ein Vergnügen.

Der Mangel der Erfahrensbreite zeigt sich heute sehr deutlich an einer Stelle, wo es eigentlich um möglichst viele Erfahrungen zu gehen scheint, in dem modernen Tourismus. Man braucht nur zu beobachten, wie viele Menschen von Ort zu Ort, von Sehenswürdigkeit zu Sehenswürdigkeit hasten, und man erkennt, daß sie in Wirklichkeit zu einer eigentlichen Erfahrung nicht mehr fähig sind. Hier ist ein gutes Wort für das 19. Jahrhundert einzulegen. Der Bürger dieses Jahrhunderts, der in einem gewissen Wohlstand lebte, hatte noch die Möglichkeit, seine Kinder so zu erziehen – und zwar ohne bewußte Manipulationen –, daß sie eine gewisse Erfahrungsbreite und Genußfähigkeit erlangen konnten. Es handelt sich hier um einen Erziehungsvorgang, den man Mimesis nennt. Er gelingt nicht mit Hilfe direkter Empfehlungen und eines direkten Aufmerksammachens. Vielmehr muß das Kind in einem relativ frühen Alter jemandem nachleben können, der Erfahrungen zu machen weiß. Wenn ein 12jähriger Junge einmal erlebt hat, wie der Vater aus der eigenen Bibliothek ein Buch herausnahm, das dieser vielleicht bei einer ganz bestimmten Gelegenheit erworben hatte, was er nun erzählt, und wenn der Junge dann auf eine Stelle in diesem Buch aufmerksam gemacht wird, dann weiß er, was ein Buch ist; und eine Bibliothek ist dann für ihn kein bloßer Papierberg mehr. Das Kind nimmt dieses Erlebnis mimetisch auf. Man könnte sagen, der Mensch kommt als Echo-Apparat auf die Welt. Es gibt also ein Erlernen des Glückes und ein Erlernen des Genusses. Aber in unserer heutigen veränderten Gesellschaftswelt steht dieser Möglichkeit vieles im Wege. Es fehlt die behütete Kindheit, weil sich etwas ereignet hat, was es vor der englischen und der Französischen Revolution nicht gab, wobei zu bemerken ist, daß die englische Revolution weniger grausig war, weshalb auch die englische Kultur einen stabileren Charakter hat als die französische. Es handelt sich bei dieser Veränderung um einen Aufstieg der Massen. Es ist für unsere Zeit charakteristisch, daß Massen von Menschen einen höheren Lebensstandard erreicht haben, ohne zugleich zu einer höheren Kultur gelangt zu sein. Sie haben sich ihren Wohlstand nicht, wie das beim Bürgertum der Fall war, in langer Arbeit erworben. – In Europa ist die Kultur allmählich gewachsen, heute streben sowohl die Massen der Länder, in denen wir leben, als auch die sogenannten neu angekommenen oder neu ankommenden Nationen wahnwitzig rasch nach oben zu besserem Lebensstandard. Eine lange, schmerzliche Entwicklung ist aber darin nicht aufgehoben. Sie haben es zwar äußerlich besser, aber es fehlt die geistige Bewältigung und die Erstellung einer geistigen Kultur, die sich nur auf Grund einer langen Entwicklung voller ernsthafter Auseinandersetzungen erwerben läßt.

Die Überwindung des Vorurteils und die Haltung der Toleranz sind aber nur dem neidlosen, ausgeglichenen Menschen möglich, der über Erfahrungsbreite verfügt. Für ihn gibt es kein Motiv, andere zu schädigen oder ihnen nicht auch zu helfen. Diese Art von Liberalität stellt sich ein, wenn zwei Dinge zusammenkommen: Ein relativ sorgenfreies, auf einem bestimmten Standard stehendes Leben und ein langer Anfang, d. h. eine angemessene Entwicklung.

Damit sind wir bei der Frage des Nationalismus, in unserem Falle des deutschen Nationalismus. – Man kann Geschichte nicht nachholen. Und Deutschland hat es besonders schwer, weil es ein Land ist, in dem alles zu spät gekommen ist. Als die anderen Länder (England und Frankreich) schon geeinigt waren, da herrschte in Deutschland noch der territoriale Absolutismus. Das hat sich zwar auf manchen Gebieten im Innern positiv ausgewirkt; so haben wir zu Ende des 18. Jahrhunderts und zu Beginn des 19. Jahrhunderts, in dem Deutschland nach außen nicht als große Nation auftreten konnte, die große Dichtung, die große Musik und die große Philosophie entwickelt. Aber politische Erfahrungen haben die Deutschen in dieser Zeit nicht gemacht, auf die sie später hätten zurückgreifen können. Politische Verantwortung und ähnliches konnten sich nicht entwickeln. Dann kam 1848, nach dem Zwischenspiel der Befreiungskriege der mißlungene Versuch der Einigung. 1870 erst wurde sie unter Bismarck verwirklicht, nachdem man drei Kriege geführt hatte und mit der ganzen Welt eigentlich etwas überworfen war. Begeistert hat das Ausland dem Werk Bismarcks nicht zugesehen. Und da nun die anderen ihre Flotten und ihre Kolonien hatten, überhaupt alles hatten, mußten die Deutschen ihnen gleich tun, und zwar rasch, um sich in der Welt einen Namen zu machen. Trotzdem hat man zugleich noch die alten Formen mitgeschleppt, ein halber Absolutismus, insofern man die Feudalen, die Junker in die Nation einbaute. Fragt man sich, warum der Nationalsozialismus so furchtbar war, dann lautet die Antwort: zum großen Teil deshalb, weil er ganz verspätet nachholte, was in anderen Ländern schon viel früher geschehen war, nämlich die Abschaffung der Standesunterschiede. Der Nationalsozialismus hat ja eine Art bürgerliche Gesellschaft zuwege gebracht, insofern als es nun weder Junker noch die radikale Arbeiterbewegung mehr gab, sondern nur noch sozusagen das bürgerliche Volk. Er hat eine Reihe von Dingen getan, die in anderen Ländern vorher getan wurden, die nur deshalb, weil sie zu spät erfolgt sind, mit so viel Scheußlichkeit verbunden waren. Es ist das schreckliche Phänomen einer verspäteten Revolution. Und auch das, was jetzt nach dem Nationalsozialismus geschieht, ist bei uns ebenfalls verspätet, nämlich die Einrichtung der Demokratie – in einem Zeitpunkt, in dem sie in anderen Ländern wieder problematisch geworden ist. Man muß sich klar machen, daß wir in einer Massengesellschaft leben, wo man doch eigentlich jedes Problem nur durch zentrale Lenkung bewältigen kann. Und da sollte man eine Gesellschaft haben, in der jeder herrscht? Die Demokratie, so wie wir sie verstehen, ist im 18. Jahrhundert entwickelt worden, hauptsächlich von Rousseau, vorerst aber einmal von Locke. Letzten Endes sind die Kantönli in der Schweiz das Vorbild. Hier gab es noch eine Versammlung autonomer Menschen, die unmittelbares Interesse an der Gestaltung ihrer Gemeinschaft hatten. Was heißt eigentlich Demokratie? Etwa daß man wählen darf? Rousseau hätte das als solche angesehen. Aber wenn er wüßte, daß zu unserer Demokratie auch durchorganisierte Parteien gehören, würde er sich sicherlich sehr wundern; er wollte keine Parteien, vor allem keine riesigen Parteiapparate. Von »mass communications« hatte er noch keine Ahnung. Wir verstehen darunter eine ungeheure Masse von Zeichen, die auf die Menschen einwirken und nach denen sie sich ausrichten sollen. Und was lehrt denn die Erziehung in bezug auf die Gesellschaft? Daß man sich nach Zeichen richten muß und rasch reagieren soll, wie es etwa beim Autofahren und im Straßenverkehr der Fall ist, wenn man überhaupt in der Welt weiterkommen will. So werden die Menschen zwar außerordentlich viel gescheiter und sehr viel geistesgegenwärtiger in der Naturbeherrschung, außerordentlich viel gründlicher werden, aber nicht autonomer, ganz bestimmt nicht innerlich unabhängig: im Gegenteil, sie müssen um so abhängiger werden, je mehr sie es zu etwas bringen wollen. In dieser Situation will man nun die Demokratie einrichten, wo alles – mit Recht – nach einem Bundeskultusministerium schreit, d. h. nach einer zentralen Instanz für zentrale Probleme. In dieser Demokratie ist die Uniformierung bei den Parteien, und auch das Geld ist dort. Aber Demokratie besteht doch gerade darin, daß die Macht nicht bei geballten Organisationen liegt, sondern daß sie verteilt ist unter die einzelnen, also daß sie bei kleinen Gruppen liegt. Das Wort Demokratie ist deshalb geradezu gefährlich, weil hinter ihm die eigentlichen Probleme verschwinden.

Was ist nun nach Betrachtung dieser Tatbestände konkret in der Schule zu tun? Das wichtigste ist hier, den Lehrern beizubringen, wie man mit Kindern spricht. Sie sollen Erfahrungsbreite und Glücksfähigkeit entwickeln helfen, den Kindern nicht Autoritätslosigkeit liefern, aber auch nicht jene aus einer inneren Verkrampftheit stammende Autorität, die sich so häufig manche Lehrer in den Schulen zu verschaffen wissen. Wir dürfen diese Lehrer nicht allein verantwortlich machen, denn sie sind in einer problematischen Zeit aufgewachsen und stehen vor Schulklassen, in denen das Unterrichten nicht leicht ist. Es sollten erfahrene Erzieher, gerade soweit sie nicht von Beruf Erzieher sind, wie Politiker, Staatsmänner und Geschäftsleute in die Schulen gehen, um mit den Lehrern Konferenzen zu halten und sich mit ihnen über die Probleme zu besprechen, die sich in der Auseinandersetzung mit den Schülern ergeben. Dies würde auch die Verkrampftheit mancher Lehrer, die auf geschichtlichen Erlebnissen beruht, lösen helfen. Und auf diese Lösung kommt alles an. Die Frage des eigentlich politischen und geschichtlichen Unterrichts kommt dagegen erst an zweiter Stelle. Denn wohl verstanden ist jeder Unterricht, auch etwa der mathematische, politischer Unterricht, nämlich in bezug auf die Gestaltung des Verhältnisses zwischen Lehrern und Schülern.

Was nun den eigentlichen politischen und geschichtlichen Unterricht angeht, so muß der Lehrer unabhängig sprechen; und er muß die wirkliche Wahrheit sagen wollen, die meist komplexer ist als es aussieht. Wichtig ist es, die Geschichte unter dem Gesichtspunkt zu betrachten, daß sie eine Geschichte der Verfolgungen ist. Man spricht zuviel von Königen und zu wenig von dem, was unter ihnen geschah. Es würde sich dann zeigen, daß auch die deutsche Geschichte von Unterdrückungen nicht ausgenommen ist, und daß das deutsche Volk nicht nur selbst unterdrückt hat. Vor nicht allzu langer Zeit haben die Türken noch einen ganzen Volksstamm wie die Armenier ausgerottet. Und wenn man auf so etwas hinweist, dann kann man auch über die eigenen nationalen Verfehlungen reden, ohne dem Nazismus zuviel zuzumuten. Es ist weiterhin auf das Problematische in der Demokratie hinzuweisen und geschichtlich zu erklären, warum das deutsche Volk sie nicht im rechten Augenblick erlernt hat. Erst wenn man herausgestellt hat, daß im Nationalsozialismus die deutschen Soldaten genauso verwundet wurden und gefallen sind wie die Franzosen, Engländer, Russen und Amerikaner und genauso wie diese für ihr Vaterland zu kämpfen glaubten, kann man auch auf die Scheußlichkeiten hinweisen, die dabei begangen wurden, und man kann deutlich machen, wie die Politik Menschen mißbraucht hat. Der Satz, daß der Faschismus gerade in den Völkern entsteht, die zu gutmütig sind, ist durch die Geschichte weitgehend erwiesen worden. Das zeigt ein Blick auf Spanien, Italien und Deutschland. Warum mußte man in Deutschland den Nationalsozialismus machen? Weil dort gewisse Kreise davor Angst hatten, daß die Deutschen sonst wirklich das einrichten könnten, was man Demokratie nennt. Die Weimarer Demokratie hat vielen nicht gepaßt, und hätte man sie reformiert, dann wären manche nicht auf ihre Kosten gekommen. – Wird einfach über die Dinge gesprochen, so, wie sie wahr sind, dann wird auch die Jugend merken, daß es dem Lehrer um die Wahrheit zu tun ist.

Noch ein Wort wäre über den Witz und den Humor zu sagen. Etwa seit dem Ende des Nationalsozialismus beginnt er in Deutschland auszusterben. Unter dem Nationalsozialismus hat es ihn noch gegeben als eine gesunde menschliche Äußerung gegen dessen System. Offenbar hatte sich in dem unmenschlichen Parteiapparat und gegen ihn noch eine gewisse menschliche Integrität im Volk behauptet. Sieht man sich die heutigen Witzblätter an, so zeigt sich eine unheimliche Vergröberung und Verzerrung. Wenn *das* Witzblatt in Deutschland, der »Simplicissimus«, etwa den französischen Staatspräsidenten de Gaulle häßlich und verzerrt malt, wie er viel zu groß ist, um durch den Triumphbogen zu kommen, so handelt es sich hier um eine böse projektive Äußerung. Offensichtlich spricht hier die Wut darüber, daß *die* einen Führer haben und *wir* nicht. Die Menschen sind hier offenbar nicht fähig, das Negative zu suchen, um sich mit ihm auseinanderzusetzen, sondern sie projizieren es nach außen auf den anderen. Ein Beispiel hierfür findet man auch in manchen Reaktionen auf die sehr ernst zu nehmenden antisemitischen Schmierereien der vergangenen Jahre. Statt sie einfach zu verurteilen, hört man auch sagen: Das kommt den Engländern gerade recht, nun können sie wieder auf uns schimpfen. Das ist ein typischer Fall der projektiven Reaktion, die hier nicht etwa aus einem speziellen Antisemitismus entspringt, sondern nur aus dem neidischen Bedürfnis, das Negative dem anderen zuzuschieben. Bezeichnend für diese Projektion ist immer ihr Pragmatismus. Und über diesen Zusammenhang sollte der Lehrer seine Schüler aufklären, und zwar an Beispielen unserer Tage. Dazu noch ein letztes Beispiel zum Schluß:

Der Verfasser las in einer italienischen Zeitung, daß die Anglikanische Kirche sich gegen die unmenschliche Rassentrennung in Südafrika ausgesprochen habe. Über diese Äußerung kann man sich ja nur freuen, zumal sie mit dem Gedanken der christlichen Nächstenliebe und der Menschlichkeit vereinbar scheint. Liest man aber weiter die Begründung dieser Äußerung, dann vergeht einem diese Freude. Denn christliche Liebe und Humanität spielen bei ihr gerade keine Rolle; es wird vielmehr von seiten der christlichen Pfarrer so argumentiert: Wenn wir Pfarrer auch zu der Rassentrennung ja sagen, dann wird ja bald kein Schwarzer mehr zum Christentum übergehen. Das ist aber barer Pragmatismus, und es lohnt sich, über solche Fälle mit den Schülern zu sprechen.

Die Psychoanalyse
aus der Sicht der Soziologie

Soziologische Gedanken zur Psychoanalyse beginnen bei der Beziehung des Arztes zu dem, der sich ihm anvertraut. Aufs intensivste folgt der Analytiker den freien Reden und Zusammenhängen, veranlaßt den Patienten, an manchen Stellen auf Einzelheiten weiter einzugehen, greift auf früher schon Geäußertes behutsam zurück. Das galt zumindest bis in die zwanziger Jahre, weitgehend heute noch. Läßt ein größerer Ernst sich denken, mit dem einzelnen und seiner seelischen Verfassung sich zu beschäftigen, als solche Hingabe an jede Bekundung? Eben darin liegt, nach meiner Ansicht, ein recht wichtiges soziologisches Faktum in einer Welt, in der die Individualität auf Grund der offenkundigen Tendenzen der Gesellschaft im Rückgang sich befindet. Die Behandlung des einzelnen Menschen geht auf die feinste Nuance ein, und das Wissen um die Person bleibt stets gegenwärtig. Jedes Datum wird im Hinblick auf den Menschen als ganzen wahrgenommen und umgekehrt der Mensch als ganzer im Hinblick auf seine differenziertesten Äußerungen. Das analytische Verfahren ist, in gewisser Weise, ein Symbol der Überwindung der unaufhaltsamen Spezialisierung, die der studierenden Jugend so viel zu schaffen macht – als Moment der allgemeinen Sinnentleerung der Wissenschaft, ja des Lebens überhaupt.

Wenn jedoch die Analyse in ihrer Methode und ihrer Theorie vom Positiven der bürgerlichen Welt Entscheidendes in sich bewahrt, so kündigt, nicht weniger unverkennbar, die Veränderung der Gesellschaft in ihr sich an. Ihre therapeutische Intention war seit je schon im Sinne der im Werden begriffenen sozialen Realität bestimmt. Die spezifischen Strukturen der Gedanken und Gefühle des Patienten werden unter feste Kategorien subsumiert. Zu den Antworten, die der Analytiker auf die Frage nach dem Kennzeichen psychischer Erkrankung, eines pathologischen Symptoms, einer zu heilenden seelischen Verfassung erteilen kann, gehört der Hinweis auf den Mangel an Realitätsgerechtigkeit, auf ein der Wirklichkeit unangemessenes Denken und Verhalten. Als Ziel analytischer Therapie, so scheint mir, gilt Leistungsfähigkeit innerhalb des Bestehenden, ein Gefühlsleben wie eine Handlungsweise, die exakt auf die vorhandene Welt bezogen sind, adäquate Reaktionen im Dienst illusionsloser Selbsterhaltung. Ich wüßte keine konsequentere Anwendung philosophischer Aufklärung auf Medizin als eben diese Konzeption. Sigmund Freud, dem Begründer der Analyse wie seiner Schule im strengen Sinn, von Carl Gustav Jung und anderen abgesehen, war die Unablösbarkeit der eigenen

Lehre von der Ausschließlichkeit scientivischen Bekenntnisses wohl bewußt. Was besteht, was gilt, was richtig ist, bestimmt die Wissenschaft, das andere, zuvorderst Religion, ist Einbildung. Im Gang der Menschheit bildet sie »ein Gegenstück der Neurose, die der einzelne Kulturmensch auf seinem Weg von der Kindheit zur Reife durchzumachen hat«, heißt es in der »Neuen Folge der Vorlesungen zur Einführung in die Psychoanalyse«[1]. Die Religionen der Menschheit sind »wahnhafte Umbildung der Wirklichkeit ... Massenwahn«[2]. Freud bekennt sich zur Hoffnung, daß einmal der Intellekt, die Wissenschaft, »die Diktatur im menschlichen Seelenleben erringen wird«[3]. Ganz wie die Aufklärung, ja wie die große Neuere Philosophie schlechthin, hat er erkannt, daß es für die Gesellschaft gefährlich sei, die Befolgung sozial notwendiger Moralprinzipien an den Bestand des längst bedrohten Phänomens der Religion zu knüpfen[4]. Aber eine sonstige logische Basis der Moral vermochte er so wenig wie die anderen Denker aufzuweisen. Auf die umfangreiche Kontroverse über Freuds Beurteilung der Religion kann hier nicht eingegangen werden, zu seinem Verdienste gehört es, die Wichtigkeit des Themas erkannt und es, nicht allein in der »Zukunft einer Illusion«, sondern an vielen Stellen ausführlich behandelt zu haben. Erziehung jedoch in Elternhaus und Schule, ebenso wie Psychotherapie, bezweckt nach ihm ausschließlich ein kenntnisreiches, nüchternes, ersprießliches Verhalten in der Wirklichkeit, Entlarvung und Behebung aller ihr nicht angemessenen Motive als komplexbedingt.

Trotz der erwähnten konservativen Momente der Analyse hat Freud somit die neue, heute zeitgemäße Geistigkeit, der traditionsgebundene Theorien bekanntlich als Romantik erscheinen, in weitem Maß vorweggenommen, was freilich nicht verhindert, daß er und seine Schüler heute als »engaged in metaphysical speculation, systembuilding in the classic sense« beschuldigt werden[5], umgekehrt wie früher und zum Teil noch heute, wo sie als zersetzend galten. Nicht allein die Religion, selbst die säkularen überschwenglichen Gefühle erscheinen nach der Freudschen Theorie als erklärungsbedürftig, abnorm. An der tiefen Trauer nach dem Tod eines geliebten Menschen hebt Freud den Verlust des Interesses für die Außenwelt, die Unfähigkeit, ein neues Liebesobjekt zu wählen, die Abwendung von allen nicht auf den Verstorbenen bezogenen Leistungen hervor und bekennt, daß solches Verhalten nur darum nicht pathologisch erscheine, »weil wir es so gut zu erklären wissen«[6], und, so könnte man hinzufügen, sofern es nicht zu lange anhält.

Nicht allein die Theorie trägt an sich selbst den Zug modernen positivistischen Denkens, sondern er gilt ihr als Kriterium gesunden Verhaltens schlechthin. Den Patienten arbeits- und genußfähig zu machen ist seine Heilung. Was in eben dem Zusammenhang Genuß bedeutet, läßt sich schwer definieren. Dem Sinne nach erstreckt er sich von der Stillung des Hungers und der Sexualität bis zum Ästhetischen, jede Art Zerstreuung fällt darunter, soweit sie als solche bewußt bleibt und in einem angemessenen Verhältnis zur sachlich gebotenen Einteilung des Lebens, vor allem zur Arbeit und der Erfüllung anderer sozialer Pflichten, steht. Wo immer Genuß mit empirisch begründbarer sachlicher Konzeption von Realität nicht mehr in Einklang ist, wo die durch Selbsterhaltung wesentlich bestimmte, rationale Lebenstechnik infolge unbedingter Hingabe an ein Endliches oder Unendliches die Flexibilität einbüßt, droht er zum Element einer pathologischen Konstellation zu werden. Glück im emphatischen Sinn wird problematisch wie die tiefe Trauer, die ohnehin im wahren Glück mit eingeschlossen ist. Wohl die meisten Tragödien der europäischen Literatur haben im Sinn analytischer Theorie pathologische Charaktere und Beziehungen zum Gegenstand. Hat Freud selbst die Erwartung höchster Befriedigung durch Liebe, nicht nur die geschlechtliche, als allgemeine Tendenz akzeptiert[7], so weist er zugleich auf die »schwache Seite dieser Lebenstechnik« hin. »Niemals« so schreibt er, »sind wir ungeschützter gegen das Leiden, als wenn wir lieben, niemals hilfloser unglücklich, als wenn wir das geliebte Objekt oder seine Liebe verloren haben«[8]. Von den bekannten Dissidenten, die eigene Wege gingen, abgesehen, hat die analytische Praxis, hier im Sinn der fortgeschrittenen Jugend, den Konflikt von Tradition und Nüchternheit, Glück und Liebe auf der einen, Realitätsgerechtigkeit auf der anderen Seite entschieden wahrgenommen. Übermaß und Rationalität sind Gegensätze.

Daß ich so lange dabei verweilte, die Denunziation von Illusionen durch die analytische Theorie und Praxis zu betonen, sollte der soziologischen Kennzeichnung der Analyse als aktive intellektuelle Kraft beim Übergang in eine nicht mehr der Ideologie bedürfenden Gesellschaft dienen. Freud war einer, wenn nicht der erste, der als Wissenschaftler im 20. Jahrhundert nicht Sinnestatsachen und physiologische Reaktionen durch Ausarbeitung von Tests und Experimenten studierte, sondern die menschliche Seele und ihre Struktur durchforschte. Begriffe wie das Es, Bewußtes und Unbewußtes, Verdrängung und Über-Ich sind erste Schritte auf dem Weg zur Entdeckung der psychischen Struktur zu einer Zeit, in der die kennzeichnenden Lehrbücher der Psychologie, wenn von Liebe die Rede war, zitierten: »Lehmann spricht da von Gefühlsmassen« (Ebbinghaus). Vor der Psychoanalyse war Kenntnis der menschlichen Seele Angelegenheit der Philosophen und der Romanciers.

Von nun an will ich mich darauf beschränken, einige Momente der sozialen Entwicklung, von denen psychoanalytische Probleme rückwirkend betroffen werden, hier anzuführen. Der Übergang zu einer mehr aufs Kollektiv bezogenen, mehr geordneten, geplanten, in gewissem Sinn gerechteren Gesellschaft hat vom psychologischen Gedanken reflektiert zu werden. Entscheidend sind die Konsequenzen des ökonomischen Prozesses für Interessenlage, Gedankenwelt und Selbstbewußtsein des einzelnen. War im Bürgertum Entfaltung der Kräfte, Menschenkenntnis, verständnisvolle und zugleich rücksichtslose Intelligenz Bedingung menschlichen Erfolges, so beziehen psychische Leistungen heute in zunehmendem Maß sich auf die Einordnung in vorgezeichnete, verhältnismäßig eng begrenzte, spezialistische Bereiche. Die positiv wie negativ sich auswirkende Initiative der einzelnen Unternehmer wird begrenzt, durch relativ kontrollierte Direktorien ersetzt und die, wenn auch bescheidene, Sekurität auf weite Kreise der Arbeitenden ausgedehnt. Nicht unähnlich den Rechten von Besitzern und Abhängigen werden die von Mann und Frau einander langsam angeglichen. Die dadurch bedingte tiefgreifende Veränderung der Person und der Familie kann für psychoanalytische Theorie nicht ohne sehr beachtliche Effekte bleiben. Man denke an den kindlichen Werdegang. Noch um die Jahrhundertwende war er recht verschieden, je nach der gesellschaftlichen Gruppe, der die Eltern angehörten. Das Verhältnis zwischen den Kindern und der übermäßig belasteten Mutter hatte in der Arbeiterfamilie mit der Atmosphäre im kultivierten bürgerlichen Heim nur grobe Ähnlichkeit, von den ersten Jahrzehnten des 19. Jahrhunderts, etwa in England, als die Kinder der Proleten in den frühen Lebensjahren Tag und Nacht Fabrikarbeit zu leisten hatten und die Eltern darbend auf sie warteten, gar nicht zu reden. Andere, psychologisch nicht weniger bedeutsame Änderungen fundamentaler menschlicher Beziehungen im Vergleich zur Ära vor den Weltkriegen sind im Begriff, sich anzubahnen. Auch in den oberen Schichten hört der Vater auf, das Vorbild zu sein. Zur Blütezeit des Liberalismus war er im kennzeichnenden Fall Besitzer des Unternehmens, das fortzuführen gleichsam natürliche Bestimmung der Söhne war. Sie sollten und wollten in seine Fußstapfen treten, darauf war Erziehung angelegt. Die der Töchter stand im Zeichen der Hausfrau, der Keuschheit vor der Ehe, die zumeist erst von den Mündigen geschlossen wurde. Wesentlicher Grund der Keuschheit, wie sehr auch durch moralische und religiöse Ideen rationalisiert, waren Residuen des Stammesglaubens der Männer, denen die Frauen sich anzupassen hatten. Der künftige Gatte wollte nur die Erben aufziehen, die von ihm und keinem andern stammten, und das Mädchen wurde auf die respektable Ehe vorbereitet. Keuschheit, ohne die im hergebrachten Sinn Zivilisation nicht denkbar ist, war in solcher Weise motiviert. Liebe in der großen Literatur, romantic love, wie es amerikanisch heißt, hängt am Verbot. »Das Feigenblatt«, so philosophiert Immanuel Kant, der auch den Begriff des Unbewußten schon bezeichnet hatte[9], »war ein kleiner Anfang, der aber Epoche machte . . ., wichtiger als die ganze unabsehliche Reihe von darauffolgenden Erweiterungen der Kultur«[10]. Freud hat solche Theorie der Sublimierung als die Basis von Kultur entfaltet und fruchtbar gemacht. Wenn er mit Kant die Wahrheit getroffen hat, sind die Veränderungen in Familie und Beziehung zwischen den Geschlechtern heute kulturell wie psychologisch sehr folgenschwer. Das Studium ihrer Wirkung auf analytische Theoreme, nicht zuletzt die psychoanalytische Durchforschung der kulturumwälzenden, man könnte sagen kulturrevolutionären Prozesse selbst, ist für die fortgeschrittenen Länder von höchstem Interesse. Sie betreffen die um Mensch und Gesellschaft bemühten Disziplinen insgesamt.

Stets war Freud, weit mehr als viele andere Psychologen oder Psychotherapeuten, am Kollektiv und seiner Geschichte interessiert. Von der Entstehung der Gesellschaft, der Religion, des Feuers, wie vielen anderen archaischen Entwicklungen bis zu den neuesten Kriegen hat er als Psychologe zur Erkenntnis beigetragen. Nur einige der aktuellen Themen kollektiver Psychopathologie seien hier genannt. Zuvorderst das Phänomen des radikalen Nationalismus, der den Osten beherrscht und auch im Westen eine erhebliche Rolle spielt. Der Rückgang der Familie, der mit ihr verknüpften Eltern- und Ahnenverehrung wie der religiösen Bindung des einzelnen, ferner dessen veränderte Bedeutung in der Gesellschaft, vor allem seine Einsamkeit trotz vieler Beziehungen, sind einige Bedingungen der nationalistischen Tendenz, von der Aktivität der Manipulatoren und der Cliquen, die dahinter stehen, abgesehen. Daß im 20. Jahrhundert Nationalismus mit dem Rückgang von Theologie zusammenhängt, widerspricht der offenkundigen Verwandtschaft mit dem religiösen Fanatismus keineswegs, galt doch Christentum im 12. Jahrhundert, als zwischen Religion und Wissenschaft noch kein krasser Widerspruch bestand, ähnlich wie das Volkstum heute, als Begriff des genuinen Kollektivs. Die seelischen Strukturen, die verständlichen und schwerverständlichen Impulse zu erkennen, die in der Gegenwart verschiedene Alters- und Gesellschaftsschichten völkischen Tendenzen nahebringen, kann ohne intensive psychoanalytische Bemühung nur abstrakten hypothetischen Charakter haben.

Von den vielen im Zusammenhang mit kollektiver Psychopathologie zu nennenden Themen seien zwei recht verschiedene erwähnt. In beiden geht es um Erscheinungen, die spezifisch auf die Übergangsperiode, die Gegenwart, neu zu studieren wären. Ist im Bürgertum die Religion zur Konvention erstarrt, so sind für Arbeiter die Marxschen Lehren verblaßt und zu Klischees geworden. Der mit der jetzt beendeten Periode des Wirtschaftswunders verknüpfte Vorgang der Vergötzung hat selten so prägnant sich dargestellt wie in dem absolut als höchstes Ziel gesetzten, über jedes andere Ideal erhöhten Lebensstandard. Wie sehr politische Momente, Interessen der Instanzen und die Wahltechnik den Vorgang bedingen, von materiellen und Prestigebelangen gar nicht zu reden, das konkrete psychologische Geschehen, die Vergötzung in der Gegenwart bedarf im Hinblick auf die zur Zeit bestimmenden Momente sorgfältiger Analyse. Es gilt zu erkennen, was in der jetzt latenten ökonomischen und politischen Krise in den Menschen sich vollzieht.

Ein weiteres der viel zu wenig erhellten kollektiven Phänomene ist der Rückfall in barbarische Grausamkeit, der wie im Westen so im Osten das Jahrhundert charakterisiert. Die Erklärung des Sadismus als ein aus dem Sexualtrieb losgelöstes verselbständigtes Moment von Aggression, mag bei der Analyse nützliche Dienste leisten. Viele hier erinnern sich der Bettelheimschen Bemerkung, daß die Opfer im Konzentrationslager besser einen Folterer hatten, der beim Schlagen zum Orgasmus kam, als wenn die Beziehung zwischen Sexualität und Ausübung der Marter bereits unterbrochen war; solchen Henkers rationalisierte oder kaum rationalisierte Gier der Grausamkeit ist selbst beim Tod des Opfers nicht gestillt, sie reicht ins Unendliche. Das vor kurzem geschaffene Academic Center for Collective Psychopathology der Sussex University verfolgt ein Forschungsprojekt, das die historischen und psychologischen Bedingungen jener großen Zeit des Terrors zum Gegenstand hat. Die Unternehmung bedarf unter anderem intensiver klinischer Interviews von Quälern und Gequälten sowie von Menschen gleicher Alters- und Gesellschaftsgruppen, die dem Quälen, ja der Politik, aus der es stammte, ferngeblieben sind, womöglich auch von einzelnen, die den Verfolgten halfen. Psychotherapeuten und Soziologen müssen zusammenarbeiten. Ob und welche Art präziser psychologischer und soziologischer Erkenntnisse gewonnen werden, läßt im vornherein sich nicht bestimmen. Ein sehr wichtiges Projekt vollzieht sich ferner im Lemberg Center for the Study of Violence der Brandeis University, Waltham, Massachusetts. Es wird von Professor Spiegel in Cambridge geleitet und hat die gegenwärtige schwere Situation der race relations jenseits des Atlantiks zum Gegenstand. Gewiß ist, daß die Gesellschaft, heute mehr als je, schon aus eigenstem Interesse dazu verpflichtet wäre, weitere solcher Untersuchungen anzuregen und im großen Maß zu unterstützen.

Die englischen Untersuchungen beziehen sich auf den Westen, den Nazismus vor allem, die amerikanischen auf Neger und Weiße in den Vereinigten Staaten. Kollektive Grausamkeit im Osten, man denke an Stalin, an die Ukraine, an Leningrad, ferner an Mao und die Cliquen in China, an Tibet und vieles andere, wo immer der totalitäre Apparat seine Macht ausübte, steht dem Faschismus nicht nach. Da Untersuchungen an Ort und Stelle jenseits der Trennungslinie unmöglich sind, erscheinen sie im Westen, nicht allein in Deutschland, um so notwendiger. Das Sussex-Projekt, wie verdienstvoll auch immer, ist noch viel zu bescheiden. Um der dunklen Zukunft, der Drohung politischer Konstellationen, denen der Sadismus zugehört, der bürokratischen, totalitären Herrschaft welcher Art auch immer vorzubeugen, genügt der Fortschritt in der Technik keineswegs, mag sie der Verfeinerung von Computern, der Beherrschung des Raumes, ja der Chirurgie und Pharmazeutik dienen, vielmehr bedarf es des Verständnisses menschlicher Triebstrukturen, wie der ihnen verhafteten Intellektualität. In der vom Elternhaus mehr und mehr den öffentlichen Institutionen aufgegebenen Erziehung sollen Generationen herangebildet werden, die in der gegenwärtigen Periode historischen Übergangs sadistischer Versuchung zu widerstehen und die positiven Momente europäischer Kultur zu bewahren vermögen.

Ich komme auf das Phänomen der Vergötzung zurück. Der Lebensstandard beruht auf Einkommen, auf Lohn und Gehalt. Angesichts des mehr und mehr sinnleeren Daseins wird das Geldverdienen aus bloßer Notwendigkeit wenn nicht zum ausschließlichen so zum entscheidenden Zweck. Berufliche Tätigkeit, selbst noch in relativ gehobenen Posten, erweist sich als eintönig, mechanisch, jedenfalls recht wenig sinnvoll und differenziert; geistige Möglichkeiten produktiv zu entfalten, bietet kaum sich Gelegenheit. In vielen Fällen, wo um weitere Kürzung der Arbeitsstunden gerungen wird, dienen die gewonnenen der Schwarzarbeit. Höheres Einkommen ist immer der Mühe wert, aber nicht wie beim Bürger zur Zeit der Konkurrenzwirtschaft, dessen vergrößertes Unternehmen höhere Anforderungen an die eigenen intellektuellen Kräfte, die gestaltende Begabung stellte, der Bestimmung von Realität Chancen bot im guten und schlechten Sinn, sondern – schon das Wort zeigt die Verlegenheit – um der Freizeit willen. Freizeit soll ersetzen, was die Arbeit nicht mehr leistet, sinnvolle Aktivität; Freizeit kann sie nicht ersetzen, weil Aktivität ohne wirkliches Erzeugen von Notwendigem, sei es geistig oder materiell, letztlich bloße Zerstreuung bleibt. Freizeit, von höchst seltenen Ausnahmen abgesehen, ist nicht frei von Arbeit allein, sondern von Sinn; sie ist Objekt der mit Recht interessierten Konsum-, Reise-, Unterhaltungsindustrien und kommt keineswegs der Muße oder Freiheit gleich. Auf der Jahresversammlung der American Psychiatric Association berichtete Alexander Reid Martin, die herrschende innere Spannung und Plage sei Produkt der kürzeren Arbeitszeit, der längeren Ferien und der großen Zahl von Altersrentnern. »Dieser rapide Übergang«, ich zitiere aus seiner Rede, »hat eine Anpassungskrise verursacht, die jeden Aspekt unseres Lebens, sozial, ökonomisch, politisch, bildungsmäßig und psychologisch, betrifft. ... Um freie Zeit in einer gesunden Weise zu benutzen, müssen Menschen ›inner-directed‹, von innen her bestimmt, ihrer selbst Herr sein ... Aber die Betriebskultur heute macht die Menschen ›other-directed‹, von außen bestimmt, und verhindert sie von der frühen Kindheit an, ihre eigenen inneren Kräfte zu entfalten.«[11] Andere Therapeuten, etwa Richard Baxter, haben sich in den letzten Monaten in ähnlichem Sinn geäußert. Die Unhaltbarkeit des Lebensstandards als höchster Idee, unter Einschluß der Freizeit, die produktiv zu gestalten in der technisierten Gesellschaft die Menschen erziehungsmäßig nicht vorbereitet sind, erfordert, so meine ich, im Interesse der betroffenen Gesellschaft, zunächst ausgedehnte, gemeinsame Studien kollektiver Psychoanalyse und Soziologie.

Zum Begriff der Freizeit gehören die Massenmedien. Der Einfluß auf die innere Situation des durchschnittlichen Lesers bildet ein gewichtiges soziales Moment. In der Erziehung tritt anstelle der Auseinandersetzung mit dem Vater oder anderen Erwachsenen in beträchtlichem Maß das Fernsehen. Einerseits bewirkt es raschere, exaktere Reaktionen, frühere Orientierung als die alte persönliche Verfahrensweise; andererseits, soweit ich es zu sehen vermag – an kompetenten Untersuchungen herrscht großer Mangel – geistige Passivität. Das Kind nimmt die Tatsachen auf, hat jedoch nicht spontan zu erwidern, zu fragen und zu antworten wie im bürgerlichen Haus dem Vater. Fernsehen der Kinder hat erzieherische Funktionen in einer Welt, in der in steigendem Maß Intelligenz exakte, schnelle Wahrnehmung und Leistung bedeutet. Daß im kindlichen Gemüt die Verbindung autonomen Denkens und Handelns nur bescheiden gefördert wird, gehört zum Verständnis der rebellischen Jugend überall. Daß ihr Protest verhältnismäßig wenig differenziert, weitgehend uniform sich ausdrückt, entspringt zum Teil der allgemein sozialen Situation, die persönlicher Initiative keine konkreten politischen Ziele bietet, zum Teil jedoch der inneren Verfassung der Generation. Das übermäßige Bedürfnis nach Aktion erklärt sich, neben anderem, wohl aus einer Art Überkompensation der anerzogenen intellektuellen Passivität.

Die Alten erfahren sie an sich selbst. Wenn der Beamte oder Geschäftsmann nach Hause kommt und die Zeitung in die Hand nimmt, wird er wesentlich in Angelegenheiten involviert, an denen er nicht das geringste zu ändern vermag, ja die sachlich richtig zu beurteilen noch nicht einmal dem Politiker und Staatsmann, sondern, wenn überhaupt, den zu konsultierenden Spezialisten möglich ist. Alles ist Oberfläche, was dahinter vorgeht kann man je nach seiner politischen Neigung vermuten. Die afrikanischen Länder, Diskussionen der UNO, Verhandlungen arabischer und asiatischer Staaten, die Reisen der Diplomaten: dem durchschnittlichen Leser bleibt am Ende der Lektüre, wie ein Soziologe sagte, nichts anderes als zu gähnen, die Zeitung wegzulegen und zu Bett zu gehen. Wie schön, wenn man wenigstens auf etwas schimpfen kann, sei es Mao Tse Tung oder Vietnam und Amerika. Das Verhältnis des einzelnen zur heutigen Demokratie darzustellen, ist hier nicht unsere Sache. Doch im Gegensatz zu dem, was etwa Rousseau einst sich vorstellte, das Gefühl der Ohnmacht zu bezeichnen, weist auf psychologische Prozesse hin, die für kollektive Psychotherapie nicht unwesentlich sind. Die Beziehung zwischen Arzt und sogenanntem Patienten, wie sie nach der Freudschen Methode gestaltet wurde, die Intensität der Behandlung waren Symbol für den Respekt vor einzelnen in der Kultur, die jetzt in eine recht verschiedene Phase übergeht. Im analytischen Verfahren kommt die Änderung in einer Reihe von Reformen zum Ausdruck, etwa der Möglichkeit verkürzter Analysen, in der Gruppenanalyse, von den in Amerika und anderen Ländern weitverbreiteten, von Analyse freilich höchst verschiedenen Group Dynamics gar nicht zu reden.

Mir sei zum Schluß noch eine Reflexion, vielmehr eine philosophische Bemerkung gestattet, die auf das Ziel der Therapie sich bezieht, von dem schon die Rede war. Was dem Kranken fehlt, worunter er leidet, soll behoben werden. Einordnung in die Gesellschaft, Anpassung ans Bestehende, Fähigkeit zur Arbeit, zum Genuß in der herrschenden Wirklichkeit gilt höchst verständlich als die therapeutische Aufgabe. Auch in Zukunft wird sie, insbesondere in krassen Fällen, so zu fassen sein. Meine Frage lautet jedoch: Gibt es nicht geschichtliche Perioden, in denen reibungslose Einfügung, lust- und arbeitsreiches Leben dem Begriff des Richtigen, somit der Gesundheit, widerstreiten; lassen soziale Konstellationen sich denken, in denen ein normales Leben ohne psychische Symptome pathologisch, wahnhaft ist? Der erfahrene Analytiker pflegte dem Patienten mitzuteilen, soweit er die Welt nicht ändern könne, habe er, auch wo religiöse und moralische Prinzipien es erschwerten, sich abzufinden. Ist die Vorstellung allzu gewagt, daß der Begriff von seelischer Gesundheit eine Konzeption des Rechten, Richtigen, Vernünftigen in sich selbst bewahren könne, die den Widerstand gegen übermächtige soziale und politische Kräfte nicht a priori als Wahn ausschließt; trugen die Märtyrer ehemals, gestern und heute, notwendig das Stigma der Krankheit? Ferner: nach dem heutigen Stand der Terminologie trägt Grausamkeit pathologischen Charakter in der Gesellschaft, in der ihre blutige Betätigung mit dem Strafgesetz kollidiert. War sie unter Hitler krankhaft? Sollte die Idee der Gesundheit mit der Ausübung von Folter unvereinbar sein, gleichviel ob von der Gesellschaft getadelt oder approbiert? Gleichviel ob sie Schuldgefühle oder legitimen Genuß produziert? *Ist Arbeits- und Genußfähigkeit ein genügendes oder allzu positivistisches, allzu realitätsgerechtes Kriterium?*

Des Bedenklichen solcher Reflexionen bin ich mir wohl bewußt, meine jedoch, Zeiten rascher Veränderung, wie die gegenwärtige, stellten die fortgeschrittenste Psychologie auch vor neue grundsätzliche Fragen, nicht zuletzt, um in Grenzfällen, individuellen wie kollektiven, entscheiden zu können. An nicht wenigen Stellen, wo früher wenn nicht Theologie, so Philosophie oder der schlichte bon sens Bescheid zu wissen meinten, hat jetzt die Theorie, die Wissenschaft, das Wort. Daß in solcher Situation der Begriff der psychischen Gesundheit neues Gewicht erhält, scheint mir einer der Gedanken, die, nicht weniger als viele dringende empirische Probleme, der Kompetenz des Kongresses unterstehen, der heute eröffnet wird.

Anmerkungen

[1] Freud, Gesammelte Schriften, Bd. XII, Wien 1934, S. 329.

[2] a.a.O., S. 48.

[3] a.a.O., S. 333.

[4] Vgl. a.a.O., S. 329.

[5] Robert L. Zimmermann in »Commentary«, June 1967, S. 79.

[6] Freud, a.a.O., Bd. V, Wien 1924, S. 536.

[7] a.a.O., Bd. XII, S. 49.

[8] Ebd.

[9] Kant, Sämtliche Werke, Akademieausgabe, Bd. VII, S. 135.

[10] a.a.O., Bd. VIII, S. 113.

[11] A. R. Martin, in: »Herald Tribune«, 11. Mai 1967.

Zur Kritik der gegenwärtigen Gesellschaft

Die Frage, die mich bei diesem Thema ganz besonders beschäftigt, ist natürlich die, wie Kritik hier aufzufassen sei – oder allgemein gesprochen: Kritik von welcher Seite, von links, von rechts, von oppositionellen Parteien, von der außerparlamentarischen Opposition oder von einer Seite, die heute ganz vergessen zu sein scheint, nämlich von der anarchistischen? Lenin sagte einmal zu Beginn der Revolution, es fehle an anarchistischen Momenten: Er spürte damals schon, daß die sogenannte Diktatur des Proletariats zu einer strammeren Diktatur führen könnte, als er es im Sinn hatte.

Das Hauptproblem einer produktiven Kritik scheint mir in der Gegenwart zu sein, daß die Dynamik der Gesellschaft dem einzelnen gegenüber so überwältigend geworden ist, daß sie eigentlich kaum noch durch irgendwelche Kritik abgeändert werden kann. Deutlich wird dies an einem Moment, das in der Kritik, in der Analyse der gegenwärtigen Situation, besonders wichtig ist: am Rückgang des Einzelsubjekts. Der Liberalismus war ungerecht, aber er vertrat in bezug auf die Bürger immerhin das Prinzip, der einzelne solle seine Autonomie wahren und seine Kräfte entfalten, um dadurch eine bessere Stellung in der Gesellschaft zu gewinnen. Dieses Moment tritt bei der gegenwärtigen Bürokratisierung immer mehr zurück. Ich deute das geschichtlich. Die Revolutionen pflegten eine bestimmte herrschende Gruppe von Menschen auf Grund der Entwicklung, der technischen Beherrschung der Natur zu ersetzen durch eine andere, größere bisher beherrschte Gruppe. So wurde die Feudalität von den Bürgern gestürzt, wobei die Bürger die Zivilisation der Feudalen weitgehend übernahmen.

Die Frage, die uns heute bewegt, wenn wir einige Prinzipien suchen, nach denen wir kritisieren können, ist die Frage, wie sich denn nun der Übergang der Herrschaft des Bürgertums auf die Arbeiter vollziehen soll, und ob mit diesem Übergang auch die Zivilisation, das Positive übernommen wird. Das hat Marx zutiefst bewegt; denn wenn er vom Reich der Freiheit spricht, dann denkt er eben an die Entfaltung der Kräfte des einzelnen, die für das Bürgertum im Liberalismus bestanden hat und die seines Erachtens zu einer gemeinschaftlichen Angelegenheit der gesamten Gesellschaft werden sollte, so daß niemand mehr von ihr ausgeschlossen bleibt. Ihm kam es darauf an, daß diese Entfaltung der Kräfte nicht für den einen leichter ist, weil er mit einem Vermögen auf die Welt kommt, während der andere, der Sohn des

Proletariers, diese Möglichkeit nicht besitzt. Alle Menschen sollten sich frei entfalten dürfen. Das war letzten Endes, so scheint mir, eines der wichtigsten Motive in der Marxschen Theorie.

Was wir aber nun in dieser nachliberalistischen Periode der Entwicklung erleben, ist nicht nur die Bürokratisierung, sondern der Übergang der Konkurrenz an Gruppen, an Cliquen. Dem einzelnen bieten sich gar nicht mehr die Chancen, die er früher einmal hatte. In diesem Zusammenhang mag erwähnt werden, daß Präsident Eisenhower vor der Gefahr warnte, die von der Herrschaftsposition des military-industrial complex drohe. Es kommen also zu den Managements, zu den Direktorien, sowohl in kapitalistischen wie nichtkapitalistischen Kreisen, Gruppen ganz anderer Art.

Wer die gegenwärtige Situation ökonomisch begreifen will, wird ohne Marx nicht auskommen. Dagegen möchten manche einwenden: es gebe doch gar keine Krisen, keine Verelendung des Proletariats, und infolgedessen sei seine ganze Theorie von der Revolution falsch. Hat er doch behauptet, die Solidarität des Proletariats werde dadurch gefestigt, daß es den Proletariern immer schlechter gehen werde und daß sie infolgedessen zur Revolution schreiten müßten, weil sie immer schwereren Krisen und immer größerem Hunger ausgesetzt sein würden. Gewiß, die Krisen sehen nicht mehr so aus wie früher, doch verstehe ich die Eingriffe des Staates, die staatliche Reglementierung der Gesellschaft im wesentlichen so, daß ohne sie die Krisen sich wirklich in dem Maße ausbreiten würden, wie es Marx vorschwebte. Diese staatliche Regulierung der Wirtschaft ist nicht spontan aus dem Wunsche nach gemeinsamer Verwaltung des ganzen Erbes einer Gesellschft entstanden, sondern sie erklärt sich letzten Endes aus diesem von Marx aufgezeigten Problem. Es ist auch gar nicht mehr die Menge der Einzelheiten, die in der Wirtschaft die entscheidende Rolle spielt, es sind ganz wenige, und auch diese wenigen sind nicht autonom, nicht unabhängig. Es entscheiden nicht so sehr die einzelnen Generaldirektoren, sondern die Komitees des Managements.[1] Und diese Komitees entscheiden auf Grund von Informationen, die ihnen von einer großen Gruppe von Spezialisten innerhalb und außerhalb des Betriebes geliefert werden. Deswegen gibt Galbraith der Wirtschaft, in der wir leben, den Namen »Technostructure«. Das heißt, der einzelne autonome Mensch, der für die Gesellschaft, wäre sie gerecht, charakteristisch sein sollte, ist heute im Verschwinden. Das scheint mir eines der wichtigsten Momente, auf das wir zu achten haben, wenn wir an der heutigen Gesellschaft Kritik üben. In gewisser Weise steckt das auch in der Rebellion der Jugend, die will, daß der einzelne wieder etwas bedeutet.

Ehe ich weiter über die Marxsche Theorie spreche, möchte ich kurz das Wort Dialektik erläutern: Dialektik heißt bei ihm, daß die »Pro-

duktivkräfte«, also alle Kräfte des Menschen, deren er sich bedient, um
die Natur zu beherrschen (dazu gehören vor allem die Wissenschaft, die
Technik), immer wachsen, und daß sich auf Grund dieser Produktivkräfte bestimmte Beziehungen zwischen den Menschen herstellen, die
er »Produktionsverhältnisse« nennt. Zur Zeit, als man die Pyramiden
baute, gab es noch keine Traktoren, Lastwagen, Maschinen. Die Steine
mußten von armen Teufeln dorthin geschleppt werden, wohin sie gehörten, und damit das richtig geschah, mußte einer mit der Peitsche
dabeistehen. Aber dann entwickelten sich schließlich Gegensätze zwischen den Produktionsverhältnissen und den Produktivkräften, zwischen den Herrschenden und den Beherrschten. Sie wurden durch das
Wachsen der Produktivkräfte verändert, und das geschah auf politischer Ebene häufig durch Revolutionen. Eben weil es unzweckmäßig
geworden war, daß nunmehr die Feudalherren allen kommandierten,
konnte das Bürgertum dann im 18. und 19. Jahrhundert den Sieg
davontragen. Die Einsicht, daß das Wachsen der Produktivkräfte, das
selbst durch die Produktionsverhältnisse bedingt wird, die Produktionsverhältnisse immer wieder sprengt und in neue verwandelt, nennt
man dialektischen Materialismus.

Das Denken der Menschen ist durch die Art und Weise bedingt, wie
sie die Natur zu beherrschen vermögen. In diesem Zusammenhang läßt
sich zeigen, daß Marx nur in einem sehr beschränkten Sinne Materialist
war. Ich möchte hier sogar die seltsame These vertreten, Marx sei im
Grunde seiner Seele Idealist gewesen. Er hat gehofft, daß diese Art
Dialektik einmal aufhört, daß die Beziehungen der Menschen nicht
mehr durch die Art und Weise der Naturbeherrschung bestimmt würden, sondern aus ihrer Freiheit heraus, daß unsere Anschauungen nicht
mehr von den Problemen der Naturbeherrschung geprägt sein sollten,
sondern daß die Naturbeherrschung im Leben der Menschheit einen
relativ bescheidenen Raum einnähme und daß sie sich dann selbst frei
und nach anderen Prinzipien entwickeln könnten. Darin ist er in
hohem Maße der Schüler Hegels. Ich will eine der Stellen zitieren, die
das bezeugen. Marx sagt, die Klassenherrschaft sei keineswegs eine für
die Geschichte der Zukunft entscheidende Angelegenheit, ja er geht so
weit zu behaupten, darüber hätten andere ebensogut geschrieben als er
selbst. »Was mich betrifft, so gebührt mir nicht das Verdienst«, heißt es
in einem Brief, »weder die Existenz der Klassen in der modernen Gesellschaft noch ihren Kampf unter sich entdeckt zu haben. Bürgerliche
Geschichtsschreiber hatten längst vor mir die historische Entwicklung
dieses Kampfes der Klassen und bürgerliche Ökonomen die ökonomische Anatomie derselben dargestellt«.[2] Er fährt sehr aktuell fort: »Was
ich neu tat, war 1. nachweisen, daß die Existenz der Klassen bloß an
bestimmte historische Entwicklungsphasen der Produktion gebunden

ist; 2., daß der Klassenkampf notwendig zur Diktatur des Proletariats führt; 3., daß diese Diktatur selbst nur den Übergang zur Aufhebung aller Klassen und zu einer klassenlosen Gesellschaft bildet.«[3] Darin steckt nun der Glaube an eine Geschichte der Menschheit, die ganz anders·aussieht als die bisherige Geschichte, der Glaube an eine Geschichte, in der die Freiheit, die Unabhängigkeit der Menschen entscheidend sind. »Zwischen der kapitalistischen und der kommunistischen Gesellschaft«, heißt es später, »liegt die Periode der revolutionären Umwandlung der einen in die andere. Der entspricht auch eine politische Übergangsperiode, deren Staat nichts anderes sein kann, als die revolutionäre Diktatur des Proletariats.«[4]

Alle jene, denen es ernst mit Kritik ist und ernst damit, eine andere Zukunft vorzubereiten, haben nach dieser Theorie, wenn sie richtig ist, zu überlegen, was denn dann in dieser Freiheit, in der die Naturbeherrschung eine nicht sehr wichtige Seite der Existenz der menschlichen Gesellschaft geworden ist, was denn dann der Anreiz werden könnte, die Kräfte der Menschen weiter zu entwickeln? Es besteht die Möglichkeit, das füge ich hier hinzu, daß wir einer automatisierten Gesellschaft zustreben, nicht dem Reich der Freiheit, sondern einer Gesellschaft, in der die Verhaltensregeln so tief in die Substanz der Menschen eingedrungen sind, daß sie gewissermaßen schon instinktmäßig richtig reagieren und daß sie sich um das, was wir Freiheit nennen, und um die sogenannten höheren Ziele überhaupt nicht mehr kümmern. Das ist auch eines der Probleme, über die wir in diesem Zusammenhang nachzudenken haben, die automatisierte Gesellschaft. Dies nur als mahnender Hinweis.

Uns interessiert hier hauptsächlich, daß im Marxismus ein idealistisches Moment steckt, das in keiner Weise durch ein theologisches gestützt wird. In der Theologie gab es für die Menschen immer einen Grund, sich weiter zu entwickeln; denn sie dachten an die ewige Seligkeit, sie dachten an den Messias, aber heute – und damit gehe ich zu einem anderen Problem, der Rebellion der Jugend, über – heute sind wir in einer Situation, in der die Religion diese Rolle nicht mehr spielt, ja in der das, was dazugehört, nämlich die Autorität des Vaters, dem man glaubte, weitgehend geschwunden ist, in der sogar die im Hinblick auf die Zukunft, nicht auf die Analyse der Gegenwart verwandte Vorstellung des Marxismus in Rückgang begriffen ist. Besteht nicht die Gefahr, und ich glaube, daß all diese Momente bewußt, unbewußt oder halbbewußt in der Jugend stecken, besteht nicht die Gefahr, daß das, was wir Geist, Phantasie, Autonomie nennen, aufs allerhöchste bedroht ist?

Was soll man tun? Ganz gewiß soll man anzeigen, daß wir in einer unendlich gefährlichen Periode leben. Wenn wir aber schon von dem

»Was soll man tun?« sprechen, dann sind einige Momente zu nennen, von denen ich glaube, daß sie für die Gestaltung einer anderen Zukunft oder – sagen wir – für die Bewahrung der positiven Elemente der Vergangenheit in einer anderen Struktur eine große Bedeutung haben. Die Achtung vor dem Menschen, die im Bürgertum eigentlich angelegt war, ist an unendlich vielen Stellen als bloße Ideologie zu entlarven. Man denke etwa daran, daß, um die Verteidigung möglichst glänzend zu gestalten, die Gelder, die Mittel der Gesellschaft, die dazu dienen könnten, die Kultur zu erhalten und weiter zu differenzieren, einfach nicht vorhanden sind. Wenn ich meine, daß man das kraß zum Ausdruck bringen sollte, dann denke ich ganz besonders an Deutschland; denn Amerika und eine Reihe anderer Staaten stehen in einem Kampf der Machtblöcke, während Deutschland eine Region ist, in der ein anderes Prinzip vorherrschen könnte als in jenen Ländern. Es wäre an der Zeit, daß sich Deutschland nicht länger zuungunsten kultureller Ziele, hauptsächlich durch das allgemeine Bedürfnis nach Verteidigung, bestimmen ließe. Da wir nun schon von Kultur sprechen, so denke ich natürlich auch an die Universitäten und Schulen, an die Erziehung.[5] Gerade hier habe ich das Gefühl, daß mir Marx bei dem, was ich beanstande, zustimmen würde. Ich selbst gehöre der Philosophischen Fakultät an. Dort erzieht man größtenteils nicht einfach Gelehrte, sondern junge Menschen, die später im höheren Lehramt tätig sein sollen. Und was lernen sie da? – Zum Beispiel in Geschichte? Ich habe mich wiederholt um die Titel der Vorträge gekümmert. Doch was wurde referiert? Ein typisches Beispiel: Der Vortrag eines Historikers ging über die Mainzer Stiftungsfehde. Geschichtlich wird unterrichtet im Sinne des Materials, das einer braucht, wenn er später selbst Geschichtsforscher werden will, das man also nicht einfach mißachten darf – ich bin der letzte, das zu wollen –, das aber dem Lehrer und demjenigen, der sich um den Gang der Geschichte bemüht, verteufelt wenig nützt. Ich darf hinzufügend bemerken, wie sehr, und damit komme ich auf die Veränderung der Gesellschaft zurück, wie sehr Geschichte in der Gegenwart zum Problem geworden ist. Wer früher Geschichte studierte, also zur Zeit Hegels und Marx', von früheren Jahrhunderten gar nicht zu reden, der hatte, ohne daß er es vielleicht wußte, die Vorstellung, daß er so etwas wie einen Sinn der Geschichte finden könnte, irgend etwas, das ihn bei seinem künftigen Handeln beeinflussen, das ihm einen Rat geben könnte. Wissenschaft und Philosophie, deren Meinung ich mich nicht ganz anschließe, aber die ich doch wenigstens hier erwähnen will, stehen heute auf dem Standpunkt, den sie nicht so kraß aussprechen wie ich jetzt, daß es im ernsten Sinne eigentlich gar keine Geschichte gebe. Das, was da mit den Menschen vor sich gehe, seien Angelegenheiten einer Tiergattung; mag sich die Gattung auch ein wenig entwickeln, an eine Geschichte in dem Sinn, wie wir es dachten, daß die Erfüllung des Ganzen in der Welt durch sie verwirklicht werde, wird weder in der Wissenschaft noch in der Philosophie mehr geglaubt. Infolgedessen müßte also wenigstens, wenn Geschichte gelehrt wird, differenziert werden, derart, daß man denjenigen, der daraus einen Beruf oder ein Hobby machen will, so instruiert, wie es heute im Geschichtsunterricht geschieht, daß man aber den Studenten, die sich allgemein dafür interessieren, die Geschichte unter dem Aspekt der gegenwärtigen Probleme darstellt. Ein anderes Beispiel: die Naturwissenschaft. Dort ist die Spezialisierung so weit gediehen, daß ein junger Student, der – sagen wir – Philosophie studiert und sich an der Universität auch über die Naturwissenschaft unterrichten möchte, keinerlei Gelegenheit dazu hat, muß er doch in irgendeine Spezial-Vorlesung gehen, in der er recht wenig versteht. Es gibt kaum noch Professoren, die in einer Vorlesung über den Stand der Physik, der Naturwissenschaft umfassend und allgemeinverständlich berichten können. Ferner sei an die Medizin erinnert. Über deren Spezialisierung brauche ich nicht zu sprechen. Jeder Arzt wird zugeben, daß die Entwicklung inzwischen so weit gediehen ist, daß er vom Menschen als Ganzes soviel wie nichts mehr in seinem Studium gehört hat. Daß er noch nicht einmal eine wirkliche – etwa soziologisch bestimmte – Vorstellung der bedeutsamen Zusammenhänge zwischen Pharmazeutik und Medizin vermittelt bekam. Das sind Beispiele für Probleme, an denen unsere Kritik einsetzen muß, um Veränderungen und Besserungen herbeizuführen. Ein letzter Punkt sei nicht vergessen. In den Schulen erfährt man, von Ausnahmen abgesehen, nichts darüber, was die einzelnen Religionen zur europäischen Zivilisation, wie sie heute geworden ist, beigetragen haben. Über die Märtyrer der christlichen Sekten, der Atheisten, von den Juden gar nicht zu reden, davon hört man nichts. Man erfährt dort nichts über die Großartigkeit des Lebens vieler der europäischen Atheisten, in dem vielleicht mehr von dem steckt, was eigentlich Religion heißt, als in manchen sogenannten Religionen.

Man mag einwenden, es gäbe noch zahllose andere Dinge, über die wir sprechen müßten, insbesondere, wenn wir an Marx denken. Gewiß, hier konnte nur einiges berührt werden. Ein Hinweis sei dem hinzugefügt: Wer gegen irgendeine gesellschaftliche Situation anficht, wer sie bekämpft – und ich bin der letzte, der davon abrät –, der sollte wissen, daß die Rebellion gegen das Erziehungswesen ebenso wie die gegen politische Verhältnisse sehr gründlich überdacht sein muß. Um nicht mißverstanden zu werden: Daß es mit der Politik nicht in Ordnung ist, darüber sind wir uns selbstverständlich einig.

Nun wird immer wieder eingewandt, diese Proteste seien ganz abstrakt. Man will ja auch Positives. Da habe ich nun aber meine eigene

Vorstellung. Ich bekenne mich zur kritischen Theorie; das heißt, ich kann sagen, was falsch ist, aber ich kann nicht definieren, was richtig ist. Zumindest bereitet es mir persönlich Schwierigkeit, exakt zu bestimmen, was ein schönes Mädchen sei, aber ich kann relativ leicht beschreiben, wie ein häßliches aussieht. Und so verhält es sich auch in anderen Fragen. Man behauptet unentwegt, bei Marx handle es sich um Messianismus. In gewissem Sinn handelt es sich bei ihm tatsächlich um Theologisches, steht doch im Alten Testament geschrieben, man könne Gott nicht beschreiben oder abbilden. Man kann jedoch gewisse Vorschläge machen. So könnte ich mir denken, daß eine Institution geschaffen würde, die keinen irgendwie festgelegten Politiker einschließen darf, sondern qualifizierte Wissenschaftler und ernsthaft bemühte Menschen, die bestimmen würden auf Grund des ungeheuren Materials, das vorhanden ist, was beispielsweise geschehen muß und kann, damit die notleidenden Länder, in denen Menschen noch Hunger leiden, damit die endlich so versorgt sind, daß niemand mehr Hungers stirbt. Man könnte errechnen, was zu tun sei, damit dort innerhalb kurzer Zeit keine Epidemien alten Stils mehr ausbrechen, und wie viele Jahre es brauchte, bis jeder ein anständiges Heim besitzt. Wenn man nun eine solche Institution schaffen würde, dann käme es meiner Ansicht nach zunächst nicht so sehr darauf an, daß unzählige Untersuchungen gemacht würden, das auch, aber wichtig wäre vor allem, daß diese Institution fortwährend die ganze Menschheit darüber unterrichtete, in wieviel Jahren das und das geschehen könnte, damit niemand mehr zu hungern brauchte. Über jeden möglichen und faktischen Fortschritt müßten alle Menschen, notfalls gegen den Willen uneinsichtiger Herrscher, unterrichtet werden. Jeder muß erfahren, was sein könnte. Das wäre der Anfang einer Situation, in der sich die heute problematische Solidarität des Proletariats in die Solidarität der Menschheit wandelte. Dieses Ziel ist anzustreben, sind die Menschen doch geradezu zwangsläufig solidarisch, weil sie endliche Wesen bleiben werden. Darüber hinaus sollten sie es sein oder werden, insofern sie eine Welt schaffen wollen, in der es jedem besser geht, in der das Leben verlängert und festgestellt wird, wie man es in schöner und fruchtbarer Weise einzusetzen vermag. Das entspricht den Momenten der Kultur, die wir zu bewahren haben. Das ist der Erbschaft gemäß, die nicht erlöschen soll. In gewisser Weise ist all das, was ich hier anführte, in den Protesten der Jugend enthalten. Wir sollten uns bemühen, daß es ins Bewußtsein übergeht.

Anmerkungen

[1] John K. Galbraith, The New Industrial State, Boston 1967, S. 60 ff.
[2] Brief an Weydemeyer vom 5. März 1852. In: Karl Marx, Friedrich Engels, Ausgewählte Briefe, Berlin 1953, S. 86.
[3] a.a.O.
[4] »Die Neue Zeit«, Bd. IX, 1, S. 573.
[5] In einer Statistik des Anteils der Ausgaben für das gesamte Schul- und Hochschulwesen für 10 Länder steht die Bundesrepublik mit 3,7 % an letzter Stelle, nach Peru und Formosa, während der Anteil Japans (7,2 %) etwa das Doppelte ausmacht. Unesco Statistical Yearbook 1964, zitiert nach Klaus Mehnert, Der Deutsche Standort, Stuttgart 1967, S. 161.

Marx heute

Geschichte ist anders gelaufen, als Marx sich dachte. Im Kapitalismus, den er analysierte, ist die Verelendung des Proletariats wahrlich nicht fortgeschritten, noch die von ihm erwartete Revolution ausgebrochen. Dort, wo vor fünfzig Jahren Lenins kommunistische Lösungen die Massen ergriffen und im Osten dem Ersten Weltkrieg ein Ende setzten, läßt das Reich der Freiheit zumindest auf sich warten. Verständnis der Gesellschaft jedoch, der westlichen zumal, bleibt oberflächlich ohne seine Theorie. Daß sie in akademischer Nationalökonomie nicht die ihr zukommende Bedeutung erhält, ist um so erstaunlicher, als der Horizont der Wirtschaft in der gegenwärtigen Zeit bei allen Unterschieden an das Jahrzehnt nach Versailles gemahnt. Wie auch immer die Diagnosen der Experten, ihre Analysen und Vorschläge lauten mögen, das tägliche Leben in den sogenannten fortgeschrittenen Ländern, die Selbstverständlichkeit staatlicher Interventionen ist von der drohenden wirtschaftlichen Krise beherrscht. Die steigenden Kosten, die Diskrepanz der schmalen Einkommen und des Aufwands für neueste Errungenschaften, die Problematik des Sparens für Geborgenheit im Alter, der wachsende Mißmut sind Symptome des Zerfalls der bürgerlichen Lebensweise, die im Gegensatz zur Idee der Revolution den Nichtbesitzenden als Ziel erscheinen könnte.

Die Marxsche Lehre, Kritik der politischen Ökonomie, führt die sogenannte klassische Konzeption der bürgerlichen Wirtschaft über sich hinaus. Hatten die großen englischen Ökonomen die Gesetze der freien Konkurrenz zu erforschen versucht, die Regelmäßigkeit der Krisen wie ihre Notwendigkeit im frühen 19. Jahrhundert erkannt, so meinten sie, ihre Überwindung, die Wiederherstellung der Harmonie von Angebot und Nachfrage auf immer höherer Ebene könne durch immanente wirtschaftliche Kräfte ohne staatlichen Eingriff sich vollziehen. Im Anschluß an die große Aufklärung galt der frühen bürgerlichen Ökonomik die richtige Gesellschaft als unabtrennbar von der ökonomischen Freiheit der einzelnen. »Wenn man den Bürger hindert«, heißt es bei Kant, »seine Wohlfahrt auf alle ihm selbst beliebige Art, die nur mit der Freiheit anderer zusammen bestehen kann, zu suchen: so hemmt man die Lebhaftigkeit des durchgängigen Betriebs und hiermit wiederum die Kräfte des Ganzen.«[1] Die Unabhängigkeit in Handel und Gewerbe, wie in Erziehung und Religion, war ein Moment des autonomen Subjekts. Indem Marx den Unterschied zwischen den Besitzern der Instrumente zur Erzeugung wirtschaftlichen Reichtums und der

Masse derer, die einzig ihre Arbeitskraft verkaufen können, den Gegensatz der Klassen, der Herrschenden und Beherrschten, als Wesen bürgerlich-kapitalistischer Wirtschaft proklamierte, hat er die Überwindung der Krisen bei intakter Freiheit der Illusion denunziert und damit Aufklärung und die von ihr erstrebte Gesellschaft einander entgegengesetzt.

Das Unvermögen des Liberalismus, für das in der Bundesrepublik der Rücktritt Erhards als eines unter vielen Symbolen erscheint, entspringt nach Marx nicht außenpolitischen Gründen. Die sogenannte freie Wirtschaft führt auf Grund der eigenen Gesetzmäßigkeit zu ihrem Untergang. Daß ein beträchtlicher Teil des Mehrwerts, des Überschusses der Produktion über die simplen Lebensbedürfnisse der Massen, das heißt der materiellen Grundlage technisch-industriellen Fortschritts, aus der Verfügung privater Unternehmen in die öffentliche Machtsphäre übergehen muß, um inneres und äußeres Unheil zu verhindern, zeigt, daß reine Konkurrenzgesellschaft aus sich selbst nicht überleben kann. Indem Marx es prophezeite, hat er die große Aufklärung über sich hinausgeführt. Zu ihrer Lehre gehörte die Erwartung, daß in der bürgerlichen Ordnung der Mensch sich voll zu entwickeln vermöge, da sie, wie Kant es formulierte, »die größte Freiheit, mithin einen durchgängigen Antagonismus ihrer Glieder und doch die genaueste Bestimmung und Sicherung der Grenzen dieser Freiheit hat.«[2] Schon das 18. Jahrhundert freilich erkannte die Unmöglichkeit liberalistischer Ökonomie, soweit der rechtlich unbegrenzte Liberalismus unter den Völkern fortbesteht. »Geschichte«, heißt es weiterhin bei Kant (1784!), »treibt durch die Kriege, durch die überspannte und niemals nachlassende Zurüstung zu denselben, durch die Not, die dadurch endlich ein jeder Staat, selbst mitten im Frieden innerlich fühlen muß, endlich aber nach vielen Verwüstungen, Umkippungen und selbst durchgängiger innerer Erschöpfung ihrer Kräfte zu dem, was ihnen die Vernunft auch ohne soviel traurige Erfahrung hätte sagen können«, zum ›Foedus Amphictyonum‹, zum ›großen Völkerbund‹[3]. Marx hat gezeigt, daß Spannungen und Kriege, die äußeren politischen Probleme, von den inneren Verhältnissen, von der Gefahr der Krisen in den Industrieländern so wenig unabhängig sind wie die inneren ökonomischen Probleme vom Streit der Völker und Blöcke in der Welt. Innere und äußere Konflikte stehen in Wechselwirkung. Liberalismus in einem Land kann auf die Dauer so wenig bestehen wie Sozialismus in einem Land. Das erste hat Kant, das zweite der von Stalin vergessene Lenin gewußt.

Nicht bloß die Konzeption des Ziels und seine Formulierung, sondern auch einzelne ökonomisch-gesellschaftliche Einsichten der Marxschen Theorie sind in der kantisch-idealistischen Schule bereits angedeutet. »Die Menschheit auf der höchsten Stufe ... bedarf nicht eines Staats«, sagt Schopenhauer[4]. Auch daß die Ausbeutung als ein entscheidendes gesellschaftliches Verhältnis die Geschichte durchzieht, hat er gewußt. »Armut und Sklaverei sind ... nur zwei Formen, fast möchte man sagen zwei Namen derselben Sache, deren Wesen darin besteht, daß die Kräfte eines Menschen großenteils nicht für ihn selbst, sondern für andere verwendet werden.«[5] Die Verhinderung der »Allgemeinheit der Geisteskultur des Menschengeschlechts ... durch die Handarbeit«, die revolutionäre Rolle der »Dampfmaschinen und Elektrizität«, die der Ungerechtigkeit und der »Notwendigkeit des Staats«[6] einmal ein Ende setzen könnten, ist dem erzkonservativen, der Veränderung abholden Denker durchaus vertraut. Die Steigerung der Produktivkräfte führt auch nach ihm zur Entfaltung der Menschen, zur Milderung der Sitten, zum Rückgang der Gewalt im Großen wie im Kleinen, zwischen Völkern und Individuen. »Doch ist hier nicht mein Zweck, eine Utopia zu schreiben.«[7] Die Differenz zu Marx liegt praktisch in dem Widerstreben gegen scheinbar spontane Kollektivaktionen, gegen das Erwachen, sei es des Volks oder Proletariats, und die Gegenwart hat ihn darin bestätigt.

Wenn Marxsche Theorie die äußeren Beziehungen zwischen Staaten und Stämmen in der Welt bei aller Abhängigkeit von der immanenten Entwicklung des Kapitalismus als eigenen bestimmenden Faktor heute unterstreichen müßte, wird sie durch die qualitativen Veränderungen im Inneren der Gesellschaft sowohl bestätigt als auch differenziert. Im Begriff der Klasse blieb der des einzelnen bewahrt, ohne thematisch zu werden. Die Proletarier führten eine arme Existenz, die, wie er meinte, innerhalb des Kapitalismus materiell stets schlechter werde. Sie sollten im Vertrauen auf die kommunistische Idee sich zusammenschließen und die Macht erobern. Die Besitzenden, wie sehr sie unter sich konkurrieren, sind nach Marx bereits vereint, sofern es um die Klassenherrschaft und die Existenz des Ganzen geht, mit dem sie eins ist. Ihnen gehört in Wirklichkeit der Staat, zuerst steht er für ihre Interessen ein. Inzwischen wurde jedoch offenbar, daß der von Marx erforschte ökonomische Prozeß sowohl Wesen und Funktion von Gesellschaft als den einzelnen bestimmt. Im Liberalismus verstand das Bürgertum den Fortschritt der Wirtschaft als Ergebnis des Wettbewerbs unter Kaufleuten, Fabrikanten, Unternehmern aller Art. Die Tüchtigkeit im Konkurrenzkampf sollte für das Schicksal eines jeden bestimmend sein.

Mit der ökonomisch bedingten Umstrukturierung, der Zentralisation des Kapitals, wie er es nennt, ändert sich das Wesen der Konkurrenz. Quantität schlägt um in Qualität. Nach den Gesetzen kapitalistischer Produktion, die Marx formulierte, wird immer größere wirtschaftliche Macht von immer weniger Gremien dirigiert. Das Kapital, erklärt er, kann »zu gewaltigen Massen in einer Hand anwachsen, weil es dort vielen einzelnen entzogen wird. In einem gegebenen Geschäftszweig hätte die Zentralisierung ihre äußerste Grenze erreicht, wenn alle darin angelegten Kapitale zu einem Einzelkapital verschmolzen wären. In einer gegebenen Gesellschaft wäre diese Grenze erreicht erst in dem Augenblick, wo das gesamte gesellschaftliche Kapital vereinigt wäre in der Hand sei es eines einzelnen Kapitalisten, sei es einer einzelnen Kapitalistengemeinschaft.«[8] Im 20. Jahrhundert, könnte man fortfahren, ist Zentralisation, Zusammenballung des Kapitals, so weit gediehen, daß der Einzelunternehmer für die entscheidenden Zweige von Handel und Industrie nicht mehr kennzeichnend ist. Aktiengesellschaften, wie sehr im Innern einer jeden Rivalität bestehen mag, sind von Komitees und Kabinetten geleitet. Wenn ehemals der Besitzer, wie rücksichtslos auch immer, die Firma für sich selbst, den eigenen Namen, die Familie, die Erben, die von ihm geliebten Menschen und Sachen führte, gehorcht sie nunmehr Direktiven, die aus inneren und äußeren vielfältigen Interessen und Tendenzen resultieren. Von den Individuen ist Konkurrenz auf größere und kleinere Gruppen übergegangen, die in der Wirtschaft nunmehr als Subjekte fungieren. Auch die Angestellten und Arbeiter sind bei ökonomischen wie politischen Aktionen in Verbände gefaßt, die ihren Stäben nicht weniger zu folgen pflegen als die großen Firmen den ihren. Vom Bereich des Kommerziellen erstreckt sich der Prozeß auf die von Marx sogenannten dritten Personen, auf Massenmedien, Intellektuelle, Nichtakademiker und Akademiker. In der Verwaltung der Universitäten tritt er kaum in Erscheinung, sie haben bürgerliche Konkurrenz nur spärlich aufgenommen, die Veränderung vor ihrer gegenwärtigen Krise, die damit zusammenhängt, war formell. Seit alten Zeiten, längst vor der bürgerlichen Ära, war dort das Kollektiv, die Fakultät weitgehend souverän und hat den Zustand fortgesetzt. Eigner Herrscher ist der Professor im Seminar, im Laboratorium, in der Klinik. In der Wirtschaft jedoch bildet die neue Rolle der Komitees und Cliquen, ihre Verschmelzung mit der staatlichen und politischen Apparatur, die steigende Bürokratisierung der Gesellschaft schlechthin, einen der Gründe – nebenbei sei es bemerkt – für die soziale Angleichung von West und Ost.

Daß relevante Auseinandersetzung im Innern wie im Äußern der Staaten ausschließlich den Gruppen und ihren Repräsentanten zufällt, hat kulturelle Konsequenzen für den einzelnen. Sprechen zwischen den Privaten als Privaten wird Konversation. Was Familie hieß und, nicht ganz selten, den Menschen in den ersten Jahren positiv zu formen vermochte, ist durch den Wandel von der Groß- zur Kleinfamilie, nunmehr von der Kleinfamilie in die zweckvolle Verbindung sogenannter

Partner, weitgehend verändert. Heute wird der einzelne auch in seinem ferneren Schicksal nicht mehr zum selbstverfügenden Subjekt gebildet. Anders als Marx dachte, gewinnen Proletarier der Industrieländer, zumindest in der Regel, respektablen Lohn und relative Sicherheit, jedoch die bürgerliche Periode, ihr negativer wie ihr positiver Beitrag zur menschlichen Substanz, der Antrieb, individuell zu disponieren, wird in ihrer Entwicklung übersprungen, nicht unähnlich dem raschen Lauf der Völker in der Dritten Welt. Der historisch-ökonomische Materialismus, die Lehre, nach der das Verhältnis zwischen Menschen, ihr Bewußtsein wie ihre seelische Verfassung, von der Struktur der Gesellschaft, letztlich vom Stand der Naturbeherrschung abhängt, wird nunmehr durch die aktuelle Sorge um die Autonomie des Subjekts bestätigt, wie durch viele andere Erfahrungen, etwa daß der Gang von Wissenschaft und Technik, Fortschritt wie Verkümmerung von Denkweisen, mehr der wirtschaftlich bedingten Spannung zwischen den Nationen als der Sehnsucht nach der Wahrheit entspringt. Daß in der Entwicklung der Menschengattung die Tendenz zur Autonomie des einzelnen sich als ephemeres Phänomen, als Episode erweist, ist eine Vermutung; daß die durch Zentralisation des Kapitals bedingte Steigerung der produktiven Kräfte, die Perfektion der Maschinerie in ihrer heutigen Form der Entfaltung des Menschen in den sogenannten hochentwickelten Nationen nur bescheiden zugute kommt, ist gewiß.

Marx war trotz allem positiv. »Mit der ständig abnehmenden Zahl der Kapitalmagnaten, welche alle Vorteile dieses Umwandlungsprozesses usurpieren und monopolisieren«[9], so meinte er, wachse »die Empörung der . . . vereinten und organisierten Arbeiterklasse«[10]. Er vertraute darauf, daß die Entfaltung des Subjekts trotz aller technisch-maschinellen Perfektion schließlich zustande kommt. Die Automatisierung der Produktion und damit der Gesellschaft sah er nicht als Gefahr. Im Gegenteil, die durch Zentralisierung bedingte straffere Organisation der Macht und der Wirtschaft schlechthin erscheint ihm als wichtige Etappe auf dem Weg zum Richtigen. »In den Trusts«, schreibt Friedrich Engels im Einverständnis mit Marx[11], »schlägt die freie Konkurrenz um ins Monopol, kapituliert die planlose Produktion der kapitalistischen Gesellschaft vor der planmäßigen Produktion der hereinbrechenden sozialen Gesellschaft . . .« Bekanntlich sah sich Marx zunächst als Wissenschaftler; die Behauptung, daß auf den Kapitalismus das richtige Zusammenleben der Menschen folgen müsse, galt ihm als Produkt des intensiven Studiums der bestehenden Wirtschaft, als so notwendig wie nur je ein biologischer Prozeß. Die Entwicklung kann durch Katastrophen unterbrochen, zurückgeworfen, ja zerstört, in der Richtung jedoch nicht verändert werden.

Seit Anfang war Geschichte durch den Mangel bestimmt. Die einen mußten befehlen, die andern den Karren ziehen. Mit den langsam sich verbessernden Werkzeugen, von der Hacke über den Pflug zur Maschine, vermochten Stämme, Länder, Staaten ihren Unterhalt zu steigern, schließlich einer Lebensweise zu folgen, die den gewachsenen Kräften entsprach. Mit der Verbesserung der Instrumente wurde aus dem Befehl die Direktive, die Anweisung. Marx und Engels hielten bereits die Zeit für gekommen, in der auf Grund der neuen technischen Errungenschaften die gesellschaftliche Ordnung nicht mehr durch die Art der Arbeitsweise gleichsam naturnotwendig bestimmt sein sollte, Herren oder Bürger auf der einen, Arbeiter auf der anderen Seite. Klassen galten ihnen als überholt. Physik, Chemie, Technik, das zur Herrschaft über die Natur befähigende Wissen war so weit gediehen, daß menschliche Ordnung nicht mehr durch die Leistung im Prozeß der Produktion, nicht mehr durch Hierarchie, Macht des Besitzes, Befehlsgewalt diktiert sein mußte. Wenn auch Instruktionen bei industriellen Verrichtungen noch immer erforderlich bleiben, die Zukunft war abzusehen, in der die Differenzen zwischen der Beschwerlichkeit verschiedenartiger Funktionen in der Produktion belanglos, wie Lenin sagte, austauschbar werden. Herrschaftssysteme, Klassenverhältnisse werden antiquiert, irrational, wenn die menschlichen Kräfte, Wissen, Instrumente einmal so weit gediehen sind, daß die Produktion des reichen Lebens für alle ohne Über- und Unterordnung, ohne Ungerechtigkeit erfolgen kann. Daß Marx im Hinblick auf den Zeitpunkt sich getäuscht hat, nicht zuletzt weil er die kapitalistische Gesellschaft in ihrer Immanenz, nicht die Klassenunterschiede der Entwicklung auf der Erde als ganzer analysierte, ist offenkundig. Von den Ungleichheiten draußen abgesehen, könnte die Menschheit sich ein rationales, friedliches Leben schaffen. Selbst die Negerfrage in Amerika, die Krisen der großen Städte, vom Fortgang der Kultur zu schweigen, wären rasch und positiv zu lösen, ohne die materiellen Gegensätze zwischen dem Westen und Osten und dem zurückgebliebenen Teil der Welt. Die produktiven Kräfte der Menschheit gestatten eine vernünftige, für alle ersprießliche Ordnung der Produktion.

In seinem Postulat der Klassenlosigkeit der Zukunft hat Marx die bürgerliche Philosophie wie ihre Konsequenz, die bürgerliche Revolution, zu Ende gedacht. Selbst die ihm konträre revolutionäre Richtung, der Anarchismus, ist in seiner Forderung miteingeschlossen. Wie selten immer die Begründer des modernen Sozialismus auf Beschreibungen des Endzustandes sich eingelassen haben, mit Herrschaft jedenfalls sollte künftige Verwaltung nichts mehr zu tun haben. Nicht unähnlich den Anarchisten, geht es um ein Reich der Freiheit, in dem jeder seine Kräfte positiv entfalten kann. Im Gegensatz zu der durch Mangel bedingten Ungerechtigkeit, die den Gang der immer noch andauernden

Vorzeit bestimmte, soll Geschichte im eigentlichen Sinn beginnen, Geschichte im Zeichen menschlicher Selbstbestimmung. Der Zweifel, wie weit angesichts der Automatisierung nicht bloß der Industrie, sondern mehr und mehr des ganzen Lebens, solche Entfaltung möglich, ja überhaupt sinnvoll sei, ist bereits angedeutet, ebenso der Rückgang der Bedeutung des einzelnen gegenüber den rivalisierenden Kollektivs, den Cliquen und Bürokratien draußen und drinnen. Wenn historisch-ökonomischer Materialismus richtig ist, so muß Verwirklichung des Ideals mit Abschaffung der Klassen keineswegs identisch sein. Struktur des Individuums, die geistige Verfassung könnte durch Entwicklung des materiellen Lebensprozesses als recht verschieden von der Vorstellung sich erweisen, die dem Reich der Freiheit entspricht, wie Marx, der materialistische Idealist, es verkündet hat. All dies jedoch kann die Einsicht nicht schmälern, daß Marxens Zielsetzung im Einklang mit den Tendenzen bürgerlicher Geschichtsphilosophie als das logische Ergebnis politischer Aktivität erscheint. Die anderen Ideale sind verblaßt. Theologische Begriffe wurden durch Verbreitung scientivischen Denkens zutiefst erschüttert; im Gegensatz zu Jahrhunderten, wo sie, von manchen Intellektuellen abgesehen, den Charakter der Wirklichkeit weitgehend an sich trugen, erscheinen sie selbst Gläubigen mehr als Gefühl, Verpflichtung, Tradition denn als Realität. Der Nationalismus, die andere Möglichkeit absoluter Bejahung, ist zwar aktuell, jedoch gebrandmarkt durch Rückfall in Barbarei.

Sozialismus im Sinn gemeinsamer Naturbeherrschung, Abschaffung der Unterschiede von Besitz und Notstand, Garantie der größten, nur durch die Erfordernisse friedlichen Zusammenlebens eingeschränkten individuellen Unabhängigkeit, erscheint als Resultat des westlichen Gedankens über den Gang der Zivilisation. Die Verbindung mit dem Klassenkampf ist überholt. Das Ziel liegt in Wahrheit Proletariern nicht näher als den aufgeklärten Bürgern. Intellektuelle erfanden den Ausweg, die verzweifelt Arbeitslosen zusammen mit dem Lumpenproletariat seien die gegebene Avantgarde, womöglich verbunden mit anderen Gruppen am Rand der Gesellschaft. Der Einfall ist sympathischer als glaubhaft.

Wie dem auch sei, die Zeit ist gekommen, endlich die Marxsche Lehre im Westen zu einem der zentralen Themen der Bildung zu erheben. Nicht weil sie in einem großen Teil des Ostens beim Aufholen des westlichen industriellen Vorsprungs als genehme Ideologie fungiert und, jeweils den Umständen angepaßt, als staatlich vorgeschriebenes Bekenntnis doziert wird, sondern um der eigenen Zukunft willen hat nunmehr ihre Übermittlung vielen antiquierten historischen und sonstigen Lehrstoffen in Schulen, Hochschulen und Universitäten zumindest gleich-, wenn nicht vorangesetzt zu werden. Soll die junge Generation die ihr geschichtlich gestellten Aufgaben bewältigen, so bedarf sie neben vielem anderen, das vernachlässigt wird, nicht etwa kritikloser Anerkennung, jedoch der Kenntnis Marxscher Interpretation von Geschichte und Gesellschaft.

Mit der Forderung entschiedener Reformen im Unterricht, zu denen die höchst ernsthafte Einbeziehung Marxscher Geschichts- und Gesellschaftstheorie hinzugehört, stellt sich die Frage, was, von Pädagogischem ganz abgesehen, Besinnung über den Gang der Geschichte und die bedrohlichen sozialen Probleme als theoretisch-praktische Pflicht den denkenden Menschen heute aufgegeben ist. Mögen die Versuche, das letzte Ziel zu bezeichnen, sei es im Sinn des ewigen Friedens von Kant, sei es des Reichs der Freiheit, fragwürdig sein, eines scheint offenkundig: Voraussetzung für eine menschenwürdige Gesellschaft in der ganzen Welt, zunächst für den Rückgang der Ungerechtigkeit innerhalb der Staaten wie der katastrophalen, mit der Ungerechtigkeit verbundenen äußeren Gegensätze, ist die Beseitigung der materiellen Not. Es fehlt nicht an gewaltigen, achtungsgebietenden Anstrengungen, ihrer Herr zu werden, jedoch steht alles, insbesondere was die mächtigen Staaten zugunsten der ärmeren unternehmen, im Zeichen der Strategie, nicht weniger als die Verfügung über gewährte Hilfe in den bedürftigen Ländern selbst im Zeichen des Interesses der dort jeweils Herrschenden. Eben diese Faktoren des kollektiven und individuellen Selbstinteresses, des Schutzes, der Verteidigung, der Herrschaft anzuprangern, ohne realistische Gedanken, wie sie zu begrenzen wären, ist schon geläufige Kritik.

Eine naheliegende, dem Allgemeinbewußtsein nicht ganz so vertraute Frage betrifft die praktische Konsequenz. Wäre es möglich, so etwa ließe sich fragen, sachverständige Menschen in der Gegenwart zu vereinigen, um einen bis in alle Einzelheiten durchdachten und sachlich erfüllbaren Plan zur Überwindung der Not zu entwerfen, unter der Verpflichtung, politische Bedingungen, nationale Rücksichten außer acht zu lassen? Wäre in Jahren hingebender Arbeit einzig auf Grund genauer Forschung zu bestimmen, was ein jedes Land mit seinen Rohstoffen und Maschinen zu leisten hätte, ohne auch nur einen seiner Bürger schlechter zu stellen, um die Nahrungsmittel und Instrumente zu liefern, die Lagerhäuser und Transportwege herzustellen, den Geburtenzuwachs zu regeln, damit in einer ungefähr zu berechnenden Zeit niemand auf der Erde hungern muß, damit Spitäler geschaffen, medizinisches Personal erzogen und bereitgestellt, Epidemien verhütet werden, schließlich jeder eine menschenwürdige Wohnung hat? Die Vereinten Nationen und andere Institutionen besitzen schon sehr viel Material und setzen die Arbeit an diesem Problem fort. Es bedürfte jedoch weiterer, von politisch-diplomatischen Interessen unabhängiger

Forschung und Auswertung. Könnte jene autonome Institution, wie alle Individuen, Akademien und Stiftungen, die mit ihr verbunden wären, als andere entscheidende Aufgabe es übernehmen, die Menschen der Welt über den Fortgang solcher Arbeit als höchst wichtiges Unternehmen durch eigens dazu bestimmte Verbände ständig zu unterrichten, so daß die Bemühung von vielen ernsthaft Bekümmerten als Vorbedingung jenes Reichs der Freiheit aufgenommen würde, wie immer seine Möglichkeit als letztes Ziel beurteilt werden möge? Die Anstrengung würde, so meine ich, dem materialistischen, idealistischen wie theologischen Gedanken entsprechen.

Wohl ist mir bewußt, daß die Idee, bei solchen Unternehmen von Macht und Taktik abzusehen, weltfremd erscheint. Der Plan des wahren allgemeinen Völkerstaates, heißt es bei Kant, »mag in der Theorie ... noch so artig klingen, so gilt er doch nicht für die Praxis«[12]. Die Natur jedoch, so hält er den politisch Orientierten entgegen, muß mit in Anschlag gebracht werden, auch die menschliche, die »ich nicht für so versunken im Bösen halten kann oder will, daß nicht die moralisch-praktische Vernunft nach vielen mißlungenen Versuchen endlich über dasselbe siegen ... sollte. So bleibt es also auch in kosmopolitischer Rücksicht bei der Behauptung: Was aus Vernunftgründen für die Theorie gilt, das gilt auch für die Praxis.«[13] Wie immer die richtige Gesellschaft, deren Verwirklichung trotz allem Fortschritt weit mehr gefährdet ist, als Kant und Marx ahnen konnten, beschaffen sei, sie könnte die Menschen in dem Bewußtsein vereinen, aus dem die Solidarität entspringt, die dem Gedanken heute näher liegt als die des Proletariats: die Solidarität der Menschen als endlicher, von Leiden und Tod bedrohter Wesen, die schöner, heller und länger leben wollen, eine Solidarität, die schließlich auf die Kreatur schlechthin sich erstrecken könnte. Wäre die angedeutete Institution mit dem konkret zu bestimmenden Plan, der, schließlich von nicht wenigen in der Welt unterstützt, die Politik korrigieren oder ihr zu Hilfe kommen könnte, vielleicht ein dem fortgeschrittenen Denken entsprechender Akt? Der durch Marxsche Ideen bestimmte Gedanke mag, in solcher Allgemeinheit skizziert, der Korrektur bedürfen; ich konnte es jedoch nicht unterlassen, ihn wenigstens auszusprechen.

Anmerkungen

[1] Kant, Sämtl. Werke, Akademieausgabe, Bd. VIII, S. 28.
[2] Kant, a.a.O., S. 22.
[3] a.a.O., S. 24.

4 Schopenhauer, Handschriftlicher Nachlaß, ed. Frauenstädt, Leipzig 1864, S. 151.

5 Schopenhauer, Sämtl. Werke, ed. Grisebach, Leipzig o. J., Bd. V, S. 252.

6 a.a.O., S. 249.

7 a.a.O., S. 255.

8 Marx, Das Kapital, ed. Kautsky, Berlin 1914, Bd. I, S. 564.

9 Marx, a.a.O., S. 690 f.

10 Ebd.

11 Engels, in: Karl Marx und Friedrich Engels, Ausgewählte Schriften, Berlin 1953, Bd. II, S. 132.

12 Kant, a.a.O., Bd. VIII, S. 313.

13 Ebd.

Kritische Theorie gestern und heute [1]

Ich hatte gehofft, hier meinem Freund und Mitarbeiter Theodor W. Adorno zu begegnen, und nun ist er vor wenigen Wochen ganz unerwartet gestorben. Sie können sich denken, wie schwer mich dieser Schlag getroffen hat. Ich habe viele Artikel über ihn geschrieben, Interviews gegeben und bin noch mehr belastet als gewöhnlich. Verzeihen Sie deshalb, wenn das, was ich sage, nicht allzu geistreich ist.

Das Persönliche, das ich jetzt sagen werde, ist für die Kritische Theorie nicht unwichtig. Wir beide sind bürgerlicher Herkunft und haben die Welt auch durch unsere Väter, die Kaufleute waren, kennengelernt. Wir haben eine tiefe Liebe zu unserer Familie gehabt. Seine Mutter war Italienerin; sie war Künstlerin, weltberühmt, und auch seine Tante, die ihn miterzogen hat, war Künstlerin. Die beiden Philosophen, welche die Anfänge der Kritischen Theorie entscheidend beeinflußt haben, waren Schopenhauer und Marx.

Wir haben den Ersten Weltkrieg erlebt und haben nachher nicht studiert, um Karriere zu machen, sondern weil wir von der Welt etwas kennenlernen wollten. Daß uns dies gelungen ist, und daß wir dann doch die akademische Karriere eingeschlagen haben, hängt damit zusammen, daß wir einen wunderbaren philosophischen Lehrer hatten, nämlich Hans Cornelius, den Urenkel des Malers Peter Cornelius, des Freundes von Goethe. Er war Professor, hat aber schon die Kritik an der Universität und an seinen Kollegen geübt, die heute von den Studenten erhoben wird. Ja, er war Professor der Philosophie und hat uns gesagt, um Philosoph zu sein – und das alles steht in der Kritischen Theorie – ist es notwendig, die Naturwissenschaften zu kennen, ist es notwendig, etwas von Kunst zu wissen, von Musik und Komposition. Er selbst hat mir Kompositionsunterricht gegeben. Und nur auf diese Weise, durch seine Hilfe, haben wir einen anderen Begriff von Philosophie, als er heute üblich ist, nämlich, daß sie kein Fach sei, keine Disziplin wie andere Disziplinen.

Das Institut für Sozialforschung wurde vor fast fünfzig Jahren in Frankfurt gegründet, weil ein sehr reicher Mann eine Stiftung machen wollte [2] und wir mit seinem Sohn befreundet waren. Wir haben vorgeschlagen, es sollte eine »private« Institution sein, unabhängig vom Staat, wo sich Menschen zusammenfänden, die gemeinsam etwas erforschen wollten, was im gegenwärtigen historischen Augenblick für die Gesellschaft wichtig war. Nachdem der erste Direktor nach wenigen Jahren einen Schlaganfall erlitten hat, wurde ich Direktor dieses Instituts. Es hat als einen seiner ersten wichtigen Bände ein Sammelwerk herausgebracht, das auch heute noch aktuell ist: »Autorität und Familie«. Der Sinn für Autorität wurde in der Familie geschaffen, und Sie alle wissen, wie sehr dieser Sinn für Autorität dann von »Führern«, von Hitler, Mussolini, Stalin mißbraucht wurde.

Weil wir uns schon in den zwanziger Jahren darüber klar geworden waren, welche Gefahren vom Nationalsozialismus drohten, sind wir rechtzeitig aus Deutschland weggegangen; zuerst in die Schweiz und dann nach Amerika, an die Columbia University. Wir haben auch in Amerika die deutsche Sprache gesprochen und auf deutsch eine Zeitschrift veröffentlicht[3], weil wir sagten, das, was deutsche Kultur heißt, ist zu der Zeit des Nationalsozialismus nicht in Deutschland, sondern bei uns aufgehoben. Wir haben sie gepflegt.

Aber nun: wie entstand die Kritische Theorie? Da möchte ich zunächst Ihnen den Unterschied zwischen der traditionellen und der kritischen Theorie klarmachen. Was ist traditionelle Theorie? Was ist Theorie im Sinn der Wissenschaft? Gestatten Sie mir eine Definition der Wissenschaft zu geben, die sehr vereinfacht ist: Wissenschaft ist die Ordnung der Tatsachen unseres Bewußtseins, die es schließlich gestattet, an der richtigen Stelle des Raumes und der Zeit jeweils das Richtige zu erwarten. Das gilt sogar für die Geisteswissenschaften: wenn ein Historiker mit Anspruch auf Wissenschaftlichkeit etwas behauptet, muß man nachher imstande sein, es in den Archiven bestätigt zu finden.

Richtigkeit in diesem Sinne ist das Ziel der Wissenschaft; aber – und nun kommt das erste Motiv der Kritischen Theorie – die Wissenschaft selbst weiß nicht, warum sie gerade in dieser einen Richtung die Tatsachen ordnet und sich auf bestimmte Gegenstände konzentriert und nicht auf andere. Es mangelt der Wissenschaft an Selbstreflexion, die gesellschaftlichen Gründe zu kennen, die sie nach der einen Seite etwa auf den Mond treiben, und nicht zum Wohl der Menschen. Um wahr zu sein, müßte die Wissenschaft kritisch zu sich selber sich verhalten und auch zu der Gesellschaft, die sie produziert. Obwohl ich nicht sagen will, daß die Dinge, die heute im Vordergrund stehen, nicht notwendig sind – vielleicht ist es für uns in den Staaten, in denen wir leben, notwendig, daß man Werkzeuge produziert, um feindlichen Staaten überlegen zu sein, um mit ihnen zu konkurrieren – aber man sollte sich dieser Motive und Zusammenhänge wenigstens bewußt sein.

Als die Kritische Theorie in den zwanziger Jahren entstand, war sie von den Gedanken an eine bessere Gesellschaft ausgegangen; sie verhielt sich kritisch gegenüber der Gesellschaft und ebenso kritisch gegenüber der Wissenschaft. Was ich von der Wissenschaft sagte, gilt nicht nur für sie, sondern es gilt ebenso für den einzelnen. Er macht sich Gedanken, aber was diese Gedanken veranlaßt, warum er gerade diese Gedanken denkt und keine anderen, warum er sich mit diesen Dingen leidenschaftlich beschäftigt und nicht mit anderen, darüber kann er keinen Bescheid geben, ebensowenig wie die Wissenschaft über die Motive für die Wahl ihrer Forschungsrichtung.

Denken Sie etwa daran, wie wenig weit die Psychologie des Menschen heute ausgebildet ist. Sigmund Freud hat die Psychoanalyse geschaffen, aber auf einen viel höheren Stand ist diese Wissenschaft bis heute nicht gelangt. In der Universität nimmt man sich dieser Probleme bisher nicht wahrhaft an, weil man glaubt, andere, dringendere wissenschaftliche Aufgaben zu haben.

Unsere ursprüngliche kritische Theorie, wie sie in der Zeitschrift für Sozialforschung weitgehend niedergelegt ist, war, wie es eben einem am Anfang ergeht, sehr kritisch, insbesondere gegen die herrschende Gesellschaft, denn diese hatte, wie ich schon sagte, das Entsetzliche des Faschismus und des terroristischen Kommunismus hervorgebracht. Sie produzierte sehr viel unnötiges Elend, und wir setzten unsere Hoffnung darauf, daß eine Zeit kommen wird, in der diese Gesellschaft so zum Wohl aller eingerichtet sein werde, wie es heute schon möglich wäre. Wir waren der Überzeugung, daß ein Hauptmoment in den Beziehungen der Menschen und in ihrem Denken der Umstand ist, daß es Herrschende und Beherrschte gibt, was ja im Nationalsozialismus besonders deutlich wurde. Deshalb setzten wir zu jener Zeit unsere Hoffnung auf die Revolution, denn schlimmer als im Nationalsozialismus konnte es in Deutschland nach einer Revolution ganz bestimmt nicht werden. Wenn die »richtige Gesellschaft« durch die Revolution der Beherrschten, wie Marx es sich gedacht hatte, verwirklicht wäre, würde auch das Denken ein richtigeres Denken werden. Denn es hinge dann nicht mehr ab von dem bewußten und unbewußten Kampf der Klassen untereinander. Jedoch wir waren uns klar, und das ist ein entscheidendes Moment in der Kritischen Theorie von damals und von heute: wir waren uns klar, daß man diese richtige Gesellschaft nicht im vorhinein bestimmen kann. Man konnte sagen, was an der gegenwärtigen Gesellschaft das Schlechte ist, aber man konnte nicht sagen, was das Gute sein wird, sondern nur daran arbeiten, daß das Schlechte schließlich verschwinden würde.

Es gab also zwei Grundeinsichten in der früheren Kritischen Theorie: erstens, daß die Gesellschaft durch den Faschismus und den Nationalsozialismus noch ungerechter geworden war als vorher, daß zahllose Menschen unnötig fürchterlich leiden mußten, und daß wir auf die Revolution hofften, denn an den Krieg wagten wir damals nicht zu denken. Die zweite Grundeinsicht war, daß allein eine bessere Gesellschaft die Bedingung für wahres Denken herstellen kann, denn nur in einer richtigen Gesellschaft würde man nicht mehr durch die Zwangsmomente der schlechten Gesellschaft in seinem Denken bestimmt sein.

Nun muß ich Ihnen schildern, wie es von der damaligen Kritischen Theorie zur Kritischen Theorie von heute gekommen ist. Hier ist der erste Grund die Einsicht, daß Marx in vielen Punkten Unrecht hatte. Ich nenne hier nur einige wenige: Marx hat behauptet, die Revolution werde ein Resultat der immer mehr sich verschärfenden ökonomischen Krisen sein, verbunden mit der fortschreitenden Verelendung der Arbeiterklasse in allen kapitalistischen Ländern. Das würde das Proletariat schließlich dazu bringen, diesem Zustand ein Ende zu setzen und eine gerechte Gesellschaft zu schaffen. Wir begannen einzusehen, daß diese Lehre falsch war, denn es geht der Arbeiterklasse weitgehend besser als zur Zeit von Marx. Aus bloßen Handarbeitern werden viele Arbeiter zu Angestellten mit höherem sozialen Status und besserer Lebenshaltung. Obendrein wächst die Zahl der Angestellten gegenüber den Arbeitern fortwährend. Zweitens ist es offensichtlich, daß schwere Wirtschaftskrisen seltener werden. Sie lassen sich durch wirtschaftspolitische Eingriffe weitgehend verhindern. Drittens ist das, was Marx schließlich von der richtigen Gesellschaft erwartete, wahrscheinlich schon deshalb falsch, weil – und dieser Satz ist wichtig für die Kritische Theorie – Freiheit und Gerechtigkeit ebenso verbunden sind, wie sie Gegensätze sind; je mehr Gerechtigkeit, desto weniger Freiheit. Wenn es gerecht zugehen soll, muß man den Menschen sehr viele Dinge verbieten, vor allem, sich nicht über den anderen hinaufzuschwingen. Aber je mehr Freiheit es gibt, um so mehr wird derjenige, der seine Kräfte entfaltet und gescheiter ist als der andere, den anderen schließlich zu unterjochen fähig sein, umso weniger Gerechtigkeit jedoch wird es dann geben.

Der Weg der Gesellschaft, den wir schließlich zu sehen begannen, und wie wir ihn heute beurteilen, ist ganz anders. Wir sind zu der Überzeugung gelangt, daß die Gesellschaft sich zu einer total verwalteten Welt entwickeln wird. Daß alles geregelt sein wird, alles! Gerade wenn es einmal so weit ist, daß die Menschen die Natur beherrschen, daß jeder genug zu essen hat, daß keiner schlechter oder besser zu leben braucht als der andere, weil jeder so leben kann, wie es gut und angenehm ist, dann hat es auch keine Bedeutung mehr, daß einer Minister ist und der andere bloß Sekretär, dann wird schließlich und am Ende alles gleich. Man kann dann alles automatisch regeln, ob es die Verwaltung des Staates ist, die Regelung des Verkehrs oder die Regulierung des Verbrauchs. Das ist eine immanente Tendenz in der Entwicklung der Menschheit, die allerdings durch Katastrophen unterbrochen werden kann. Diese Katastrophen mögen terroristischer Art sein. Hitler und Stalin sind dafür Symptome. Sie haben die Vereinheitlichung gewissermaßen zu rasch betreiben wollen und alle, die nicht hineinpaßten, ausgerottet. Derartige Katastrophen können durch die Konkurrenz verursacht werden, die von den einzelnen auf die Staaten, und schließlich auf die Blöcke übergegangen ist, die zu Kriegen führt, welche die ganze Entwicklung völlig zurückwerfen. Denken Sie an die Wasserstoffbombe und was es sonst alles gibt, etwa Bomben, die ganze Länder durch Bakterien verseuchen.

So ist es gekommen, daß unsere neuere Kritische Theorie nicht mehr für die Revolution eingetreten ist, denn nach dem Sturz des Nationalsozialismus würde in den Ländern des Westens die Revolution wieder zu einem neuen Terrorismus, zu einem neuen furchtbaren Zustand führen. Es gilt vielmehr, dasjenige, was positiv zu bewerten ist, wie zum Beispiel die Autonomie der einzelnen Person, die Bedeutung des einzelnen, seine differenzierte Psychologie, gewisse Momente der Kultur zu bewahren, ohne den Fortschritt aufzuhalten. In das, was notwendig ist und was wir nicht verhindern können, dasjenige mithineinzunehmen, was wir nicht verlieren wollen: nämlich die Autonomie des einzelnen.

Die Jugend protestiert mit Recht gegen eine ganze Reihe von Momenten der Universität, die zu reformieren sind. Aber, hätte mein Lehrer Cornelius nicht so viel Macht gehabt, daß er uns helfen, daß er viele Regeln mißachten konnte, daß er sich nicht bloß fügen mußte, hätte er bloß ein vorgeschriebenes Programm durchführen müssen, dann wären wir nie sehr weit in unserem Denken gekommen. Die Macht des Professors hat ihr Schlechtes und ihr Gutes. Mit Recht verlangen die Studenten, daß es darauf ankommt, die Universität zu erneuern, denn von ihr hängt weitgehend die junge Generation ab, die Schulen und vieles andere. Die Erneuerung der Universität ist notwendig, aber nicht so, daß etwa die Freiheit des Professors einfach bloß beschnitten wird.

Ich greife ein anderes Problem heraus, über das wir uns klar werden müssen, und um das es der Kritischen Theorie geht. Genauso wie die Autorität des einzelnen allmählich verlorengeht, steht es mit etwas ganz anderem, woran Sie jetzt vielleicht gar nicht denken und von dem Sie nicht erwarten, daß ich davon sprechen werde: vom Schicksal der Theologie und Religion in unserer Gesellschaft. Die Theologie, die Religion befinden sich heute nicht nur in einer Krise, sondern sind in vielen Ländern nahezu ausgelöscht. Nun versucht man, die Religion dadurch zu erhalten, daß sie einen künstlichen Frieden mit der Wissenschaft schließt. Hierzu möchte ich Ihnen ein paar Sätze sagen, die ich an anderer Stelle formuliert habe. Heute machen die Konfessionen sich gegenseitig und der Wissenschaft alle möglichen Konzessionen, und die Menschen spüren, daß es mit dem, woran man immer geglaubt hat, nicht so ganz ernst ist. Ich schrieb folgendes:

»Die Gespräche der Konfessionen untereinander, wie mit Marxisten und Vertretern jeder anderen Weltanschauung, verdienen alle Achtung. Ich frage jedoch, ob nicht ein anderer Weg mit eingeschlossen werden sollte, nämlich die Betonung, daß die gesamten theologischen Systeme und Begriffe im rein positiven Sinn nicht mehr haltbar sind. Den Religionen, das Judentum eingeschlossen, liegt der Gedanke an ein ewiges Wesen, seine Allmacht und Gerechtigkeit zugrunde. Was die menschlichen Organe zu erkennen vermögen, ist jedoch das Endliche, den Menschen mit eingeschlossen. Das Ich, das eigene Bewußtsein, die sogenannte Seele sind, soweit wir selbst zu urteilen vermögen, schon im Leben leicht in Unordnung zu bringen, zu verwirren, zu unterbrechen; Unglücksfälle, schwere Krankheit, ja der Genuß von Alkohol und anderer Stimulantien schaffen es. Daß auf Erden an so vielen Stellen Ungerechtigkeit und Grauen herrschen und die Glücklichen, die es nicht leiden müssen, davon profitieren, daß ihr Glück vom Unglück anderer Kreaturen, heute wie in der vergangenen Geschichte, abhängt, die sogenannte Erbschuld, ist offenbar: Den im eigentlichen Sinn Denkenden ist all dies bewußt, und ihr Leben, selbst in glücklichen Momenten, schließt die Trauer ein. Wenn die Tradition, die religiösen Kategorien, insbesondere die Gerechtigkeit und Güte Gottes nicht als Dogmen, nicht als absolute Wahrheit vermittelt werden, sondern als die Sehnsucht derer, die zu wahrer Trauer fähig sind, eben weil die Lehren nicht bewiesen werden können und der Zweifel ihnen zugehört, läßt theologische Gesinnung, zumindest ihre Basis, in adäquater Form sich erhalten. Die Maßnahmen in Hochschulen und Schulen, die zu solcher Änderung notwendig sind, vermag ich hier nicht zu erörtern. Den Zweifel in die Religion einzubeziehen, ist ein Moment ihrer Rettung.«[4]

Der »Zweifel« muß ausgesprochen werden. Die Konfessionen sollen fortbestehen, aber nicht als Dogmen, sondern als Ausdruck einer Sehnsucht. Denn wir alle müssen verbunden sein durch die Sehnsucht, daß das, was auf dieser Welt geschieht, das Unrecht und das Grauen nicht das Letzte ist, daß es ein Anderes gibt, und das versichern wir uns in dem, was man Religion nennt. Wir müssen verbunden sein in dem Wissen, endliche Wesen zu sein. Wir dürfen den Begriff der Unendlichkeit, den die Religion entwickelt hat, nicht aufgeben, aber wir sollen ihn nicht zum Dogma machen und uns gestehen, daß wir gewisse Gepflogenheiten der Vergangenheit fortsetzen, um jene Sehnsucht aufrechtzuerhalten.

Es gibt zwei Lehren der Religion, die für die heutige Kritische Theorie entscheidend sind, wenn auch in einer veränderten Form. Die erste ist die Lehre, die ein großer, ein ungläubiger Philosoph, die größte Einsicht aller Zeiten genannt hat: die Lehre von der Erbsünde.[5] Wenn wir glücklich sein können, ist jeder Augenblick durch das Leiden unzähliger anderer erkauft, von Tieren und von Menschen. Die heutige

Kultur ist das Resultat einer entsetzlichen Vergangenheit. Denken Sie allein an die Geschichte unseres Erdteils, an das Furchtbare der Kreuzzüge, der Religionskriege, der Revolutionen. Die Französische Revolution hat gewiß große Fortschritte bewirkt. Aber wenn Sie genau hinsehen, was dabei alles unschuldigen Menschen passiert ist, dann werden Sie sagen, dieser Fortschritt ist teuer erkauft. Wir alle müssen mit unserer Freude und mit unserem Glück die Trauer verbinden; das Wissen, daß wir an einer Schuld teilhaben. Das ist das eine, von dem ich sagen wollte, daß es kennzeichnend ist für unser Denken. Das andere ist ein Satz aus dem Alten Testament: »Du sollst dir kein Bild machen von Gott«. Darunter verstehen wir: »Du kannst nicht sagen, was das absolut Gute ist, du kannst es nicht darstellen«. Damit komme ich zurück auf das, was ich vorher schon sagte: wir können die Übel bezeichnen, aber nicht das absolut Richtige. Menschen, die in diesem Bewußtsein leben, sind mit der Kritischen Theorie verwandt.

Der »Führer«, ob er Stalin oder Hitler heißt, bezeichnet seine Nation als das Höchste, er behauptet zu wissen, was das absolut Gute ist, und die anderen sind die absolut Schlechten. Dagegen hat Kritik sich zu wenden, denn wir wissen nicht, was das absolut Gute ist, bestimmt nicht die eigene oder eine andere Nation.

Ich werde mein Bestes tun, um die Gedanken, die ich in meinem ersten Vortrag auszudrücken versuchte, noch weiterzuentwickeln. Aber ich möchte jetzt schon um Ihr Verständnis dafür bitten, daß ich aus der Kritischen Theorie nur einiges Wenige auswählen kann, und daß diese Auswahl sehr zufällig ist.

Ich habe das letzte Mal von theologischen Dingen gesprochen, und vor allem von der Trauer. Wenn ich mich in der Welt von gestern und heute umsehe, muß ich daran denken, daß in jedem Augenblick Menschen an verschiedenen Stellen der Erde gequält werden und in grauenvollen Verhältnissen existieren müssen, in Angst und Not. Hunger ist dabei nicht einmal das Schlimmste, sondern Angst vor Gewalt. Und es ist sicher eine Aufgabe der Kritischen Theorie, das auszusprechen.

Lassen Sie mich noch etwas sagen, was mich bewegt: Zeitungen und Zeitschriften, Radio und Television pflegen, wenn es sich um den Verkehr mit Staatsmännern handelt, immer die Freundlichkeit zu betonen, die diese Staatsmänner füreinander haben. Sie sind immer lächelnd photographiert, auch die Vertreter der sogenannten zivilisierten Staaten, welche mit Massenmördern, die inzwischen Minister geworden sind, sich unterhalten. Ganz selten liest man ein Wort wie Schurken oder Massenmörder. Und dabei weiß jeder, daß in einer Reihe von

Staaten Minister dadurch zur Macht gekommen sind, daß sie zahllose unschuldige Menschen eingekerkert oder auf fürchterliche Art umgebracht haben; das geschieht auch heute noch.

Nicht in jedem von uns entsteht eine Sehnsucht, daß es bei diesem Grauen nicht sein Bewenden haben soll, daß es ein Anderes geben soll, das die unschuldigen Opfer nach ihrem Tode wenigstens versöhnt, ihnen Gutes tut, insbesondere, wenn sie für ihre eigene Überzeugung gestorben sind. Darum habe ich an die Theologie erinnert, von der diese Sehnsucht gepflegt wird, und damit will ich mich rechtfertigen gegenüber denen unter Ihnen, die im Sinne der Aufklärung ein wenig unzufrieden sind, weil ich sagte, wir müssen die Religion in irgendeiner Weise bewahren.

Ich spreche von der Kritik der Gesellschaft, wie sie heute aussieht, wenn ich diese empörende Freundlichkeit zu Vertretern von terroristischen Staaten erwähne. Sie hat natürlich mit der internationalen Lage zu tun, denn wenn man nicht freundlich zu diesen Mördern ist, dann werden andere Staaten zu ihnen freundlich sein, und es wird nur noch schlimmer werden. Wir müssen uns darüber klar sein, daß es eine der wichtigsten Theorien der Philosophie ist, die sich Kritische Theorie nennt, daß der »Fortschritt« mit schrecklichen, negativen Dingen bezahlt wird. Denken Sie einen Augenblick daran, daß die Staaten, die den Zweiten Weltkrieg gegen Hitler geführt und uns befreit haben, niemals deswegen einen Krieg begonnen hätten, weil Hitler Menschen gepeinigt und ermordet hat, sondern aus politischen Machtkonflikten.

Lassen Sie mich von einfacheren Problemen sprechen. Aber ehe ich damit beginne, möchte ich doch noch sagen, muß ich sagen, wenn die zivilisierten Staaten nicht auch sehr viel Geld für die Rüstung ausgeben würden, dann wären wir längst schon unter der Herrschaft jener totalitären Mächte. Wenn man kritisiert, dann soll man auch wissen, daß die Kritisierten zuweilen nicht anders können.

Nun möchte ich einen wichtigen Punkt der Gegenwart berühren, nämlich den Sinn von Lesen und Schreiben. Im 18. Jahrhundert hatte das Lesen und Schreiben eine wunderbare Bedeutung. Wenn die Menschen gelesen haben, haben sie verstanden, daß die Ordnung, die damals noch herrschte, die feudale Ordnung, nicht mehr notwendig war, daß jeder Mensch ein Recht auf Selbständigkeit hatte. Sie haben dadurch zu der Erneuerung, zu dem Fortschritt beigetragen, der durch die Französische Revolution und andere Ereignisse in die Welt gekommen ist. Heute ist das Lesen und Schreiben nicht mehr so bedeutungsvoll, weil so viele Zeitungen, so viele Zeitschriften, so ungeheuerlich viele Bücher, dazu Television, Radio, Kino die Menschen daran gewöhnen, daß man das alles aufnimmt, um dann informiert zu sein, um anderen erzählen zu können, was man alles weiß. Die Bedeutung des einzelnen Wortes ist dadurch entscheidend zurückgegangen.

Ich kenne manche, die das sehen und ihre Besorgnis ausdrücken. Wir leben heute in einer Zeit, in der man alles liest und infolgedessen weitgehend immun wird gegen das, was auf der Welt vorgeht. Der Protest der Studenten, die in Deutschland und in vielen anderen Ländern rebelliert haben, galt diesen Dingen. Da sie auch Zeitungen lesen, haben sie schließlich das aufgenommen, was auf der ersten oder zweiten Seite der Blätter steht, das Politische. So hat man in Deutschland gegen den feierlichen Empfang des Schahs von Persien demonstriert. Ich habe meinen Studenten oft vorgehalten, das ist eine ungeheure Tat, die Ihr da vollbringt! Ihr demonstriert gegen den Schah von Persien, anstatt etwa zu studieren, was in deutschen Gefängnissen vorgeht, was an Unrecht im einzelnen herrscht, Zustände, die man vielleicht wirklich verbessern könnte. Den Schah könnt Ihr nicht absetzen, und wenn Ihr ihn absetzen könntet, dann würde wahrscheinlich etwas mindestens ebenso Schlimmes kommen.

Das müssen wir in uns aufnehmen, in unsere Kritik hereinnehmen. Damals hofften wir auf die Revolution in Deutschland, weil der Nationalsozialismus herrschte. Heute geht es uns wesentlich um konkretere Dinge in den Staaten, in denen wir selber leben. Hier gebe ich ein anderes Beispiel für das, was die Menschheit für den Fortschritt bezahlt, nicht auf politischer, sondern auf rein gesellschaftlicher Ebene: ich denke an das, was der Religion durch die Wissenschaft geschieht, nicht nur durch die sogenannte traditionelle Theorie, die behauptet, die einzig richtige Theorie zu sein und alles andere für Spekulation hält, sondern die Naturwissenschaft. Es ist notwendig, daß jeder die folgende Überlegung auch selbst reflektiert, ich kann dazu nur einen Anstoß geben. Die Erde ist für die Religion das Zentrum. Gott hatte seine wesentliche Aufmerksamkeit auf sie gerichtet, ja, im Christentum hat er seinen Sohn auf die Erde gesandt, um die Menschen zu erlösen. Wenn die Wissenschaft recht hat, und sie hat recht in ihrem Sinn, dann ist die Erde ein ganz kleines nichtiges Atömchen im unendlichen Universum, wie Schopenhauer sagte, mit einem Schimmelüberzug, bevölkert von Mikroben. Anzunehmen, daß eine dieser Mikroben, der Mensch und sein Leben eine Bedeutung für die Ewigkeit habe, das fordert für das Denken zumindest eine überaus große Anstrengung. Aber lassen Sie mich hierzu ein Wort der Kritischen Philosophie sagen.

Die Wissenschaft stößt an Grenzen, über die hinaus sie nichts aussagen kann. Denken Sie etwa daran, daß dieses Universum, in dem die Erde, und erst recht die Menschen, als eine »quantité negligeable« erscheinen, zuallererst einmal eine Vorstellung im Bewußtsein der Menschen ist. Die Erde ist ein Begriff, und ein großer Philosoph hatte einmal erklärt, würde man alle Köpfe zu Brei schlagen, dann gäbe es gar nicht mehr das, was wir uns als die Erde und das Universum vorstellen, denn es ist eine Vorstellung des denkenden Subjekts[6]. Es steckt in dem, was wir wissen, immer auch unsere eigene intellektuelle Funktion.

Die Kritische Theorie hat die Aufgabe, auszudrücken, was im allgemeinen so nicht ausgedrückt wird. Sie muß deshalb auf die Kosten des Fortschritts hinweisen, auf die Gefahr, daß in seinem Gefolge sogar die Idee des autonomen Subjekts, die Idee der Seele zergeht, weil sie gegenüber dem Universum als nichtig erscheint. Am Ende steht, wenn keine Katastrophen alles Leben vernichten, eine völlig verwaltete, automatisierte, großartig funktionierende Gesellschaft, in der das einzelne Individuum zwar ohne materielle Sorgen leben kann, aber keine Bedeutung mehr besitzt. Der Unterschied von Ministern und einfachen Verkehrspolizisten wird dann sehr gering werden, denn, ob man im Ministerium auf einen Knopf drückt oder an der Straßenkreuzung, um das grüne oder rote Licht erscheinen zu lassen, alles wird darauf ankommen, daß man lernt, wie man in bestimmten Fällen die Automaten bedient, die dafür sorgen, daß die Gesellschaft funktioniert. Denn wir wollen ja, daß die Welt vereinheitlicht wird, wir wollen ja, daß die Dritte Welt nicht mehr hungert oder an der Hungergrenze leben muß. Aber um dieses Ziel zu erreichen, wird mit einer Gesellschaft bezahlt werden müssen, die eben eine verwaltete Welt darstellt.

Das heißt nun für uns nicht – damit nehme ich das Thema auf, das ich am Ende des letzten Vortrags angeschnitten habe: Theorie und Praxis –, daß wir die Hände in den Schoß legen sollen, daß wir den Gang der Dinge einfach akzeptieren sollen. Vielmehr sollen wir etwa das, was man einmal Liberalismus nannte, die Selbstständigkeit des einzelnen, erhalten. Sie war auf eine relativ kleine Gruppe beschränkt, und es geht für uns darum, für möglichst viele die Autonomie des Subjektes zu bewahren, einen gesellschaftlichen Zustand zu stärken, in dem der einzelne seine Kräfte entfalten kann. Das, was Karl Marx sich als Sozialismus vorgestellt hat, ist in der Tat die verwaltete Welt. Aber er hat ohne viel darüber nachzudenken erklärt, wie in ihr sich jeder Mensch frei entwickeln kann. Er hat die Automation und ihre Computer noch nicht gekannt, sonst hätte er an diesem Punkt begonnen, über die richtige Gesellschaft nachzudenken. Wir wollen die innere Unabhängigkeit und die innere Befriedigung des einzelnen Menschen, und damit die Chance seiner Solidarität mit den anderen Menschen so lange erhalten, wie es möglich ist.

Ich komme hier zurück auf die Theologie, denn ich will nicht, daß Sie meine Theorie, die Kritische Theorie, einfach akzeptieren, sondern sich mit ihr auseinandersetzen. Die Theologie hatte einmal die Funk-

tion, dafür zu sorgen, daß auch ohne allumfassende und geschickt aus-
gebildete Polizei ein Mensch den andern achtet, wenigstens innerhalb
derselben Gesellschaft, daß er keine Verbrechen begeht. Der Glaube an
den Himmel und die Hölle hatte eine große gesellschaftliche Funktion.
Solange noch weitaus die Mehrzahl der Menschen gläubig war, taten
sie die schlechten Dinge nicht, weil es eine höhere Gerechtigkeit gab.
Heute in der Zeit des Übergangs zeigt sich, daß die Religion diese Funktion in erschreckendem Umfang verliert. Es läßt sich voraussehen, daß
sie schließlich durch geschickte gesellschaftliche Einrichtungen übernommen werden wird. Alle menschlichen Verhaltensweisen gehen auf die
Familie und die Schule zurück. Aber beide können ihre Funktionen in
weitem Maße nicht mehr erfüllen. Die Autorität des Vaters geht zurück, vor allen Dingen hat die Liebe der Mutter nicht mehr ihre alte
Bedeutung. Das hängt zusammen mit der Emanzipation der Frau, die
ihr erlaubt, berufstätig zu sein: Notwendigerweise bedeuten ihr Heim
und ihre Kinder nicht mehr alles für sie. Wir begegnen hier einem
neuen Beispiel dafür, daß jeder Fortschritt bezahlt werden muß.

Das Versagen der Familie auf dem Gebiet der Erziehung stellt der
Schule neue Aufgaben. Das geht auch die Hochschule und die Universi-
tät an, denn sie bilden die Lehrer heran. Lassen Sie mich jetzt einige
Punkte der Kritischen Theorie nennen, die sich auf die Universitäten be-
ziehen. Zunächst einmal die Spezialisierung. Sie ist so allgemein, daß die
Kenntnis der Spezialitäten zurückgeht. Bei Ortega y Gasset heißt es:

»Die Entdeckung einer Technik, die es erlaubt, mit dem gegenwärtigen Fortschreiten der Wissenschaft Schritt zu halten, bildet eine der
wichtigsten und dringendsten Angelegenheiten der Menschheit. Wenn
es dem Menschen nicht gelingt, die Mittel und Wege zu finden, um dieser gigantischen Wucherung Herr zu werden, wird er unter ihr erstik-
ken. Außer dem Dschungel des Lebens gibt es einen zweiten Dschungel,
der ursprünglich den ersten reduzieren sollte. Wenn es eine Aufgabe
und eine Pflicht der Wissenschaft sein soll, Ordnung in das Leben zu
bringen, ist es heute nötig, Ordnung in die Wissenschaft selbst zu bringen. Es ist nötig, diese Ordnung zu organisieren, und weil es nicht
einfach ist, sie zu reglementieren, muß man wenigstens die Möglichkeit
schaffen, ihr eine gesunde Zukunft zu sichern. Es ist deswegen notwendig, daß die Zugeständnisse einer Einzelwissenschaft wenigstens in
vollständiger Form weiter überliefert werden.« (Denken wir an die
Philosophie!) »Es ist notwendig, die Lebenskräfte wieder zu festigen
und sie so zu gestalten, daß sie mit dem menschlichen Leben harmonieren, von dem und für das diese Wissenschaft geschaffen wurde. Sonst
– und damit möchte ich Sie vor einem sehr bekannten und völlig unbe-
gründeten Slogan warnen – wird die Wissenschaft verschwinden, und
der Mensch wird überhaupt kein Interesse dafür haben.«

Das hat sehr viel mit der Spezialisierung zu tun. Ich möchte hier einen Satz Ihnen wiederholen, der für die Kritische Theorie besonders für heute kennzeichnend ist, nämlich daß die Gesellschaft das bürgerliche Zeitalter, den Liberalismus bereits hinter sich gelassen hat. Aber die Universität als Ganzes ist aus vielen Gründen noch gar nicht in diese neue Phase eingetreten. Ein künftiger Lehrer, der an einem deutschen Gymnasium lehren wird, muß Griechisch können, Altgriechisch. Aber er braucht keine Idee von Medizin zu haben, dafür sorgen die Ärztekammern; der Arzt soll als jemand erscheinen, der bloß Vorschriften gibt, der alles allein weiß. Der arme Gymnasiast erfährt in den höchsten Klassen noch nicht einmal, was Krebs bedeutet. Die einfachsten Methoden der Medizin, die vorläufige Definition von Krankheiten, den Zusammenhang der Krankheiten untereinander, von alledem ist in der Schule keine Rede. Die Ärzte selbst werden immer mehr zu Spezialisten, und diejenigen unter ihnen, die über den ganzen Menschen Bescheid wissen, immer weniger. Ich kenne die Rede eines Dekans der Medizinischen Fakultät, der sagte: da behauptet man immer, der praktische Arzt sei eigentlich kein aktueller Beruf mehr, es gebe nur noch Spezialisten. Natürlich, so erklärte er, bedürfen wir des praktischen Arztes, wer denn soll die Kranken zum Spezialisten schicken? Das ist seine Aufgabe.

Der Student, der später Gymnasiallehrer wird, muß in Deutschland, wie gesagt, Griechisch lernen, aber außer den Fächern, die er später lehren wird, braucht er z. B. von Pädagogik nichts zu wissen. Weitgehend mit Recht, denn die Psychologie, die er dazu nötig hätte, liegt an den Universitäten im argen, sie gehört zu den Fächern, die lange nicht so gepflegt werden, wie sie gepflegt werden sollten.

Lassen Sie mich jetzt über eine Thema sprechen, das mir besonders wichtig erscheint, nämlich über die Demagogie. An der Universität wird Geschichte gelehrt, jedoch über etwas, was besonders wichtig ist für die Welt, in der wir leben, über das was Demagogie heißt, und wie sie arbeitet, darüber erfährt der Student nichts. Seit Peter dem Eremiten im ersten Kreuzzug bis zur Ära von Hitler und Stalin und seinen Nachfolgern sind die demagogischen Tricks im wesentlichen die gleichen geblieben. Ich gebe Ihnen ein paar davon an. Der Demagoge bezeichnet sich selbst als Helden, der zugleich ein Märtyrer ist, dessen Leben fortwährend bedroht ist. Er spricht immer im Superlativ, vor allen Dingen aber wiederholt er unermüdlich, daß »wir« die Guten sind und die anderen die Schlechten. Die anderen – die Menschen in anderen Völkern oder im eigenen Volk, wenn sie gegen ihn oder auch nur in einer anderen Partei sind – haben immer unrecht, nur er hat recht. Er spricht davon, daß er zu den einfachen Leuten gehört; dabei ist er ein raffiniert geschickter Mensch, der bewußt ein Instrumentarium von Tricks anwendet. Es gibt keine Mitte, es gibt nur Gegensätze. Er ist angeblich immer der Angegriffene, der sich verteidigen muß: »Wir müssen zurückschlagen«. Nie fehlt beim Demagogen, daß seine Gegner, und das, was sie tun, schmutzig sind, daß sie widerwärtiges Ungeziefer sind, das ausgerottet werden muß. Eine große Rolle spielt bei ihm die Aufforderung zur »Wachsamkeit«, da unsere Gegner eine »Verschwörung« gegen uns anzetteln. Hinweise auf Verschwörungen und geheimnisvolle, gefahrdrohende Vorgänge dienen dem Demagogen dazu, seine Anhänger in ständiger Spannung zu halten. Er ergeht sich in dunklen Andeutungen. »Ich könnte Euch noch viel sagen«, aber er sagt es nicht. Das sind nur ein paar Tricks, die immer wieder vorkommen. Ob dann gerade mit dem »wir« die Deutschen gemeint sind oder die Griechen, oder die Russen, immer sind »wir« »die Guten« und die anderen »die Bösen«.

Würde in der Schule gezeigt, was Demagogie ist, im Gegensatz zu einer Rede, der es um die Wahrheit geht, dann könnten die Schüler gegen die demagogische Verführung immunisiert werden. Man muß den Schülern Beispiele geben und etwa im einzelnen nachweisen, daß das, was uns von Peter dem Eremiten überliefert ist, den Praktiken der heutigen Demagogen erstaunlich ähnlich ist.

Alle diese Dinge gelten zum Teil auch für die heutigen Rebellen, zum Beispiel die so berechtigte Rebellion der Neger. In einem Podiumgespräch mit amerikanischen Gelehrten, welche Forschungen über die Negerrebellion durchführen, habe ich die Frage gestellt: »Habt Ihr auch untersucht, vor wem der durchschnittliche Neger mehr Angst hat, vor den Negern oder den Weißen?« Die Antwort war: vor den Negern. Da erinnerte ich mich, daß ich vor etwa acht Jahren einmal einen Negerfreund in Harlem telefonisch gefragt habe, ich sei hier in New York zu Besuch und es wäre schön, wenn wir uns treffen könnten: ob ich zu ihm kommen sollte? Die Antwort lautete: »Um Gottes willen, wenn Du kommst, wirst Du entweder nicht mehr aus dem Haus herauskommen, oder ich könnte nicht mehr hier wohnen, weil ich mit einem Weißen befreundet bin.« Der Terror der aktivistischen Neger gegen die anderen Neger ist viel stärker, als man ahnt.

Heutzutage gibt es so viele »Rebellionen«, und es heißt dann immer, diese Rebellen seien »nonkonformistisch«. Dann pflege ich zu fragen, »wie sieht's denn bei Euch aus, was tut Ihr denn, wenn einer von Euch eine ganz andere Meinung hat?« – »Der muß konform gehen«, lautet in der Regel die Antwort. Alle diese Probleme gehören zur kritischen Betrachtung der gegenwärtigen Gesellschaft, und sie selber, gestatten Sie mir jetzt, das zu sagen, sind nonkonformistisch.

Darf ich zum Schluß noch einmal auf das Verhältnis von Theorie und Praxis zurückkommen. Man muß sich darüber klar sein, was der einzelne praktisch tun kann, oder was eine Gruppe oder ein ganzes Land, oder gar eine Vereinigung von Ländern, tun können. Die Theorie steht diesen Fällen sehr verschieden gegenüber. Der einzelne vermag eine Reihe von Dingen zu tun, zum Beispiel kann er als Professor in seiner Fakultät versuchen, seine Ideen glaubwürdig darzustellen und darum zu kämpfen. Das Schreiben hat nicht mehr die Bedeutung, die ihm einmal zukam. Er kann um die Reformen kämpfen, die ich angedeutet habe, sich für die Verbreitung der Psychologie und der Soziologie einsetzen, die beide an den deutschen Universitäten die Tendenz haben, zurückzugehen, weil sie als gefährlich gelten. Der einzelne kann versuchen, wenigstens dafür zu sorgen, daß man in den Schulen etwas über die Wandlungen des Christentums erfährt oder über die Verzerrungen der Lehre von Marx in der Geschichte der sich marxistisch nennenden Parteien. All diese Dinge sind arg vernachlässigt worden, und so gibt es noch viele Beispiele, wo der einzelne praktisch für seine Idee wirken kann. Auf die Mitwirkung der sogenannten Aktivisten, die den Demagogen so nahekommen, wird man dabei allerdings verzichten müssen, weil sie in der heutigen Gesellschaft nicht sehen wollen, was sich lohnte, erhalten und womöglich ausgebaut zu werden. Auch Begriffe und Werte ändern ihre Bedeutung, ein Beispiel ist der Unterschied von Konservatismus und revolutionärer Gesinnung. Der wahre Konservative steht in vielen Fällen, nicht immer, dem wahren Revolutionär näher als dem Faschisten, und der wahre Revolutionär dem wahren Konservativen näher, als dem, was heute Kommunismus heißt. Ich könnte Ihnen Beispiele nennen, wie viele Konservative in Deutschland den Mut besaßen, gegen den Nationalsozialismus aufzutreten.

Lassen Sie mich zum Schluß noch ein Wort über den Unterschied von Pessimismus und Optimismus sagen. Pessimistisch ist meine Vorstellung in der Tat über die Schuld des Menschengeschlechtes, pessimistisch in bezug auf die Vorstellung, wohin die Geschichte läuft, nämlich zur verwalteten Welt, so daß das, was wir Geist und Phantasie nennen, weitgehend zurückgehen wird. Ich habe einmal geschrieben, »Der große und notwendige Sinn des Denkens ist es, sich selber überflüssig zu machen«. Worin besteht aber der Optimismus, den ich mit Adorno, meinem verstorbenen Freunde, teile? Darin, daß man versuchen muß, trotz alledem das zu tun und durchzusetzen, was man für das Wahre und Gute hält. Und so war unser Grundsatz: theoretischer Pessimist zu sein und praktischer Optimist!

Anmerkungen des Herausgebers

[1] Nachschrift eines freien Vortrags, gehalten in Venedig 1970. Geringfügig gekürzt und vom Autor aus Termingründen nicht mehr durchgesehen.

[2] Der Kaufmann Hermann Weil.

[3] Zeitschrift für Sozialforschung. Neudruck München 1970 und 1980.

[4] Vgl. Max Horkheimer, Sozialphilosophische Studien. Hrsg. von Werner Brede. Frankfurt 1972 und 1981, S. 129 f.

[5] Arthur Schopenhauer.

[6] René Descartes.

Drucknachweise

Autoritärer Staat: Walter Benjamin zum Gedächtnis. Hektographiertes Typoskript. Institut für Sozialforschung, [Los Angeles], 1942, S. 123–161.

Lehren aus dem Faschismus. Englisch unter dem Titel »The Lessons of Fascism«: Hadley Cantril (ed.), Tensions That Cause Wars, Urbana, Ill., 1950, S. 209–242.

Politik und Soziales: Beilage Nr. 14 zum Staatsanzeiger für das Land Hessen, Nr. 15, 23. Dezember 1950, S. 89–92.

Invarianz und Dynamik in der Lehre von der Gesellschaft: Kölner Zeitschrift für Soziologie IV (1951/52), Heft 2/3, S. 242–249.

Vorurteil und Charakter. Ein Bericht (mit Theodor W. Adorno): Frankfurter Hefte VII (1952) Heft 4, S. 284–291.

Der Mensch in der Wandlung seit der Jahrhundertwende: Hessische Blätter für Volksbildung X (1960), Heft 1, S. 3–11.

Über das Vorurteil: Frankfurter Allgemeine Zeitung, 20. Mai 1961.

Der Bildungsauftrag der Gewerkschaften: Sonderdruck der Akademie der Arbeit [Frankfurt 1962]

Gedanken zur politischen Bildung. Ursprünglich unter dem Titel: *Sozialpsychologische Forschungen zum Problem des Autoritarismus, Nationalismus und Antisemitismus:* Autoritarismus und Nationalismus – ein deutsches Problem? (= Politische Psychologie. Eine Schriftenreihe, hg. von Wanda von Baeyer-Katte et al., Bd. II) Frankfurt 1963, S. 61–66.

Die Psychoanalyse aus der Sicht der Soziologie. Ursprünglich unter dem Titel: *Soziologie und Psychoanalyse aus der Sicht der Soziologie:* Jahrbuch der Psychoanalyse, Bd. V, Bern und Stuttgart 1968, S. 9–19.

Zur Kritik der gegenwärtigen Gesellschaft: Hermann Glaser – Karl Heinz Stahl (Hg.), Opposition in der Bundesrepublik (= Das Nürnberger Gespräch 1968), Freiburg 1968, S. 14–22.

Marx heute: Der Fischer Almanach 82, Frankfurt 1968, S. 122–134.

Kritische Theorie gestern und heute: Vortragsnachschrift. Deutsche Fassung unpubliziert.